You
Don't Know
JS
Yet

You Don't Know JS Yet

자바스크립트 개념, 스코프와 클로저

초판 1쇄 발행 2024년 1월 12일

지은이 카일 심슨 / **옮긴이** 이보라 / **펴낸이** 전태호

펴낸곳 한빛미디어(주) / **주소** 서울시 서대문구 연희로2길 62 한빛미디어(주) IT출판2부

전화 02-325-5544 / **팩스** 02-336-7124

등록 1999년 6월 24일 제25100-2017-000058호 / **ISBN** 979-11-6921-188-8　93000

총괄 송경석 / **책임편집** 서현 / **기획 · 편집** 정지수

디자인 표지 최연희 내지 박정화 / **전산편집** 이경숙

영업 김형진, 장경환, 조유미 / **마케팅** 박상용, 한종진, 이행은, 김선아, 고광일, 성화정, 김한솔 / **제작** 박성우, 김정우

지금 하지 않으면 할 수 없는 일이 있습니다.
책으로 펴내고 싶은 아이디어나 원고를 메일(writer@hanbit.co.kr)로 보내주세요.
한빛미디어(주)는 여러분의 소중한 경험과 지식을 기다리고 있습니다.

모호하고 애매한 자바스크립트 개념 길라잡이

You Don't Know JS

Yet

1권 '시작하기' & 2권 '스코프와 클로저' 합본호

자바스크립트 개념, 스코프와 클로저

카일 심슨 지음, 이보라 옮김

IB 한빛미디어
Hanbit Media, Inc.

지은이·옮긴이 소개

지은이 **카일 심슨** Kyle Simpson

텍사스 오스틴 출신의 오픈 웹 전도사. 자바스크립트, HTML5, 실시간 P2P 통신과 웹 성능에 열정적인 관심이 있다. 열정이 없었다면, 이런 작업에 이미 진력이 났을 것이다. 저술가이자 워크숍 강사, 기술 연사이며, 오픈 소스 커뮤니티에서도 열심히 활동한다.

옮긴이 **이보라**

연구 기관, 스타트업, 솔루션 회사, 유니콘 커머스 기업, 글로벌 블록체인 기업을 두루 거치며 프런트엔드 개발자로서 자바스크립트를 사용해왔다. 서강대학교 게임&평생교육원에서 교수로 근무하며 블록체인, 오픈 소스, 메타버스 관련 강의를 하고 있다. 모던 JavaScript 튜토리얼 한국어 프로젝트(https://ko.javascript.info)의 오너, 글로벌 프로젝트의 모더레이터로 활동 중이며, 마이크로소프트 Developer Technologies 분야의 MVP, 글로벌 비영리 기구 위민후코드 Women Who Code 서울 지부의 지부장으로 활동 중이다.

옮긴이의 말

안드로이드 개발을 하다가 우연한 계기로 2017년 프런트엔드 개발자로 전향하면서 자바스크립트(JS)를 본격적으로 사용하게 되었습니다. 자바에서는 당연한 것들이 JS에는 없고, JS의 자유분방함, 프런트엔드 개발이라는 특성까지 겹치면서 처음에는 많이 고군분투했던 기억이 납니다. 하지만 그때그때 저의 부족함이나 확신을 자극하는 사건들이 있었기에 꾸준히 성장할 수 있었습니다.

AngularJS를 처음 접했을 때 양방향 데이터 바인딩이라는 신세계를 맛보고 여기저기 적용했었지만, 상태 예측이 안 되어 힘들었던 게 기억납니다. Backbone.js의 프레임워크인 마리오네트^{Marionette}를 사용하면서 클라이언트 측 라이브러리나 프레임워크에 왜 라이프사이클이라는 개념이 필요한지 다시 한번 생각할 수 있었습니다. 고재도 님의 특강을 듣게 되면서 '내가 JS를 너무나도 모르는구나!'라는 생각이 들어 시작한 모던 JavaScript 튜토리얼 한국어 프로젝트(ko.javascript.info)는 JS 기본기를 다질 수 있는 계기를 마련해줬습니다. Vue.js를 업무에 도입하면서 JS 기본기가 있으면 새로운 라이브러리나 프레임워크를 금방 학습할 수 있다는 자신감을 얻었고, 리액트를 다시 사용하게 되면서 개발자의 숙명은 '배우고 버리고, 또다시 배우고 버리기'라는 것을 알게 되었습니다.

다행인지 아닌지는 모르겠지만 요즘에는 리액트, Next.js가 대세 기술 스택으로 자리 잡혀서 당분간은 프런트엔드 생태계에는 큰 변화가 없지 않을까 예상합니다. 프로젝트를 열었을 때 해당 코드가 바닐라 JS인지 아니면 프레임워크를 배워야 이해할 수 있는 코드인지만 구분할 줄 알면 주니어든 시니어든, 다른 언어가 주력인 개발자든 상관없이 프런트엔드 프로젝트 진행에 큰 문제가 없을 겁니다.

결국 중요한 건 변하지 않는 기술인 JS를 잘 배워두는 것입니다. 프로그래밍 언어를 비롯한 근본 기술에 대한 학습이 중요하다는 말입니다.

이 책은 JS 언어의 본질, 왜 이 개념이 만들어졌는지에 대한 이야기로 가득합니다. 이 책에서는 면접의 단골 질문이기도 한 스코프, 클로저, TDZ 등의 키워드를 '왜' 배워야 하는지 그리고 어떤 이유로 이런 개념이 탄생했는지를 상세히 설명합니다. 그리고 TC39의 권위에 도전하며

옮긴이의 말

자신이 생각하는 올바른 방향도 제시합니다.

'왜요?'라는 질문을 입에 달고 살고 반골 기질이 있는 저로서는 이 책을 너무 재미있게 읽었습니다. 생각하지 않고 그냥 JS 학습서나 자료를 흡수하려 했구나 반성도 많이 했습니다. 제 개발자 경력에 이 책을 번역하게 된 건 또 하나의 큰 점이 되지 않을까 합니다. 저자인 카일 심슨처럼 학습하고 생각해야겠다는 깨달음을 얻었으니까요.

번역 제의를 주시고 부족한 번역본을 잘 다듬어주신 지수 님과 편집팀에 감사드립니다. 사랑하는 아부지와 김 여사님, 이씨네 형제들, 귀염둥이 조카와 형부 그리고 돌아가신 외할머니의 지지와 사랑 덕분에 겁 없이 도전하며 살아왔습니다.

소프트웨어 엔지니어로서 아직 저도 성장이 고픕니다. 성장에 목마른 우리 업계 동료들을 모두 응원합니다. 좋은 자료를 같이 학습하고 공유하면서 성장해봅시다!

이보라

이 책의 첫 번째 시리즈, 『You Don't Know JS』의 크라우드펀딩을 광고하는 트윗을 처음 봤을 때, 펀딩 실패를 예상했습니다. '당신은 아직 자바스크립트는 모릅니다'라니! 저는 물론 자바스크립트를 알고 있었습니다. 당시 기술계의 거물급 인사들과 함께 수년간 자바스크립트 작업을 해왔기 때문에 카일 심슨의 엄청난 주장에 코웃음을 쳤습니다.

펀딩 성공 후, 많은 사람이 이 책을 읽고 싶어 한다는 걸 알고 저도 이 책에 도전해보기로 했습니다. 제가 자바스크립트를 알고 있다는 걸 모두에게 보여주려는 심산이었죠. 책을 파고들자 배움과 놀라움, 약간의 분노가 섞인 감정을 느꼈습니다. 카일은 제 세계관에 도전하는 말을 하고, 그 말이 사실이라는 것을 깨달을 때까지 생각하게 만드는 재주가 있더군요(물론 카일 앞에선 이 사실을 인정 안 할 겁니다!).

결국 저는 자바스크립트를 잘 모른다고 인정할 수밖에 없었습니다. 이유도 모른 채 패턴을 사용하고 있었고, 특수한 상황에서 자바스크립트의 동작이 왜 바뀌는지 몰랐으며, 잘 알고 있다고 생각했던 자바스크립트만의 뉘앙스도 실제로는 잘 몰랐던 걸로 판명 났습니다. 책에 언급된 내용 상당수가 제가 모르고 있다는 사실조차 알지 못했던 것들이었습니다. 개발자로서 좋지 않은 상황에 있었던 거죠.

카일의 책은 이렇게 알려지지 않은 무지를 다룬다는 점에서 유용합니다. 이 책은 프로그래밍 언어를 처음 배우는 사람을 위한 책이 아닙니다(물론 초심자에게도 유용하지만요). 새롭게 돌아온 『You Don't Know JS Yet』 시리즈는 도구에 숙달하고, 업무를 세심하게 처리하고, 문제 해결을 위한 적절한 방법을 선택하고자 하는 모든 소프트웨어 전문가를 위한 책입니다.

저는 시대정신이라고 일컫는 트렌드에 영향받지 않는다는 점 때문에 카일 심슨이라는 사람과 그의 자취를 높이 삽니다. 시대정신에 영향을 받지 않는다는 것은 커뮤니티에서 무슨 일이 일어나고 있는지 모른다는 뜻이 아닙니다. 올바른 질문에 최선의 답을 추구하는 자세가 흔들리지 않는다는 말입니다. 그의 철학 때문에 종종 최신 '모범 사례'와 상충하는 주장을 하는 경우가 있지만, 트렌드에서 벗어나 근본을 추구하고자 하는 카일의 관점은 우리에게 많은 시사점을 줍니다. 그래서 이 책을 추천합니다. 『You Don't Know JS』 초판은 몇 년이 지난 지금도 여전히 정확하기도 하고요! 자바스크립트와 자바스크립트를 둘러싼 환경의 변화무쌍함을 고려할 때 이 책만큼 시간이 흘러도 변하지 않는 것은 많지 않습니다.

『You Don't Know JS Yet』 시리즈의 첫 번째, 1부 '시작하기'에 대해 잠시 할 말이 있습니다. '시작'이라는 말 때문에 자바스크립트를 좀 다뤄본 사람들은 1부를 건너뛰고 싶을 겁니다. 하지만 '시작하기'는 읽을 가치가 있습니다. 1부를 통해 자바스크립트를 구성하는 기본 요소에 상당한 깊이, 뉘앙스, 기묘함이 있다는 점을 알게 되면 놀라게 될 겁니다. 자바스크립트 언어의 구조를 제대로 공부하기 전에 자바스크립트의 토대를 알고 있는 건 매우 중요합니다. 그러니 미래의 자신을 위해 1부를 꼼꼼히 살펴보고 그 안에 담긴 지식을 실무에서 활용해보세요. 탄탄한 기초는 그 어떤 프레임워크보다 여러분에게 도움을 줄 겁니다. 프레임워크는 왔다가 사라지지만 우리는 앞으로 수십 년 동안 자바스크립트로 코딩할 것이기 때문입니다. 열린 마음으로 여러분이 가진 자바스크립트에 대한 선입견에 도전하세요.

제가 그랬던 것처럼 여러분도 자바스크립트를 (아직) 모를 수 있으니까요.

브라이언 홀트Brian Holt, Snowflake 수석 제품 관리자

책장에 꽂혀 있는 책들을 보면 어떤 책이 많은 사랑을 받았는지 알 수 있습니다. 여기서 사랑을 많이 받은 책이란 조금 낡았다는 뜻입니다. 제본이 끊어지거나 페이지가 너덜너덜해져 있고 음료수를 쏟은 흔적이 한두 군데 있을 수도 있습니다. 아이러니한 점은 제 책 중 가장 사랑받는 책이 가장 덜 관리된 것처럼 보이지만 솔직히 그 반대인 경우가 많다는 것입니다.

『You Don't Know JS』의 '스코프와 클로저' 편은 제가 가장 사랑하는 책 중 하나입니다. 제본이 점점 풀리고 있고, 페이지는 닳고 닳았고, 심지어는 약간 구겨진 페이지도 있습니다. 한 번만 읽은 책이 아니라 출판된 이후 몇 년 동안 몇 번이고 다시 집어 들었습니다.

이 책은 저의 자바스크립트 실력을 측정하는 기준이 되기도 했습니다. 2014년에 처음 이 책을 읽었을 때 개념은 익숙했지만 얇은 분량에 비해 이해의 깊이가 깊지 않았습니다.

하지만 몇 년이 지나면서 매일매일 제 실력이 향상되는 것을 느끼지는 못했지만 책 속의 개념 하나하나가 더 친근하게 다가왔습니다. 이 책의 도움으로 제가 얼마나 많이 발전했는지 깨닫고 혼자 미소를 지었습니다. 책을 얼마나 잘 보존했는지와 책을 얼마나 좋아하는지 사이에 반비례 관계가 있다는 것이 분명해졌습니다.

카일이 제게 2판의 서문을 써 달라고 부탁했을 때 저는 약간 당황했습니다. 특히 2부 '스코프와 클로저'처럼 제 이해와 경력에 큰 영향을 준 책에 대해 서문을 써 달라는 요청을 받는 경우는 흔치 않으니까요. 클로저를 처음으로 이해한 날, 클로저를 처음으로 잘 사용했던 날이 기억납니다. 부분적으로는 아이디어의 대칭성이 저에게 매력적이었기 때문에 만족감이 컸습니다. 이 책을 집어 들기도 전에 저는 이미 클로저에 매료되어 있었습니다. 하지만 코드를 성공적으로 실행하는 것과 개념을 깊이 있게 탐구하는 것 사이에는 차이가 있습니다. 이 책은 제가 가지고 있던 기본적인 이해를 끌어내어 기술을 숙달할 수 있게 해줬습니다.

이 책은 짧지만 유용한 지식이 촘촘하게 담겨 있습니다. 한 페이지씩 천천히 읽어보길 추천합니다. 책이 닳아 없어지도록요.

사라 드라스너 Sarah Drasner, 구글 엔지니어링 디렉터이자 핵심 웹 개발자

이 책에 대하여

많은 개발자의 사랑을 받아온 『You Don't Know JS(이하 YDKJS)』 시리즈의 두 번째 판, 『You Don't Know JS Yet(이하 YDKJSY)』과 함께하게 된 여러분을 환영합니다.

첫 번째 시리즈를 읽었던 독자라면 새로운 관점을 얻을 수 있을 거라는 기대감에 부푼 채로 이 책을 펼쳤을 겁니다. 지난 5년간 자바스크립트는 많이 변했고, 2판에서 이를 반영했을 거라는 생각으로 말이죠. 그러나 아쉽게도 2판 역시 1판과 마찬가지로 자바스크립트 **작동 원리**를 중심으로 **언어 그 자체**를 배울 수 있도록 내용을 준비했습니다.

YDKJS 시리즈를 건너뛰고 YDKJSY을 읽기 시작했더라도 괜찮습니다. 함께 자바스크립트를 구석구석 살펴보며 넓고 깊게 실력을 쌓아봅시다.

대상 독자

이 책은 자바스크립트 입문서가 아니므로 프로그래밍 언어를 처음 배우거나 자바스크립트를 처음 배우는 분에게는 적합하지 않습니다. 자바스크립트 핵심에 근접한 내용을 다루기 때문에 초심자라면 복잡하고 어려울 수 있습니다. **분야를 막론하고 자바스크립트를 최소 6~9개월 동안 다뤄봤거나, 자바스크립트로 짠 코드를 읽는 데 불편함이 없는 분**이라면 이 책을 읽어도 좋습니다.

좋은 문법, 나쁜 문법

YDKJSY 시리즈는 『더글라스 크락포드의 자바스크립트 핵심 가이드』(한빛미디어, 2008)와는 다른 관점으로 자바스크립트를 다룹니다. 다만 더글라스 크락포드 책의 원제가 『JavaScript: The Good Parts』라고 해서 이번 책에서는 자바스크립트의 **단점**을 다룰 거라는 오해는 하지 마세요. 장단점은 물론, 자바스크립트의 **모든 영역**을 다룰 예정입니다.

자바스크립트 생태계에 있다 보면 자바스크립트는 설계가 잘못되어 구현에 일관성이 없다는 말을 종종 듣습니다. 여러분이 이런 생각을 하고 있을 수도 있겠네요. 꽤 많은 개발자가 자바스크립트는 가장 유명하지만, 최악인 언어라고 주장합니다. 자바스크립트가 좋아서 쓰는 사람은 아무도 없고, 웹 개발을 하려면 자바스크립트가 필수이기 때문에 억지로 쓰고 있다며 말이죠. 필자는 이 주장에 동의하지 않습니다. 자바스크립트 생태계에 도움되는 주장도 아니고요.

수백만 개발자가 매일 자바스크립트를 사용합니다. 그중 상당수는 자바스크립트가 가진 철학을 인정, 존중하며 자바스크립트를 사용합니다.

다른 위대한 언어와 마찬가지로 자바스크립트에도 좋은 점과 나쁜 점이 공존합니다. 자바스크립트를 만든 브렌던 아이크^{Brendan Eich}조차 설계 일부에 실수가 있었다고 토로한 바 있습니다. 그렇지만 저는 자바스크립트가 가장 보편적이고 영향력 있는 프로그래밍 언어가 된 데는 실수와 장단점을 포함한 자바스크립트의 **모든 부분** 덕분이라고 생각합니다.

잘못 설계된 부분은 피하고 **일부 좋은 문법**만 배워서 사용하라는 조언이나, X를 대체하는 문법인 Y만 사용하라는 조언을 듣는다면 무시해도 좋습니다. 명세서에 등록 전이지만 새롭게 떠오르는 '모던한^{modern}' 문법 사용을 강요하는 조언도 마찬가지입니다. 모든 문법에는 쓰임새가 있습니다. 다만 어떤 문법은 좀 더 유용하고, 어떤 문법은 주의를 기울여 명확한 의도를 가지고 사용해야 한다는 차이만 있을 뿐입니다.

일부 문법만 사용하면서 유능한 자바스크립트 개발자가 되겠다고 생각하는 것은 터무니없는 생각입니다. 드라이버나 줄자는 멋진 도구가 아니라고 비웃으며 유용한 도구로 가득 찬 공구함 속에서 망치만 꺼내 쓰는 건축업자가 눈앞에 있다고 상상해봅시다. 정말 이상하죠?

유능한 자바스크립트 개발자로 성장하려면 자바스크립트의 모든 부분을 학습하고, 적재적소에 배운 지식을 활용해야 합니다. 조금 과격하게 들릴 수 있겠지만 필자의 주장과 다른 이야기를 하는 책은 당장 버려도 좋습니다.

제목의 의미

이 책의 제목 『You Don't Know JS Yet』에는 여러분이 자바스크립트 관련 지식이나 이해가 부족하다는 점을 비판하거나 모욕하려는 의도가 전혀 없습니다. 자바스크립트는 절대 배울 수 없는 언어라고 주장하는 것도, 저를 포함해 몇몇 사람들만 깨달음을 얻었다고 자랑하려는 의도도 당연히 없습니다.

사실 앞선 생각들은 첫 번째 시리즈 내용을 읽기도 전에 제목 『You Don't Know JS』만 보고 사람들이 했던 실제 반응이었습니다. 물론 근거 없이 말이죠.

『You Don't Know JS Yet』이라는 제목은 대부분의 자바스크립트 개발자가 본인이 작성하는 코드가 어떻게 작동하는지 깊게 이해하는 데 시간을 쓰지 않는다는 점을 지적하려고 만들었습니다. 이런 개발자들은 자신이 짠 코드가 잘 돌아가고 원하는 결과가 나오면 생각을 멈춥니다. 코드가 **어떻게 돌아가는지**는 정확하게 파악하지 않은 채 말이죠. 작동 원리를 알아보려고 시도하지만 부정확한 정보로 학습하는 불상사까지 발생하곤 합니다.

여러분에게 진심 어린 조언을 하나 하자면, 지금부터는 기존에 가지고 있던 추측에 기반한 지식은 모두 잊고, 순수하고 호기심 어린 눈빛으로 자바스크립트를 바라보길 바랍니다. 이렇게 하다 보면 코드 한 줄 한 줄을 볼 때마다 '**왜**'라는 의문이 떠오를 겁니다. '이건 왜 이렇고, 무엇 때문에 이렇게 작동하는 거지?'라는 궁금증이나 '동작은 같은데 왜 다른 수많은 방법을 제쳐두고 이 방법이 더 낫거나 적합하다고 하는 거지?'라는 질문이 자연스레 떠오를 겁니다. 여기에 더해 X 방법의 훌륭함이 이미 증명되었는데, 왜 유명한 개발자들은 Y 방법으로 코드를 작성하라고 이야기하는지 의구심도 들 겁니다.

제목 끝에 'Yet'을 붙인 이유는 두 번째 시리즈이기 때문만은 아닙니다. YDKJSY 시리즈가 여러분의 도전 정신을 불러일으키길 바라는 마음에서 붙여봤습니다.

도전 정신을 갖는 건 좋지만 한 가지는 명확히 하고 싶습니다. 필자는 자바스크립트를 **완전히 알 수 없다**고 생각합니다. 자바스크립트 완전 정복은 실제로 달성할 수 없지만 꾸준히 추구해야 할 목표여야 합니다. 자바스크립트를 정복한다는 것은 끝나지 않는 도전입니다. 학습 시간이 늘어날수록 점점 지식이 쌓이는 것, 그뿐입니다. 자바스크립트를 알아가다 보면 기존에 **알고 있던** 내용이 머릿속에 자주 떠오릅니다. 기존의 생각과 실무 경험이 융합되면 시너지 효과가 일어나고, 자바스크립트를 색다른 시각에서 다시 배울 수 있게 됩니다.

완벽히 숙달할 수는 없지만 목표에 다가가기 위해 계속 노력할 수 있고 노력해야만 한다는 사고방식은 자바스크립트를 학습할 때뿐만 아니라 소프트웨어 개발 과정에서 개발자가 가져야 할 사고방식이기도 합니다. 이 사고방식을 엔지니어로서의 경력 관리, 혹은 그 이상으로 확대시켜 적용하면 더 좋습니다.

YDKJSY을 읽는다면 항상 과거의 자신보다 한 발짝 더 앞서나갈 수 있습니다.

목표

개발자가 왜 자바스크립트를 진지하게 받아들여야 하는지를 설명하는 사례는 군이 여기서 언급하지 않겠습니다. 이미 자바스크립트의 가치는 입증되었기 때문입니다.

자바스크립트의 가치를 입증할 필요는 없지만 자바스크립트만의 독특하고 중요한 사례는 살펴볼 필요가 있습니다. YDKJSY 시리즈에서 그런 사례를 살펴보려 합니다.

필자는 지금까지 25개국 이상에 걸친 여러 회사와 팀에 종사하는 개발자 5천 명 이상을 가르쳐 왔습니다. 교육을 하는 동안 상당히 많은 개발자가 프로그램이 반환하는 **결과만 중요시하고** 코드를 어떻게 작성했는지, 왜 그렇게 작성했는지, 그리고 코드 작동 방식에 대해서는 중요하게 생각하지 않는다는 사실을 목격했습니다.

개발자로서 그리고 많은 개발자를 가르친 교육자로서 내린 결론은 직접 짠 코드의 작동 방식을 잘 이해하고 있는 개발자의 프로세스는 원하는 결과가 나왔다고 **생각을 멈추는** 개발자의 프로세스보다 당연히 효율적일 수밖에 없다는 점이었습니다. 작동하는 프로그램을 만드는 정도로는 충분하지 않습니다. 거기서 **멈춰서는 안 됩니다**.

개발자라면 누구나 본인이 작성한 코드 일부가 원하는 대로 작동하지 않는 어려움을 겪습니다. 원인을 쉽게 찾지도 못하죠. 그런데 자바스크립트 개발자들은 언어 이해도가 떨어지는 자신을 돌아보지 않고 언어 탓을 하는 경우가 잦습니다. YDKJSY 시리즈는 코드가 제대로 작동하지 않는 **이유**와 원하는 결과가 나오도록 코드를 수정하는 **방법**과 관련된 질문과 답변을 담았습니다.

이 책에 대하여

이 책을 통해 모든 자바스크립트 개발자가 자신이 작성하는 코드를 온전히 소유하고 이해하며, 의도를 가지고 명확하게 코드를 작성할 수 있도록 힘을 실어주고 싶습니다.

학습법

시리즈 전권을 독파하겠다는 목표를 세우고 이 책을 읽기 시작한 분이 있다면 계획을 수정하길 권유드립니다.

YDKJSY 시리즈를 한 번에 독파하는 건 책을 쓴 의도와 맞지 않는 학습법입니다. 자바스크립트는 강력하고 정교하며 일부는 매우 복잡하기 때문에 YDKJSY 시리즈 역시 농밀한 내용을 담고 있습니다. 그 누구도 책에 담긴 방대한 정보를 단 한 번에 뇌에 **새기고** 유지할 수 없습니다. 이런 시도 자체도 터무니없고 어리석다고 생각합니다.

시간을 들여 천천히 YDKJSY 시리즈를 살펴보길 바랍니다. 한 장을 고른 다음 처음부터 끝까지 읽고, 다시 장 처음으로 돌아가 각 절을 차근차근 다시 읽어보세요. 이때 절 하나가 끝나면 다음 절로 넘어가지 말고 해당 절에서 다룬 내용이나 코드를 직접 연습해보길 바랍니다. 큰 주제를 다룬 절을 읽었다면 며칠에 걸쳐 내용을 소화하고, 이해가 안 되는 내용은 다시 읽고 확인하고 연습하세요.

한 장을 읽는 데 1~2주가 걸릴 수 있습니다. 한 권을 읽는 데 한 달이나 두 달 정도 걸릴 수 있고, 시리즈 전체는 일 년 혹은 그 이상을 들여야 완독할 수 있습니다. 그런데 이렇게 시간을 보내도 YDKJSY에서 다루는 내용 전부를 이해하지 못할 수 있습니다.

욱여넣듯 한 번에 책을 읽지 말고, 인내심을 갖고 책을 펼치세요. 그리고 책에서 읽은 내용을 회사에서 작성 중인 코드나 참여 중인 프로젝트에 적용해보며 열심히 연습하길 바랍니다. 그리고 나아가 책에 언급된 필자의 의견을 비판적인 시각으로 바라보며 동료들과 토론하고, 저에게 도전장을 내밀길 바랍니다! 스터디 그룹이나 책 읽기 모임을 만드는 것도 좋습니다. 작은 워크숍을 만들어 책에서 배운 내용을 직장 동료에게 가르쳐보거나 기술 블로그에 정리하는 것도 좋습니다. 가까운 지역에서 열리는 자바스크립트 행사에 연사로 참여해보는 것도 추천합니다.

이 책의 목표는 여러분이 탄탄한 근거를 갖춘 의견을 가질 수 있도록 격려하는 것입니다. 그러므로 필자가 책에서 제시한 의견을 아무런 비판 없이 수용하는 건 이 책의 목표에 위배됩니다. 책을 대충 읽으면 목표를 이룰 수 없으며, 시간을 들여 연구와 고민을 거듭하고, 회독을 늘려가야만 목표를 달성할 수 있습니다.

YDKJSY 시리즈는 지금 당장 맞닥뜨린 문제를 해결할 때부터 핵심 개념이 이해되지 않을 때까지 어떠한 경우에도 참고할 수 있는 휴대용 도감입니다. 자바스크립트를 깊이 공부할수록 더 많은 의문이 생기는데, 그럴 때마다 도감을 열어 더 많은 미지의 세계를 탐색해보길 바랍니다. 벌써 제가 다 흥분되네요!

필자를 여행 동반자로 선택해주어 기쁘고, 여러분의 여정에 YDKJSY 시리즈가 함께하게 되어 영광입니다. 자, 이제 자바스크립트 학습을 본격적으로 시작해봅시다.

일러두기

이 책은 『You Don't Know JS Yet』의 1권 '시작하기'와 2권 '스코프와 클로저'를 한 권의 종이 책으로 엮은 것으로, 1부에서는 1권을, 2부에서는 2권의 내용을 다룹니다. 따라서 2부의 새로운 장은 다시 1장부터 시작합니다.

감사의 말

먼저 이 일을 계속할 수 있게 해준 아내와 아이들에게 고마움을 전합니다. 또한 초판『You Don't Know JS』의 킥스타터 후원자 500명과 이 책을 구매하고 읽어준 수십만 명의 독자에게 감사드립니다. 여러분의 재정적 지원이 없었다면 이번 2판은 나오지 못했을 것입니다. 또한 '카일 심슨은 JS에 대해 충분히 알지 못한다'고 말했던 특정한 소셜 미디어 회사의 인터뷰 담당자에게도 감사드립니다. 이 시리즈의 이름을 짓는 데 큰 도움이 되었습니다.

제 커리어의 많은 부분을 마크 그라반스키Marc Grabanski와 프런트엔드 마스터스Frontend Masters에게 빚지고 있습니다. 몇 년 전, 마크는 제가 다른 사람들을 가르칠 수 있도록 처음으로 기회를 주었는데, 그때가 아니었다면 저는 작가가 되지 못했을 것입니다. 프런트엔드 마스터스는『You Don't Know JS』의 2판인『You Don't Know JS Yet』의 프리미어 스폰서입니다. 프런트엔드 마스터스와 마크에게 감사드립니다.

마지막으로 저의 첫 번째 책 편집자이자 초판 YDKJS를 구상하는 데 도움을 준 사이먼 세인트 로랑Simon St.Laurent에게 감사를 전합니다. 사이먼의 지원과 지도는 저에게 깊은 영향을 주었고 지금의 저를 작가로 만드는 데 없어서는 안 될 분입니다. 몇 년 전 드리스킬Driskill에서 함께 했던 술자리부터 YDKJSY이 탄생한 오늘날에 이르기까지, 이 책이 탄생할 수 있도록 지도하고 개선해준 사이먼에게 진심으로 고마움을 전합니다.

카일 심슨

CONTENTS

PART ┃ 시작하기

CHAPTER 1 자바스크립트

CONTENTS

CONTENTS

CHAPTER 3 스코프 체인

CHAPTER 4 전역 스코프

CONTENTS

CONTENTS

APPENDIX B 연습 문제

Part **I**

시작하기

Part I

시작하기

자바스크립트

자바스크립트를 온전히 이해하고 있는 사람은 없습니다. 필자 역시 마찬가지입니다. 그렇지만 누구나 자바스크립트 공부를 시작할 수 있고, 학습을 통해 자바스크립트와 더 친해질 수 있습니다.

1부 첫 장에서는 장거리 여행에 필요한 기초 지식을 배워봅니다. 명세서를 정의할 때 일어난 담론이나 배경을 알아야만 진짜 자바스크립트가 무엇인지, 진짜가 아닌 자바스크립트는 무엇인지 파악할 수 있고 널리 알려진 신화나 오해를 정리할 수 있습니다.

배경지식을 알게 되면 자바스크립트의 정체와 자바스크립트 명세서가 확정되고 유지 보수되는 절차를 파악할 수 있습니다. 이 과정을 통해 중요한 통찰을 얻을 수 있죠. 자바스크립트를 다루는 개발자라면 이런 배경지식을 꼭 알고 있어야 합니다. 이게 바로 이번 장이 **여행의 첫걸음**이 된 이유입니다.

1.1 책에 대하여

여행이라는 단어를 꾸준히 강조하는 이유는 **자바스크립트 정복**은 목적지가 되어서는 안 되고, 바라봐야 할 방향이 되어야 하기 때문입니다. 연차나 숙련도와는 상관없이 참고할 수 있는 자료는 도처에 있습니다. 그런데도 이 책을 선택했다면 책을 빠르게 독파하겠다는 생각은 내려놓고, 인내와 끈기가 최고의 미덕이라는 생각과 함께 여정을 시작하길 바랍니다.

이번 장에서는 배경지식을 다루고, 이후부터는 여러 장에 걸쳐 향후 다룰 자바스크립트 지식을 개괄적으로 살펴봅니다.

특히 4장에서는 자바스크립트를 지탱하는 세 가지 주요 개념인 '스코프와 클로저', '프로토타입', '타입과 타입 강제 변환'에 대해 설명합니다. 자바스크립트는 지원하는 기능이 많고 할 수 있는 일도 많아 다양한 곳에서 사용하는 정교한 언어입니다. 이런 특징은 앞서 언급한 세 가지 주요 개념에 기반합니다.

1부 제목이 '시작하기'이긴 하지만, 이 책은 **초보자를 위한 입문서가 아니라는 점**을 다시 한번 강조합니다. 1부는 자바스크립트를 깊게 다루기 전 필요한 준비 운동을 담당합니다. 최소 몇 개월 이상 자바스크립트를 다뤄봤고, 자바스크립트로 작성된 코드를 읽는 데 부담이 없는 개발자가 대상 독자이며, YDKJSY 시리즈를 학습하기 전에 읽어보도록 설계했습니다. 따라서 자바스크립트 코드를 작성해본 경험이 있다면 이 책을 통해 많은 것을 얻어갈 수 있을 겁니다.

다만 자바스크립트로 코드를 많이 작성해봤더라도 이 책을 대충 훑어보거나 내용을 건너뛰면서 읽는 건 좋지 않습니다. 시간을 들여 이 책에서 다루는 내용을 완전히 내 것으로 만들기를 바랍니다. **첫 단추를 잘 끼워야 한다는 점**을 잊지 마세요.

1.2 자바스크립트 이름의 유래

자바스크립트는 이름 때문에 프로그래밍 언어 중 가장 많은 오해를 불러일으키고 실제로 오해도 많이 받는 프로그래밍 언어 중 하나입니다.

자바스크립트는 자바Java와 관련이 있을까요? 자바스크립트는 자바를 단순히 스크립트 언어로 바꿔놓은 언어일까요? 자바스크립트는 진짜 프로그래밍 언어가 아니고 단순히 스크립트를 작성할 용도로 만들어진 언어일까요?

자바스크립트라는 이름은 사실 마케팅 목적으로 사람들을 속이기 위해 고안한 이름입니다. 브렌던 아이크Brendan Eich는 처음엔 모카Mocha라는 암호명으로 자바스크립트를 불렀습니다. 브렌던 아이크가 재직 중이던 넷스케이프Netscape에서는 라이브스크립트LiveScript라는 브랜드명을 붙였고요. 이렇게 새롭게 만든 언어는 외부에 공개할 때가 되어서야 '자바스크립트JavaScript'라는 공식 명칭으로 불리게 되었습니다.

그렇다면 왜 이름이 자바스크립트인 걸까요? 이 언어는 자바 개발자들에게 어필하기 위해 만들어졌고, 당시 '스크립트script'라는 단어가 '가벼운 프로그램'이라는 뜻으로 유행했기 때문입니다. 이렇게 만들어진 경량 스크립트인 '자바스크립트'는 웹이라 불리는 새로운 기술과 함께 웹 페이지 속으로 우리에게 온 것이죠.

정리하자면 이렇습니다. 자바스크립트는 이미 잘 알려져 있고, 무거운 언어였던 자바 개발자들의 입맛에 맞게 만들었고, 개발자들에게 어필하기 위해 마케팅 목적으로 고안해낸 이름입니다. 사실 이런 목적이었다면 단순하게 '웹 자바'라고 불렀어도 되지 않았을까라는 생각이 들긴 하네요.

자바스크립트와 자바가 별개의 언어라곤 하지만 자바스크립트로 짠 코드와 자바로 짠 코드가 완전히 다르지는 않으며 표면상 비슷하긴 합니다. 개발 환경이 같아서 비슷해진 건 아니고 두 언어 모두 C 언어(혹은 C++)와 유사한 문법을 기대하는 개발자를 대상으로 만들어졌기 때문입니다.

자바스크립트는 C, C++, 자바와 마찬가지로 블록 시작과 끝을 여는 중괄호({)와 닫는 중괄호(})를 사용합니다. 문statement이 끝날 때 세미콜론(;)을 사용한다는 점도 유사합니다.

자바와 자바스크립트는 문법이라는 프로그래밍적 관점보다 법률적 관점에서 더 강하게 결부됩니다. 썬 마이크로시스템즈Sun Microsystems는 넷스케이프를 인수하며 자바스크립트를 비롯한 몇몇 기술도 함께 인수했습니다. 이후 오라클Oracle이 썬 마이크로시스템즈를 인수하면서 자바의 소유권을 갖게 되었고, 자연스레 '자바스크립트'라는 이름의 소유권도 가지게 되었습니다. 썬 마이크로시스템즈가 자바스크립트라는 이름에 대한 소유권을 행사했던 적은 거의 없지만, 이 책이 출간된 이후 상황이 바뀌었을 수도 있습니다.

이러한 이유로 일각에서는 자바스크립트 대신 **JS**라는 이름을 사용하자고 제안합니다. JS라는 약어를 언어 브랜딩에 공식적으로 활용한다는 게 좋은 선택지 같아 보이진 않지만, 이미 매우 흔하게 쓰이는 약어입니다. 앞으로 이 책에서도 브렌던 아이크가 만든 언어인 자바스크립트를 JS라는 이름으로 칭할 예정입니다.

오라클이 소유한 상표가 아닌 TC39에서 지정하고 ECMA 표준 기구에 의해 공식화된 명칭으로 JS를 부르면 **ECMAScript**가 됩니다. 2016년부터는 ECMAScript에 개정 연도를 붙이기 시작했고 집필 시점인 2019년, JS의 공식 명칭은 ECMAScript 2019(약어로 ES2019)입니다.

즉, 브라우저 혹은 Node.js에서 실행되는 JS는 ES2019 표준의 구현체입니다.

여러분이 JS를 자바스크립트, ECMAScript, ES2019 중 무엇으로 부르든 자바와 자바스크립트와는 관계가 없습니다.

자바와 자바스크립트의 관계는 햄과 햄스터의 관계와 같습니다.

– **제러미 키스**Jeremy Keith, 2009

1.3 명세서

앞서 잠시 언급했던 TC39를 떠올려봅시다. TC39는 JS를 관리하는 기술 운영 위원회Technical Steering Committee (TSC)로, JS의 공식 명세를 관리합니다. TC39 위원은 정기 모임에서 명세 변경 안건을 투표하고, 합의된 변경 사항을 국제 표준화 기구인 ECMA에 제출합니다. 바로 이 명세서에 JS 문법과 작동 방식이 정의됩니다.

2019년에 업데이트된 ES2019는 JS가 탄생한 1995년 이후 10번째 개정안을 담고 있어서 ECMA에서는 ES2019로 연결되는 페이지 URL 마지막에 다음과 같이 '**10.0**'을 붙였습니다.

- https://262.ecma-international.org/10.0

TC39 위원회는 약 50~100명으로 구성되는데, 브라우저를 만드는 조직(모질라, 구글, 애플)과 하드웨어 제조사(삼성 등) 같이 웹에 투자를 많이 하는 회사 출신이 주를 이룹니다. 위원회에 참가한 모두는 자원봉사자이며, 위원 다수가 앞서 언급한 조직에 재직 중이기 때문에 위원으로서 의무는 회사를 통해 어느 정도 보상받을 수 있습니다. TC39는 보통 격월로 회의를 열며 약 3일 동안 회의를 진행합니다. 회의에서는 지난 회의 이후 진행된 작업을 검토하고, 이슈를 논의하고, 투표를 진행합니다. 회의는 주최 의사를 비친 회원사를 순회하며 열립니다.

TC39에서 모든 제안proposal은 다섯 단계stage로 이루어진 절차를 거치며, 특이하게 단계는 1이 아닌 0부터 시작합니다. 마지막 단계는 당연히 4가 되죠. 우리 모두 개발자이므로 0 기반 인덱싱zero-based indexing에 대해서는 특별히 언급하지 않고 넘어가겠습니다. 각 단계상 절차는 `https://tc39.es/process-document`에서 자세히 확인할 수 있습니다.

새로운 아이디어가 0단계로 올라가는 방법을 간략히 설명하면 이렇습니다. TC39 회원이 아닌 누군가가 소셜 미디어나 블로그 같은 비공식 수단을 통해 아이디어를 '제안'합니다. TC39 위원 중 한 명이 이런 '0단계 이전'의 아이디어가 가치 있다고 생각해 옹호하면 제안이 '0단계'로 올라갑니다. 즉, 새롭게 제시한 아이디어를 공식적인 '0단계'로 올리고 싶다면 반드시 TC39 위원의 지원을 받아야 합니다.[1]

0단계부터 시작한 제안은 4단계까지 올라가서야 다음 연도 개정안에 포함될 자격을 가지며 새로운 제안이 4단계까지 올라가는 데는 짧게는 몇 달, 길게는 몇 년이 걸립니다.

모든 제안은 TC39 공개 깃허브GitHub 저장소(`https://github.com/tc39/proposals`)에서 확인할 수 있습니다.

TC39 위원이든 아니든 누구나 깃허브를 통해 명세서와 관련된 토론, 제안서 작성 과정에 참여할 수 있습니다. 하지만 의결은 TC39 회의에서 이뤄지고, 회의는 TC39 위원만 참여할 수 있으므로 사실상 JS의 행보는 TC39 위원의 목소리에 크게 좌우됩니다.

지금부터는 JS '버전version'에 대해 이야기해보겠습니다. JS에는 버전이 없습니다. 안타깝게도 여전히 JS를 버전으로 구분하고, 이게 공식인 것처럼 이야기하는 분들이 많습니다. 하지만 TC39와 ECMA에 의해 유지되는 공식적인 표준 JS는 **단 하나**뿐입니다.

2000년대 초반, 마이크로소프트가 JS를 불완전하게 리버스 엔지니어링해 'JScript'라는 언어를 만들었을 당시에는 여러 버전의 JS가 있긴 했지만, 버전으로 JS를 구분하던 시대는 지났습니다. 현시대에서 JS에 여러 버전이 있다고 주장하는 것은 시대에 뒤처지고 부정확합니다.

모든 주요 브라우저, 디바이스 제조사는 단 하나뿐인 명세서를 기준으로 JS 구현체를 만듭니다. 브라우저 엔진별로 명세서 개정안을 반영하는 시기가 다르긴 하지만, 규칙을 어기는 일은 절대 없어야 합니다. 예를 들면 크롬에서 돌아가는 엔진인 V8이 모질라의 엔진 스파이더멍키SpiderMonkey와 다르거나 호환하지 않는 기능을 구현하는 일은 절대 없어야 합니다.

---

1 옮긴이_ 새로운 제안을 한 사람은 제안자(author)로, 제안을 옹호하는 TC39 위원은 챔피언(champion)으로 구분합니다.

덕분에 우리는 **단 하나의 JS**만 배워도 되고, 어디서나 동일한 JS를 이용할 수 있게 되었습니다.

1.3.1 JS를 지배하는 웹

JS는 브라우저나 서버(Node.js), 심지어 로봇이나 전구에서도 실행되고 점차 그 영역을 확장하고 있습니다. 하지만 이들 중 가장 큰 비중을 차지하는 분야는 단연코 웹입니다. 따라서 JS 구현체를 만들 때는 웹 브라우저 환경을 가장 중요하게 고려해야 합니다.

대부분 명세서에 정의된 JS와 브라우저 엔진에서 돌아가는 JS는 동일합니다. 하지만 반드시 알고 있어야 할 몇 가지 차이점이 있습니다.

이따금 새로운 동작이 추가되거나 기존 작동 방식을 변경하는 등 명세서가 개정되는데, 이 개정안이 기존 브라우저 엔진에서 실행되던 JS의 작동 방식과 다른 경우가 발생하기도 합니다. 이런 불일치가 발생하는 이유는 역사적으로 매우 중요하므로 배경을 알아둘 필요가 있습니다.

JS 엔진 제조사들은 20년이 넘는 긴 세월 동안 웹 콘텐츠를 다루는 기능을 구현해왔는데, 오류 없이 웹 콘텐츠를 보여주려다 보니 에지 케이스$^{edge\ case}$를 다루는 기능도 자체적으로 추가해왔습니다. 이런 상황 속에서 브라우저 제조사들은 명세서 개정안을 반영했을 때 기존에 잘 보이던 콘텐츠가 깨지는 경우, 명세서 개정안을 자사 엔진에 반영하지 않겠다는 결정을 내리게 됩니다.

불일치가 발생하면 TC39 위원회는 종종 기존 결정을 철회하고 명세서를 웹에 맞춥니다. 배열 메서드 contains()를 추가하려다 몇몇 JS 프레임워크에서 충돌이 발생한다는 걸 발견하고 메서드명을 includes()로 수정한 사례가 대표적입니다. 새로운 배열 메서드 flatten()이 제안되었다가 flat()으로 이름이 바뀐 사례 역시 유명합니다. JS 커뮤니티 사이에서 웃기지만 실제 혼란을 일으켰던 이 사례는 'smooshgate'[2]라는 이름으로 회자됩니다.

그런데 때때로 TC39는 브라우저 기반 JS 엔진이 명세서를 준수할 가능성이 거의 없음에도 불구하고 명세서를 변경하지 않는 경우가 있습니다.

---

2 옮긴이_ MooTools 라이브러리를 쓰는 사이트에서 flatten()이 충돌을 일으킨다는 것이 발견되었는데, 명세 제안자가 농담으로 flatten을 smoosh로 바꾸는 게 좋다고 한 발언이 TC39의 결정인 것처럼 빠르게 퍼지면서 발생한 스캔들입니다.

'그럼 문제가 발생하지 않나요?'라고 생각할 수 있습니다. 이런 문제는 ECMAScript 명세서와 실제 웹에서 돌아가는 JS의 차이가 상세히 기록되어 있는 명세서 페이지의 부록 B, 'Additional ECMAScript Features for Web Browsers'[3]를 참고해 해결할 수 있습니다. 간략히 정리하자면 이렇습니다. 부록 B에 적힌 예외들은 브라우저에서만 허용되기 때문에 다른 환경은 명세서를 반드시 준수해야 합니다.

명세서 페이지의 B.1과 B.2절에서는 웹에서는 쓰이지만 앞서 설명한 역사적인 사례를 이유로 명세서에 등재하지 않은 JS 문법과 API를 다룹니다. 0 접두사가 붙은 8진 리터럴octal literal, 빌트인 전역 함수 escape()와 unescape(), 문자열을 쉽게 DOM으로 바꿔주는 헬퍼 함수 anchor()와 blink(), 정규 표현식 메서드 compile()이 대표적인 예입니다.

B.3절에서는 웹 엔진과 웹이 아닌 엔진 모두에서 실행되지만, 작동 결과가 달라 문제를 초래할수 있는 문법과 의미론(시맨틱스)semantics을 다룹니다. B.3절에 추가된 사항 대부분에는 엄격모드에서 실제 코드가 돌아갈 때 오류를 유발하는 상황도 함께 적혀 있습니다.

실제로 개발할 때는 부록 B에 있는 명세를 자주 접하지는 않겠지만 미래를 위해 관련 구현체는 사용하지 않는 게 좋습니다. 가급적 특정 JS 엔진에 종속되지 않으면서 명세서를 준수하는 구현체만 사용하도록 합시다.

1.3.2 JS지만 JS가 아닌 웹 전용 문법

다음 코드는 JS 프로그램일까요 아닐까요?

```
alert("JS야 안녕!");
```

관점에 따라 프로그램일 수도 아닐 수도 있습니다. alert()는 명세서에는 없지만 **모든 웹 환경**에서 지원하는 함수이기 때문입니다. 하지만 이런 문법이 부록 B에 적혀 있어야 할 텐데 부록 B에는 alert()와 관련된 내용이 없습니다. 왜 그런 걸까요?

브라우저 엔진, Node.js 등과 같이 JS가 실행되는 환경은 전역 스코프에 API를 추가해 자체적으로 사용할 수 있는 기능을 제공합니다. alert() 함수가 바로 여기에 해당합니다.

---

3 https://262.ecma-international.org/10.0/#sec-additional-ecmascript-features-for-web-browsers

사실 JS처럼 보이는 API 상당수가 실제로는 웹에서만 지원되는 API인 경우가 많습니다. fetch(), getCurrentLocation(), getUserMedia()가 대표적인 예입니다. Node.js 환경 역시 fs.write() 같은 다양한 빌트인 모듈을 제공해 개발자가 편리하게 API를 쓸 수 있도록 지원합니다.

이와 같이 명세서에는 없지만, JS처럼 인식되는 대표적인 메서드로 console.*가 있습니다. 디버깅 용도로 자주 쓰는 console.log()가 여기에 포함되죠. console.* 메서드는 명세서에는 없지만 광범위하게 사용되어 거의 모든 환경에서 이 메서드를 지원합니다.

즉, alert()와 console.log()는 JS에 정의된 문법이 아니지만, JS의 함수와 객체 메서드 규칙을 따르고 **JS처럼 보입니다.** 동작의 이면은 해당 코드가 돌아가는 환경에 의해 달라지긴 하지만 JS라는 생태계에 속하려면 표면상 JS 문법 규칙을 준수해야 합니다.

여러 브라우저를 대응하다 보면 브라우저 간 차이 때문에 'JS는 너무 일관성이 없어!'라는 불평이 생기는데, 사실 이 차이는 대부분 JS 작동 방식 때문이 아닌 환경에 따른 작동 방식 때문에 발생합니다.

따라서 alert()라는 코드를 본다면 alert 호출은 JS이지만 alert 자체는 명세서에 없는 손님이라고 생각해야 합니다.

1.3.3 모든 코드가 JS인 것은 아닙니다

우리는 브라우저 개발자 도구의 콘솔이나 Node.js의 REPL^{read-evaluate-print loop}이 JS 환경이라는 가정하에 빠르게 JS 코드를 작성하고 실행해야 할 때 이 둘을 사용하곤 합니다. 그런데 이 전제는 틀렸습니다.

개발자 도구는 말 그대로 개발자를 위한 도구입니다. 개발자 도구는 개발자의 편의를 위해 만들어졌으므로 개발자 경험^{developer experience}(DX)을 가장 우선순위에 둡니다. 개발자 도구는 명세서에 정의된 명세를 정확히 재현하기 위해 만든 도구가 **아닙니다.** 따라서 콘솔이나 REPL이 **순수 JS**를 지원할 것이라는 생각으로 실험을 하면 예상치 못한 일이 발생해 당황할 수 있습니다.

필자는 개발자에게 편리함을 제공하는 개발자 도구를 긍정적으로 생각합니다. 변수나 프로퍼티 자동 완성 등 UX 측면에서 신경을 많이 쓴 기능을 사용할 수 있어서 매우 유용합니다. 다만 개발자 도구가 JS의 프로그램 처리 방식을 **항상 엄격하게 준수하지 않는다는 점**과 이를 기대해서도 안 된다는 점을 지적하려 합니다. 왜냐하면 개발자 도구가 이를 목표로 만들어진 게 아니기 때문입니다.

개발자 편의를 위해 만든 도구들은 브라우저마다 동작도 다르고 가끔 (혹은 자주) 바뀌기 때문에 브라우저별 차이는 여기서 구체적으로 비교하진 않을 겁니다. 다만 개발자 도구가 순수 JS 작동 방식을 보장하지 않는다는 점을 알아보기 위해 환경별 차이 몇 가지만 간단히 살펴보겠습니다.

- 콘솔 '전역 스코프' 최상위 레벨에서 var나 function으로 변수나 함수를 선언하면 실제 전역에 변수가 생기는지 여부(그리고 이 변수가 window 프로퍼티 속성을 지원하는지, 그 역은 성립하는지 여부)
- '전역 스코프' 최상위 레벨에서 let과 const로 변수 여러 개를 선언했을 때 작동 방식
- 첫 번째 줄에 "use strict";를 입력한 후 엔터를 눌렀을 때, .js 파일 첫 줄에 "use strict";를 입력한 것처럼 해당 콘솔 세션이 엄격 모드로 작동하는지 여부와 첫 번째가 아닌 다른 줄에 "use strict";를 입력해도 해당 세션이 엄격 모드로 작동하는지 여부
- 비엄격 모드에서 함수를 호출할 때 this의 기본 바인딩 방식과 '전역 객체'가 쓰이는 경우, 실제 기대하는 전역 변수가 이 전역 객체에 있는지 여부
- 여러 줄을 입력할 때 호이스팅hoisting의 작동 방식(2부 '스코프와 클로저'에서 자세히 다룸)
- 기타 등등

콘솔에 입력한 코드는 JS 엔진이 .js 파일을 다루는 방식과 동일한 방식으로 처리되지 않습니다. 콘솔의 목적은 개발자가 짧은 코드를 입력하고 그 결과를 즉시 확인하기 위함입니다. JS 엔진과 콘솔의 유스 케이스는 완전히 다릅니다. 따라서 개발자 도구가 두 엔진처럼 작동하길 기대하는 건 무리입니다.

그러니 콘솔에 나타난 결과가 JS 문법을 **정확히** 지키더라도 결과를 신뢰하진 마세요. 자세한 내용은 항상 명세서를 읽으세요. 개발자 도구는 'JS에 우호적인' 별도의 환경이라는 점을 항상 유념하며 활용하면 됩니다.

1.4 JS의 다양한 얼굴

프로그래밍 분야에서 '패러다임paradigm'이라는 용어는 코드를 어떻게 구조화할지에 대한 접근 방식과 사고방식을 의미합니다. 세상에는 다양한 프로그래밍 패러다임이 있고, 한 패러다임 안에는 스타일과 형식에 차이를 둔 변형이 무수히 존재합니다. 우리는 이런 변형을 라이브러리나 프레임워크의 형태로 접합니다.

수많은 패러다임 변형이 존재하더라도 특정 프로그램이 어떤 프로그래밍 패러다임을 따르는지 한 번에 파악할 수 있습니다.

익히 알려진 프로그래밍 패러다임으로는 절차적procedural, 객체 지향object-oriented, 함수형functional이 있으며 각 패러다임의 특징은 다음과 같습니다.

- 절차적 프로그래밍 패러다임에서는 코드가 톱다운top-down이면서 선형적linear으로 구조화되는데, 이때 프로시저procedure라 불리는 코드 단위에 미리 정해진 일련의 연산을 작성합니다.
- 객체 지향 프로그래밍 패러다임에서는 클래스 기준으로 코드를 구조화하며, 클래스에는 로직과 데이터가 정의됩니다.
- 함수형 프로그래밍 패러다임에서는 코드를 함수 단위로 구조화합니다. 이때 함수는 (절차적 프로그래밍의 함수와는 달리) 부수 효과가 없는 순수 함수입니다. 또한 함수 자체가 값으로 취급된다는 특징이 있습니다.

패러다임에는 옳고 그름이 없습니다. 패러다임은 개발자가 문제와 해결책에 접근하는 방법과 코드를 구성하고 유지 보수하는 방법을 안내하는 표지판 같은 역할을 할 뿐입니다.

몇몇 언어는 특정 패러다임에 꽤 치우쳐 있기도 합니다. 절차적 프로그래밍 언어의 대표적 예로는 C 언어가 있고, 객체 지향 언어에는 자바와 C++, 함수형에는 하스켈Haskell이 있습니다.

이처럼 특정 패러다임에 치우친 언어도 있지만, 상당수의 언어는 여러 패러다임을 사용해 코드를 구조화할 수 있도록 지원합니다. 이런 언어를 '다중 패러다임 언어multi-paradigm language'라고 부르며 궁극의 유연성을 제공합니다. 한 프로그램 안에서 두 개 이상의 패러다임에 입각한 코드를 작성할 수 있죠.

JS는 다중 패러다임 언어라 절차적, 객체 지향, 함수형 스타일 코드를 모두 작성할 수 있습니다. 또한 프로그램 전체가 단 하나의 패러다임을 따르도록 하는 것 대신 한 줄 한 줄 원하는 패러다임을 적용할 수도 있습니다.

1.5 하위 호환성과 상위 호환성

JS를 지탱하는 기본 원칙 중 하나는 **하위 호환성**^{backwards compatibility} 보장입니다. 그런데 많은 JS 개발자가 하위 호환성이란 단어의 뜻을 분명히 알지 못하고 **상위 호환성**^{forwards compatibility}이란 개념과 혼동하기도 합니다. 이를 바로잡아봅시다.

하위 호환성이란 단 한 번이라도 유효한 JS 문법이라고 인정되면 명세서가 변경되더라도 절대 그 유효성이 깨지지 않는다는 의미입니다. 하위 호환성 덕분에 1995년에 작성한 코드가 시간이 흘러도 무조건 작동한다는 걸 보장받습니다. TC39 구성원은 종종 '우리는 웹을 절대 망가트리지 않는다!'라고 주장하는데, 이 말은 하위 호환성 덕분에 가능하죠.

JS는 하위 호환성을 보장하므로 개발자는 브라우저 버전이 업데이트되더라도 직접 작성한 코드가 깨지지 않을 거라는 자신감을 가지고 작업할 수 있습니다. 따라서 미래를 생각했을 때 프로젝트에서 사용할 언어로 JS를 선택하는 게 현명한 투자가 될 수 있습니다.

하위 호환성을 '보장'하며 언어를 유지 보수한다는 건 쉬운 일이 아닙니다. JS는 약 25년 동안 하위 호환성을 보장해왔으므로 엄청난 부담과 예기치 않은 수많은 도전이 있었습니다. IT 분야에서 이 정도 하위 호환성을 지키면서 무언가를 유지 보수해온 사례는 거의 없습니다.

하위 호환성이라는 원칙을 고수하는 데 드는 비용은 꽤 큽니다. 실수를 포함한 모든 결정이 영원히 박제되기에 명세서를 바꾸거나 기능을 추가할 때는 엄격한 기준을 통과해야 합니다. JS 명세서에 한 번이라도 들어간 내용을 삭제하면 기존 프로그램이 작동하지 않기 때문에 절대 제거하면 안 됩니다. 정말로 삭제하고 싶은 경우에도 말이죠.

다만 언제나 예외는 있습니다. 실제로 TC39에서 하위 호환성을 깨는 결정을 하기도 했었죠. 물론 이런 경우는 심혈을 기울여 의사 결정을 합니다. TC39에서는 하위 호환성을 깨는 결정을 내릴 때, 브라우저로 수집한 데이터를 이용해 결정에 따른 부수 효과가 어느 정도일지 추정합니다. 그리고 개선에 따른 이점에 비해 명세서 변경에 따른 부정적인 부수 효과가 작다고 판단되면 투표를 통해 명세를 변경합니다.

이렇게 하위 호환성을 깨는 명세서 변경은 아주 드물게 일어납니다. 변경한다 하더라도 사용자가 눈치채지 못할 부분에만 영향을 줍니다.

하위 호환성과 대응되는 개념으로는 **상위 호환성**이 있습니다. 만약 JS가 상위 호환성을 준수하는 언어였다면, 새로운 명세서에 추가된 문법으로 코드를 작성했을 때 이전 명세서를 준수하는 구형 JS 엔진에서 문제가 발생하지 않아야 합니다. 많은 사람이 JS는 상위 호환성을 갖췄으면 하고 심지어는 상위 호환성을 준수하는 언어라고 생각합니다. 하지만 JS는 상위 호환성을 보장하지 않습니다.

한편, HTML과 CSS는 JS와 달리 상위 호환성을 보장하지만 하위 호환성을 보장하지는 않습니다. 1995년에 작성된 HTML과 CSS를 어디선가 찾아냈다면 그 코드는 오늘날에 작동하지 않을 수 있습니다(물론 작동할 수도 있고요). 그런데 특이하게 2010년에 만들어진 브라우저에서 2019년에 추가된 기능을 사용할 때 웹 페이지가 '망가지지는' 않습니다. 브라우저는 인식이 불가능한 HTML/CSS는 건너뛰고 인식 가능한 HTML/CSS는 명세서에 따라 처리하기 때문입니다.

프로그래밍 언어를 설계할 때 상위 호환성을 보장하도록 하는 게 바람직해 보이지만 일반적으로 상위 호환성을 보장하며 설계한다는 건 비현실적입니다. 마크업(HTML)이나 스타일링(CSS)은 본질상 선언적이므로 인식되지 않는 선언은 인식 가능한 선언에 최소한의 영향을 미치면서 건너뛰는 게 훨씬 쉽습니다.

하지만 프로그래밍 언어를 처리하는 엔진이 이해할 수 없는 구문이나 표현식을 선택적으로 건너뛴다면 건너뛴 부분으로 인해 프로그램에 문제가 생기고 혼란이 발생할 겁니다.

이런 이유로 JS는 상위 호환성을 보장하지 않고 보장할 수도 없습니다. 다만 개발자는 JS가 하위 호환성을 보장한다는 사실과 이에 따르는 이점, 제약, 어려움을 함께 알고 있어야 합니다.

1.5.1 간극을 줄이기 위한 노력

JS는 상위 호환성을 보장하지 않기에 아주 오래된 엔진에서는 유효한 문법으로 작성한 코드가 돌아가지 않을 가능성이 있습니다. ES2019에서 추가된 기능을 사용해 작성한 프로그램을 2016년 엔진에서 실행하면 프로그램이 실행되지 않는 걸 아주 높은 확률로 볼 수 있죠.

ES2019에 추가된 기능이 신규 문법이라면 프로그램은 컴파일과 실행에 완전히 실패하고 구문 오류가 발생합니다. 기능이 ES6의 `Object.is()`와 같은 API인 경우에는 해당 지점까지는 실행되는 데 문제가 없겠지만, 알 수 없는 API를 참조한 순간, 프로그램은 바로 런타임 예외가 발생하며 멈춥니다.

그렇다면 개발자인 우리는 옛날 문법만 쓰면서 JS가 발전하는 속도를 따라가지 못하는 걸까요? 절대 아닙니다!

방법은 있습니다. 다만 JS로 개발할 때는 이런 간극을 줄이기 위한 각고의 노력이 필요합니다. 명세서에 새롭게 추가되었지만 구 엔진과 호환되지 않는 문법은 트랜스파일transpile을 통해 호환성 문제를 해결할 수 있습니다. 트랜스파일이란 용어는 JS 커뮤니티에서 만든 용어로, 한 형태에서 다른 형태로 소스 코드를 변환해주는 것을 의미합니다. 이때 변환 후 산출물은 소스 코드입니다. 상위 호환성으로 인해 발생하는 문제 대부분은 트랜스파일러를 사용하면 해결됩니다. 트랜스파일러는 새로운 JS 문법을 오래된 문법으로 바꿔주며 주로 바벨Babel[4]을 사용합니다.

트랜스파일러가 어떻게 작동하는지 예시를 살펴봅시다. 먼저 비교적 최근 추가된 문법을 사용해 작성한 코드입니다.

```
if (something) {
    let x = 3;
    console.log(x);
}
else {
    let x = 4;
    console.log(x);
}
```

다음은 앞선 코드를 바벨이 트랜스파일한 결과입니다. 프로덕션 환경에 배포할 때는 이처럼 트랜스파일러를 거친 산출물(JS 파일)을 배포합니다.

```
var x$0, x$1;
if (something) {
    x$0 = 3;
    console.log(x$0);
}
else {
    x$1 = 4;
    console.log(x$1);
}
```

----

4 https://babeljs.io

트랜스파일 전, 원래 코드에서는 if와 else 절에 각각 변수 x를 정의했습니다. let으로 정의한 변수는 변수의 유효 범위가 블록 수준으로 한정되기 때문에 두 변수는 서로 간섭받지 않습니다. 바벨을 사용해 트랜스파일한 아래 코드의 작동 결과는 원래 코드와 동일합니다. 하지만 var로 선언한 변수는 유효 범위가 블록 수준이 아니므로 이를 보완하기 위해 트랜스파일 결과에 두 개의 별도 변수가 새로 생긴 것을 확인할 수 있습니다.

> **NOTE_** let 키워드는 2015년 ES6에서 추가된 문법입니다. ES6 이전 문법을 지원해야 하는 환경에서는 앞선 예시처럼 트랜스파일이 꼭 필요합니다. 참고로 앞에서 등장한 예시는 설명을 위해 많이 단순화한 코드이고, 실제 트랜스파일 시에는 코드가 더 복잡해집니다. ES6이 처음 나왔을 때는 트랜스파일이 거의 필수였습니다. 하지만 2020년대에 와서는 ES6 이전 문법까지 지원해야 하는 경우가 그리 많지는 않습니다. 트랜스파일 대상에 포함할 코드는 오래된 브라우저나 엔진 대응 여부에 따라 달라집니다. 대부분 아주 오래된 브라우저는 대응하지 않는 쪽으로 의사 결정을 내리기 때문에 트랜스파일 대상이 되는 코드는 비교적 최신 문법으로 작성한 코드가 됩니다.

이쯤 되면 옛날 문법을 쓰면 될 걸 트랜스파일러를 쓰면서까지 최신 문법으로 코드를 작성해야 하는지 의문이 들 수 있습니다. 변수를 기존처럼 var로 선언하면 되지 굳이 let을 쓸 필요가 있냐는 거죠. 최신 JS를 쓰는 게 좋다고 강하게 권유하는 이유는 코드가 깔끔해지고 의도하는 바를 효과적으로 전달할 수 있기 때문입니다.

개발자는 새로운 문법을 활용해 클린clean한 코드를 짜는 데 집중해야 합니다. 상위 호환성과 관련된 문제는 도구에 맡겨 오래된 JS 환경에서도 별도 처리 없이 정상적으로 코드가 실행되도록 만들면 됩니다.

1.5.2 간극을 메우기 위한 방법 찾기

상위 호환성 문제가 새로운 문법이 아닌 근래에 추가되었지만, 아직 지원하지 않는 API 메서드 때문에 발생했다면, 메서드 정의를 추가해 이미 이 메서드가 오래된 환경에도 있었던 것처럼 해주는 방법이 가장 일반적인 해결책입니다. 이런 패턴을 폴리필polyfill(일명 심shim)이라고 합니다. 예시를 살펴봅시다.

```
// getSomeRecords()는 원격으로 가져온 데이터를 담은 프라미스를 반환합니다.
var pr = getSomeRecords();

// 데이터를 가져오는 동안 화면에 스피너(spinner)를 보여줍니다.
startSpinner();

pr
.then(renderRecords)   // 가져온 데이터를 화면에 표시합니다.
.catch(showError)      // 데이터를 가져오는 데 실패했다면 오류가 발생합니다.
.finally(hideSpinner)  // 성공과 실패 여부와는 상관없이 마지막에는 스피너를 숨깁니다.
```

예시에서는 ES2019의 프라미스 프로토타입에 추가된 `finally()` 메서드를 사용합니다. 이 예시를 ES2019를 지원하지 않는 환경에서 실행하면 `finally()`가 존재하지 않으므로 오류가 발생합니다.

ES2019를 지원하지 않는 환경에서 `finally()`를 사용하려면 다음과 같은 폴리필이 필요합니다.

```
if (!Promise.prototype.finally) {
    Promise.prototype.finally = function f(fn){
        return this.then(
            function t(v){
                return Promise.resolve( fn() )
                    .then(function t(){
                        return v;
                    });
            },
            function c(e){
                return Promise.resolve( fn() )
                    .then(function t(){
                        throw e;
                    });
            }
        );
    };
}
```

> **WARNING_** 예시에서 사용한 `finally()` 폴리필은 폴리필이 무엇인지 설명하기 위해 만들었기 때문에 명세를 완전히 충족하지는 않습니다. 그러니 프로덕션 환경에서는 앞선 코드를 사용하지 마세요. 폴리필이 필요할 때는 가능하면 폴리필을 모아놓은 ES-Shim과 같은 공신력이 있는 폴리필을 사용하기 바랍니다.

JS 엔진에 `finally` 메서드가 구현되어 있다면 `if` 문에서 막히면서 폴리필이 작동하지 않습니다. 오래된 실행 환경에서는 새롭게 정의된 폴리필이 작동하지만 비교적 새로운 실행 환경에서는 `if` 문을 뛰어넘습니다.

바벨과 같은 트랜스파일러는 개발자가 작성한 코드 중 폴리필이 필요한 코드를 찾아내고 자동으로 폴리필을 추가합니다. 종종 개발자가 명시적으로 폴리필을 추가해야 할 때도 있는데 그런 경우라면 앞선 예시와 유사한 형태로 작성하면 됩니다.

코드를 작성할 때는 항상 구현 의도를 효과적으로 전달해야 하므로 그에 걸맞은 적절한 문법을 사용해야 합니다. 대개 가장 최신의 안정된 JS를 사용하면 우리가 원하는 바를 달성할 수 있습니다. 실행 환경에서 아직 지원하지 않는 문법이나 API를 수동으로 조정해 코드 가독성이 떨어지지 않게 해야 합니다. 즉, 바로 이 시점에서 바벨과 같은 트랜스파일러를 사용합니다.

트랜스파일이나 폴리필은 오래된 환경이나 애플리케이션, JS 최신 기능 이 둘 사이의 간극을 메꾸는 가교 역할을 합니다. JS는 진화를 멈추지 않는 언어이므로 간극은 절대 사라지지 않을 겁니다. 따라서 필자는 JS 기반으로 프로젝트를 만들 때 트랜스파일이나 폴리필 사용이 표준으로 자리 잡아야 한다고 생각합니다.

1.6 인터프리터 이해하기

JS가 인터프리터 언어인지 컴파일러 언어인지에 대한 논쟁은 아주 오랫동안 이어져왔습니다. 이에 대한 중론은 '스크립트 언어다'이지만 실상은 좀 더 복잡합니다.

프로그래밍 언어 발전사에서 인터프리터 언어와 스크립트 언어는 컴파일 언어에 비해 열악하다고 평가받아왔습니다. 성능 최적화가 잘 안 된다는 인식과 더불어 일부 스크립트 언어에서 좀 더 성숙한 방식인 동적 타입 대신 정적 타입을 사용하는 등의 이유 때문입니다.

컴파일을 거치면 보통 분산 시스템에서 언제든 배포할 수 있는 바이너리 파일이 생성됩니다. 그런데 JS는 소스 코드 자체를 배포하지, 바이너리 파일을 배포하는 게 아니기 때문에 많은 사람이 JS는 컴파일러 언어가 아니라고 주장합니다. 실무에서 프로그램을 배포하는 형태와 관련된 방식은 수십 년에 걸쳐 아주 다양한 형태로 발전해왔습니다. 인터프리터 언어인지 컴파일러 언어인지에 따라 배포 방식이 달라지는데, 오늘날에는 배포 방식이 더 이상 중요하지 않다고 주장하는 이들이 늘고 있습니다.

이런 잘못된 정보에 기반한 주장은 무시해야 합니다. JS가 인터프리터 언어인지 컴파일 언어인지 명확히 이해하고 있어야 JS가 오류를 어떻게 처리하는지를 알 수 있기 때문입니다.

스크립트 언어나 인터프리터 언어는 대개 위에서 아래로 한 줄씩 코드가 실행되는 방식으로 만들어집니다. 그리고 보통 실행이 시작되기 전에 거치는 사전 단계가 없습니다(그림 1-1).

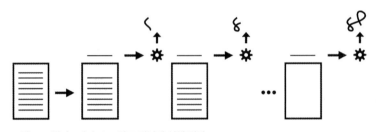

그림 1-1 인터프리터, 스크립트 언어의 실행 절차

인터프리터나 스크립트 언어로 작성한 프로그램의 다섯 번째 줄에 오류가 있다면 네 번째 줄이 실행되기 전까지는 오류를 발견하지 못합니다. 그런데 오류는 부적합한 값이 할당된 변수, 값 같은 런타임 조건 때문일 수도 있고, 잘못된 문이나 명령 때문일 수도 있습니다. 상황에 따라 오류가 있는 줄이 실행될 때까지 오류 처리를 미루는 작업이 괜찮을 수도 있고 괜찮지 않을 수도 있습니다.

한편 프로그램이 실행되기 전에 파싱parsing이라 부르는 사전 단계를 거치는 언어도 있습니다. [그림 1-2]와 [그림 1-1]에서 본 인터프리터, 스크립트 언어의 실행 절차를 비교해보세요.

그림 1-2 파싱 + 컴파일 + 실행

이렇게 파싱과 컴파일을 거치는 언어의 다섯 번째 줄에 유효하지 않은 명령(틀린 문법 등)이 있다면 파싱 단계에서 오류가 발견되므로 사전에 오류를 차단할 수 있습니다. 굳이 실행까지 하지 않아도 파싱이 되지 않아 프로그램을 실행할 수 없기 때문입니다. 이렇게 실행 전에 오류가 포함된 코드 조각이 어디 있는지 알 수 있으면 구문 오류^{syntax error}(혹은 정적 오류^{static error})를 차단하기 좋습니다.

그렇다면 '파싱'을 거치는 언어와 '컴파일'을 거치는 언어에는 어떤 공통점이 있을까요? 첫 번째는 모든 컴파일 언어가 파싱을 거친다는 점입니다. 파싱이 끝나면 언젠가는 컴파일이 진행될 거라고 예상할 수 있죠. 고전 컴파일러 이론에서는 파싱 이후의 절차 중 마지막 단계에서 실행 가능한 형태의 코드가 만들어집니다.

파싱이 완전히 끝난 다음에는 파싱 결과인 추상 구문 트리^{abstract syntax tree}(AST)를 컴퓨터가 실행할 수 있는 형태로 바꿔주는 작업이 이어집니다. 파싱을 거치는 언어는 파싱에서 끝나는 게 아니라 실행 가능한 코드를 생성하는 작업까지 수행합니다. 이런 이유로 파싱을 거치는 언어는 컴파일 언어라고 통용되는 것이죠.

JS로 작성한 소스 코드는 실행 전에 파싱을 거칩니다. 명세서에서는 중복된 매개변수명 같이 정적으로 탐지가 가능한 오류를 초기 오류^{early error}라고 부르고, 가능하면 프로그램 실행 전에 초기 오류를 찾아낼 수 있어야 한다고 언급합니다. 파싱이 없다면 이런 오류를 사전에 탐지할 수 없습니다.

그렇다면 JS는 파싱을 거치는 언어이긴 한데, 그럼 **컴파일 언어**이기도 한 걸까요?

답은 '아니요'보다는 '예'에 가깝습니다. JS에서 파싱이 끝난 코드는 [그림 1-1]처럼 한 줄씩 처리되지 않고, 컴파일러를 거쳐 최적화된 이진 코드로 변환된 후 [그림 1-2]처럼 실행됩니다. 참고로 대부분의 언어나 엔진은 비효율성 때문에 파싱이 끝난 코드를 [그림 1-1]처럼 한 줄씩 실행하지 않습니다.

그럼 이제 컴파일 단계에서 어떤 일이 일어나는지 자세히 알아봅시다. 컴파일 단계에서는 JS 가상 머신virtual machine (VM)에 전달할 이진 바이트 코드가 생성됩니다. 혹자는 가상 머신의 역할이 전달받은 바이트 코드를 '해석interpret'하는 것이라고 이야기합니다. 그런데 이런 관점에서는 자바를 비롯한 JVMJava Virtual Machine 기반 언어는 컴파일이 아닌 인터프리터 언어라고 해석할 수밖에 없습니다. 그럼 자바 등의 언어가 컴파일 언어라는 보편적인 주장에 모순이 생기죠.

자바와 JS는 완전히 다른 언어이지만 인터프리터와 컴파일 관점에서는 비슷한 점이 많다는 게 상당히 흥미로운 지점입니다.

또 다른 흥미로운 점은 JS 엔진은 파싱 이후 생성된 코드를 다양한 방법으로 실행 전에 그때그때 (JIT just-in-time) 처리 및 최적화한다는 점입니다. 이런 JS 엔진 작동 방식으로 인해 관점에 따라 JS를 컴파일 언어 혹은 인터프리터 언어라고 할 수 있는 거죠. JS 엔진 안에서는 우리가 상상할 수 없을 정도로 복잡한 일들이 일어나고 있습니다.

자, 그럼 지금까지 배운 지식을 모아 결론을 내려봅시다. 숲을 보겠다는 마음으로 한 걸음 떨어져 JS로 만든 소스 코드가 실행될 때까지 어떤 절차를 거치는지 정리해봅시다.

1. 개발자의 손을 떠난 코드는 바벨이 트랜스파일합니다. 이후 웹팩webpack을 비롯한 번들러를 거쳐 번들링되고, 그 결과가 JS 엔진에 전달됩니다.
2. JS 엔진은 전달받은 코드를 파싱해 추상 구문 트리로 바꿉니다.
3. 이어서 엔진은 추상 구문 트리를 이진 바이트 코드로 바꿉니다. 이 과정에서 JIT 컴파일러가 작동하며 최적화가 함께 진행됩니다.
4. 마지막으로 JS 가상 머신이 프로그램을 실행합니다.

네 단계를 그림으로 표현하면 다음과 같습니다.

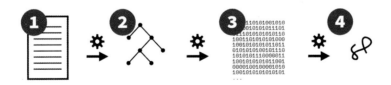

그림 1-3 파싱, 컴파일 후 JS가 실행됨

그럼 다시 처음 질문으로 돌아가봅시다. JS는 [그림 1-1]처럼 한 줄씩 실행되는 인터프리터 언어일까요, 아니면 [그림 1-2]와 [그림 1-3]처럼 몇 단계를 거쳐 실행되는 컴파일 언어일까요?

완전한 사실이 아니긴 하지만, 필자는 JS가 컴파일 언어라고 생각합니다.

JS를 컴파일 언어라고 생각하는 게 왜 중요한지는 서두에서 언급했습니다. 다시 한번 떠올려보면 개발자가 이상한 문법을 입력하는 등의 실수를 하더라도 코드 실행 전에 정적 오류를 미리발견할 수 있다는 특징이 있기 때문입니다. 이런 JS만의 방식은 기존 스크립트 프로그램과 상당히 다른 방식으로 개발할 수 있도록 합니다. 당연히 더 도움이 되는 방식으로 말이죠!

1.6.1 웹어셈블리

JS로 작성한 코드를 얼마나 빨리 파싱, 컴파일하고, 실행할 수 있는지에 대한 논의는 JS의 발전을 이끈 주요 주제입니다.

2013년 모질라 재단^{Mozilla Foundation}에서 파이어폭스^{Firefox}를 개발하던 엔지니어들은 C로 작성된 언리얼 엔진 3을 JS로 바꿔(포팅^{porting}) 시연했습니다. 포팅한 엔진을 브라우저에서 돌렸을 때 성능은 최대 60fps까지 나왔는데, 이게 가능했던 이유는 언리얼 엔진 3 JS 버전의 코드가 'ASM.js'라 부르는 JS 부분집합^{subset}에 친화적으로 개발되었기 때문입니다. 덕분에 JS 엔진은 내부에 구현되어 있던 최적화 로직을 사용해 JS 버전 언리얼 엔진을 빠르게 실행할 수 있었던 것이죠.

ASM.js는 일반적인 JS 코드와 스타일이 다르지만, JS 부분집합으로 인정되는 엄연한 JS입니다. 다만 ASM.js는 일관성 있는 타입 시스템을 사용하므로 성능 최적화가 매우 뛰어납니다. 따라서 ASM.js는 JS의 런타임 성능을 개선하는 방안으로 떠올랐습니다. ASM.js는 사람이 작성한 코드가 아니고 C 등의 언어로 작성한 코드를 트랜스파일한 것이므로 코드 생성 과정에서 타입 관련 '주석'이 자동으로 붙습니다. 이는 ASM.js의 주요한 특징입니다.

이렇게 수년간에 걸친 실험을 통해 도구 기반으로 만든 프로그램이 JS 엔진에서 좀 더 효율적으로 처리된다는 사실이 ASM.js에 의해 입증된 이후, 모질라 재단의 엔지니어를 시작으로 여러 엔지니어 그룹이 웹어셈블리^{WebAssembly}(Wasm)라는 기술을 공개하기 시작했습니다.

Wasm은 JS가 주력이 아닌 개발자(C 개발자 등)도 JS 엔진에서 돌아가는 코드를 쉽게 작성할 수 있게 해주는 데 그 목적이 있었고, 이는 ASM.js의 철학과 유사합니다. 다만 Wasm은 일반 JS와는 완전히 다른 프로그램 형태로 제작되어 실행 전 단계인 파싱과 컴파일을 거치지 않아 파싱과 컴파일에 따른 본질적인 지연을 피한다는 데 있어 ASM.js와 다릅니다.

Wasm은 이름에서 알 수 있듯이 어셈블리 언어와 유사하며 JS 엔진에서 일어나는 일반적인 처리 프로세스와 달리 파싱, 컴파일 없이 처리됩니다. Wasm으로 만든 프로그램의 파싱, 컴파일은 실행 직전(AOT^ahead of time)에 일어나고 배포는 JS 엔진의 별도 처리가 많이 필요하지 않은 바이너리 파일 형식으로 진행됩니다.

Wasm은 성능 향상을 위해 만들어졌습니다. 이 동기는 지금까지 유지되고 있는데, 여기에 더해 요즘은 JS가 아닌 언어로 만든 프로그램도 웹이라는 플랫폼 위에 작동시켜보자는 움직임도 있습니다. 고^Go 언어는 스레드 프로그래밍을 제공하는 반면 JS는 그렇지 않습니다. 그런데 Wasm을 통해 고 언어로 작성한 프로그램을 JS 엔진이 해석할 수 있도록 한다면, JS 언어 자체가 스레드^thread를 지원하지 않더라도 스레드를 사용할 수 있지 않겠냐는 사례가 대표적 예입니다.

다시 말해 Wasm을 사용하면 다른 언어에서 사용하는 기능, 특히 트랜스파일을 거치는 프로그램 전용으로 설계된 기능을 JS에도 추가해야 한다는 압박이 줄어듭니다. 이렇게 되면 다른 언어 생태계에 영향을 받지 않으면서 왜곡되지 않은 시각으로 (TC39 위원회가) JS를 발전시킬 수 있습니다. 이와 동시에 다른 언어들도 웹 위에서 자유롭게 놀 수 있도록 길을 만들어줄 수 있습니다.

요즘 떠오르는 Wasm 관련 흥미로운 관점은 Wasm이 웹(Wasm의 첫 글자 web)과 직접적인 연관이 없다는 점입니다. 최근 Wasm은 프로그램을 컴파일한 후 다양한 시스템 환경에서 실행할 수 있도록 해주는 크로스 플랫폼 가상 머신(VM)으로 진화하고 있습니다.

Wasm은 웹 전용 기술이 아니며 JS도 아닙니다. Wasm은 JS 엔진에서 실행되긴 하지만 정적 타입 정보에 크게 의존하기 때문에 역설적으로 JS는 Wasm 프로그램을 짜는 데 가장 적합하지 않은 언어입니다. JS에 정적 타입을 추가한 타입스크립트^TypeScript(TS)도 Wasm으로 트랜스파일하기에 적합하지는 않지만, 많은 개발자가 어셈블리스크립트^AssemblyScript 같은 TS 파생 언어로 JS, TS와 Wasm 사이의 간극을 메우려고 시도하고 있습니다.

이 책 주제가 Wasm은 아니므로 마지막으로 하나만 더 언급하고 Wasm에 대해서는 마무리하겠습니다. 일각에서는 Wasm 때문에 JS가 웹에서 더 이상 사용되지 않거나 점유율이 줄어들거라고 주장합니다. 이들은 JS에 대해 안 좋은 감정을 가지고 있거나 JS만 아니면 된다는 생각으로 다른 언어가 JS를 대체하길 원하죠. Wasm은 다른 언어들도 JS 엔진에서 실행할 수 있도록 하기 때문에 겉에서 봤을 때 이 주장이 완전히 공상은 아닙니다.

하지만 간단히 한마디만 하자면 Wasm은 JS를 대체하지 못할 겁니다. Wasm은 JS를 포함해서 웹에서 할 수 있는 것들을 확장하는 역할을 합니다. 아주 좋은 기술이죠. Wasm을 JS로부터 도망가기 위한 탈출구로 사용할 것인가와 Wasm이 가진 장점은 완전 별개로 바라봐야 합니다.

1.7 엄격 모드

2009년, ES5에 새로운 메커니즘인 **엄격 모드**strict mode가 추가되고 선택 사항으로 엄격 모드를 사용할 수 있게 되면서 더 나은 JS 프로그램을 만들기 위한 장치가 마련되었습니다.

엄격 모드를 사용하면 손실보다 이득이 큽니다. 하지만 오래된 습관은 사라지기 어렵고 레거시legacy라 부르는 기존 코드에 기반한 관성은 정말 바꾸기 어렵습니다. 이런 이유로 엄격 모드가 등장한 지 10년이 지났지만 애석하게도 엄격 모드는 기본이 아닌 **선택 사항**입니다.

그렇다면 왜 엄격 모드를 사용해야 할까요? 엄격 모드는 '할 수 없는 것에 제약을 두는 모드'가 아닙니다. 엄격 모드는 JS 엔진이 코드를 최적화하고 효율적으로 실행할 수 있게 해주는 최고의 '안내 가이드 역할을 하는 모드'입니다. JS 코드 대부분은 여러 팀에 속한 다양한 개발자에 의해 작성됩니다. 이런 상황에서 린터linter 같은 도구를 사용해 엄격 모드로 작업한다면 엄격 모드의 엄격함 덕분에 비엄격 모드에서 발생할 수 있는 실수와 문제를 미연에 방지할 수 있어 협업이 수월해집니다.

엄격 모드에서만 활성화되는 가이드 대부분은 **초기 오류**의 형태를 띠는데, 초기 오류는 엄밀히 말해 구문 오류는 아니지만 코드 실행 전 컴파일 단계에서 잡아낼 수 있는 오류를 의미합니다. 함수에 동일한 이름을 가진 매개변수가 있다면 엄격 모드에서는 오류가 발생하며 이게 바로 초기 오류의 대표적인 예입니다. 이외에 엄격 모드에서만 활성화되는 가이드 몇 가지는 런타임에서만 발견할 수 있습니다. 예를 들면 런타임에 this의 값을 찾을 수 없는 경우, this에 글로벌 객체 대신 undefined를 할당하는 가이드가 있습니다.[5]

부모님이 하지 말라고 하면 없던 반항도 하는 아이처럼 엄격 모드에 반항하기보다는 엄격 모드를 최고의 품질과 성능을 낼 수 있도록 도와주는 린터라고 생각하는 게 정신 건강에 좋습니다.

....

[5] 옮긴이_ https://developer.mozilla.org/en-US/docs/Web/JavaScript/Reference/Strict_mode#securing_javascript 를 참고하세요.

족쇄를 찬 느낌이 들어 엄격 모드를 피하는 개발자가 분명히 있을 텐데, 본인이 그런 경우라면 경고 등이 켜졌다고 생각하고 반드시 현재 하고 있는 모든 접근 방식을 기록하고 검토해봐야 합니다.

파일 대상으로 적용되는 엄격 모드는 전처리 구문 **"use strict";**가 있는 경우에 활성화됩니다(이 구문 앞에는 주석이나 공백 이외에는 허용되지 않습니다).

```
// 전처리 구문 use strict 앞에는 공백이나 주석만 올 수 있습니다.
"use strict";
//  use strict 때문에 나머지 코드는 이제 엄격 모드로 작동합니다.
```

> **WARNING_** **"use strict";** 앞에 길 잃은 코드(예: ;)가 하나라도 있으면 전처리 구문이 무효화되므로 주의해야 합니다. **"hello world"** 같은 문자열 리터럴은 표현식이므로 프로그램 내 어디에나 올 수 있습니다. **"use strict";**도 마찬가지죠. 그런데 **"use strict";** 앞에 공백이나 주석을 제외한 코드가 있으면 의도한 대로 엄격 모드가 실행되지 않고, 잘못된 곳에 **"use strict";**를 추가했다는 오류도 발생하지 않기 때문에 주의해야 합니다.[6]

한편, 엄격 모드는 함수 단위로도 적용할 수 있습니다. 함수에도 역시 파일 단위 엄격 모드와 동일한 규칙이 적용됩니다.

```
function someOperations() {
    // 공백이나 주석만 이곳에 올 수 있습니다.
    "use strict";
    // 나머지 코드는 이제 엄격 모드로 동작합니다.
}
```

흥미로운 사실은 파일 단위 엄격 모드가 적용되면 함수에는 엄격 모드 전처리 구문을 사용할 수 없다는 점입니다. 그렇기 때문에 파일에만 엄격 모드를 적용하거나 함수에만 엄격 모드를 적용해야 합니다. 즉, 둘 중 하나를 택해야 합니다.

함수 단위 엄격 모드는 비엄격 모드에서 작성했던 기존 프로그램에 **점진적으로 엄격 모드를 적용해야 할 때만** 사용하는 게 좋습니다. 이런 경우가 아니라면 파일이나 프로그램 전체를 대상으로

6 옮긴이_ https://github.com/getify/You-Dont-Know-JS/issues/1792에서 구체적인 내용을 확인하세요.

한 번에 엄격 모드를 적용하는 게 더 낫습니다.

많은 분이 JS에서 엄격 모드가 기본 모드가 될 날이 올 수도 있지 않을까 생각합니다. 하지만 필자는 그런 날은 웬만해선 오지 않을 거라 생각합니다. 하위 호환성을 다뤘던 부분에서 논의했던 것처럼 엄격 모드가 기본이 되면 기존 코드가 엄격 모드 가이드로 인해 작동하지 않을 위험이 있기 때문입니다. 그런데 다행히도 엄격 모드가 기본이 아니어서 발생할 수 있는 '불확실성'을 줄여주는 여러 요인이 있습니다.

첫 번째는 원본 코드가 비엄격 모드에서 작성되었다 하더라도 사실상 트랜스파일 처리된 코드는 엄격 모드를 준수한다는 점입니다. 상용 환경에 배포하는 JS 코드 대부분은 트랜스파일 처리됩니다. 그렇기 때문에 상용 환경의 JS 코드 대부분은 이미 엄격 모드를 준수한다고 가정할 수 있습니다. 트랜스파일 산출물이 엄격 모드를 준수하지 않도록 설정하는 것이 기술적으로 불가능하진 않지만 그러려면 정말 큰 노력이 필요하므로 이 요인이 타당하다고 생각하셔도 좋습니다.

여기에 더해 요즘에는 JS 코드를 작성할 때 ES6 모듈 형식으로 작성하는 경우가 많고, 이런 현상이 더욱 심화되고 있다는 사실 때문에 불확실성이 점차 줄어들고 있습니다. 왜냐하면 ES6 모듈은 기본이 엄격 모드이므로 ES6 모듈 형식으로 만든 파일은 자동으로 엄격 모드를 준수하기 때문입니다. 기술적으로는 엄격 모드가 기본이 아니지만, 엄격 모드는 사실상의 기본으로 자리 잡았다고 보면 됩니다.

1.8 정리

JS는 ECMA 주최하에 TC39 위원회가 결정하는 ECMAScript 표준(집필 시점에는 ES2019)을 구현한 언어입니다. JS는 브라우저를 비롯한 Node.js 등의 다양한 환경에서 실행됩니다.

JS는 다중 패러다임 언어입니다. 개발자는 JS 문법이나 여러 기능을 사용해 절차적으로도 코드를 작성할 수 있고 객체 지향 방식으로도, 함수형으로도 코드를 작성할 수 있습니다.

JS는 컴파일 처리되는 언어입니다. JS 엔진을 비롯한 여러 도구가 JS로 작성한 코드를 처리하고, 코드를 실행하기 전에 코드를 점검합니다. 이때 오류가 있으면 오류도 보고합니다.

JS에 대한 정의는 충분히 알아봤으니 이제 JS를 안팎으로 좀 더 심화해서 살펴보겠습니다.

자바스크립트 조망하기

가장 좋은 JS 학습 방법은 직접 코드를 작성해보는 것입니다.

코드를 작성하려면 당연히 JS가 어떻게 작동하는지 알고 있어야 합니다. 이번 장에서는 바로 여기에 집중해보겠습니다. 다른 언어로 개발을 해본 경험이 있더라도 중간중간에 있는 연습 문제를 꼭 풀어보면서 JS에 익숙해지는 시간을 가지길 바랍니다.

이번 장에서는 JS의 모든 문법을 다루지는 않습니다. 입문자를 위한 내용도 다루지 않습니다.

대신 JS에서 알고 있어야 할 중요한 주제 몇 가지를 살펴봅니다. 이번 장의 목표는 여러분이 진정한 JS를 느껴보고 자신 있게 코드를 작성할 수 있도록 하는 것입니다. 주요 주제와 관련된 자세한 내용은 1부의 나머지 부분과 2부에서 다시 살펴보겠습니다.

이번 장을 빨리 읽을 수 있을 거라는 기대는 하지 않길 바랍니다. 이번 장에는 잘 씹어 먹어야 소화할 수 있는 세부적인 부분이 여럿 있습니다. 천천히 이번 장을 소화해보길 바랍니다.

> **TIP** JS를 잘 안다고 생각하는 분은 시간을 충분히 두고 이번 장을 읽기를 추천합니다. 각 절에서 다루는 주제를 숙고하고 탐구해보세요. JS로 작성한 기존 프로그램과 여기에 제시된 코드, 설명, 의견을 비교해보세요. 이렇게 하면 탄탄하게 JS 기초를 다질 수 있고, 이어지는 장에서 더 많은 것을 얻어갈 수 있습니다.

2.1 파일은 프로그램입니다

거의 모든 웹사이트나 웹 애플리케이션은 확장자가 .js인 수많은 JS 파일로 이루어져 있습니다. 이 때문에 웹사이트 하나 혹은 애플리케이션 하나를 프로그램 하나라고 생각하기 쉽지만, JS는 그렇게 작동하지 않습니다.

JS에서는 파일 각각이 별도의 프로그램입니다.

파일 각각을 프로그램으로 봐야 하는 게 중요한 이유는 주로 오류 처리와 관련이 있습니다. JS는 파일을 프로그램으로 취급하기 때문에 파일 하나에만 오류가 있어도 (파싱/컴파일 또는 실행 단계에서) 다음 파일이 처리되지 않을 수 있습니다. .js 파일 다섯 개로 구성된 애플리케이션이 있는데, 그중 하나에 이상이 있다면 전체 애플리케이션은 기껏해야 부분적으로만 작동합니다. 따라서 각 파일이 제대로 작동하는지 확인하고, 오류가 발생하더라도 최대한 우아하게 처리하는 게 중요합니다.

애플리케이션을 구성하는 파일 각각을 별개의 프로그램으로 봐야 한다는 필자의 이야기가 조금 생소할 수 있습니다. 애플리케이션을 이용하는 사용자 관점에서는 커다란 프로그램 하나를 사용하고 있는 것처럼 느껴지기 때문입니다. 애플리케이션을 실행하면 개별 JS 프로그램들이 서로 협력해 하나의 프로그램처럼 작동하기 때문에 이렇게 느끼기 쉽습니다.

> **NOTE_** 상당수의 웹 프로젝트는 빌드 도구를 써서 분리된 파일들을 하나로 합친 후 배포를 진행합니다. 이 경우 JS는 합쳐진 단일 파일을 전체 프로그램으로 취급합니다.[1]

독립적인 .js 파일 여러 개를 하나의 프로그램으로서 작동시키는 유일한 방법은 **전역 스코프**global scope를 사용해 파일 간 상태를 공유하고, 공통으로 사용하는 기능을 접근할 수 있도록 만드는 방법뿐입니다. 이렇게 전역 스코프 네임스페이스에서 여러 .js 파일이 조합되면 이 파일들은 런타임에서 하나의 애플리케이션으로서 작동합니다.

ES6 이후로 JS는 보통의 독립형standalone JS 프로그램 포맷 외에 모듈 포맷도 지원하는데, 모듈도 파일 기반입니다. 파일을 import 문이나 <script type=module> 태그를 통해 읽는 경우,

---

1 옮긴이_ 현대 웹 개발에서 빌드 도구는 네트워크 효율성, 성능 최적화 등의 이유로 여러 파일을 생성하는 경우가 더 많습니다. 프로젝트의 요구 사항과 목표에 따라 빌드 결과는 달라질 수 있습니다.

해당 파일은 하나의 모듈로서 처리됩니다.

모듈(상태와 외부에 노출할 용도로 만든 상태 조작 메서드의 모음)을 하나의 독립적이고 실행 가능한 프로그램이라고 생각하지 않는 개발자가 있을 수 있습니다. 하지만 JS는 각 모듈을 별도로 처리합니다. 런타임에 독립된 JS 파일 여러 개를 전역 스코프에서 조합해 처리하는 것처럼 한 모듈에서 다른 모듈을 불러오면 런타임에서 두 모듈이 상호작용할 수 있습니다.

단일 파일이든 모듈이든, 어떤 코드 구성 패턴과 로딩 메커니즘을 사용하든 관계없이 파일 하나를 제3의 작고 독립적인 프로그램(파일)과 협력해 프로그램 전체를 작동시키는 **고유한 작은 프로그램**이라고 생각해야 합니다.

2.2 값

프로그램에서 정보의 가장 기본적인 단위는 값value이고 값에는 데이터가 저장됩니다. 값이 있기 때문에 프로그램은 상태를 유지할 수 있죠. JS에서 값은 크게 **원시 타입**primitive type과 **객체 타입**object type으로 분류됩니다.

JS에서는 리터럴literal**2**을 사용해 프로그램에 값을 주입합니다.

```
greeting("제 이름은 카일입니다.");
```

예시에서 "제 이름은 카일입니다."라는 값은 원시 문자열string 리터럴입니다. 참고로 문자열은 문자를 모아놓은 집합으로, 보통 단어나 문장을 표현하는 용도로 쓰입니다.

예시에서는 문자열의 범위를 정하기 위해 큰따옴표(")를 사용했습니다. 큰따옴표 대신 작은따옴표(')를 사용해 문자열 범위를 정의할 수도 있습니다. 어떤 표기법을 사용할지는 전적으로 개인의 취향에 따라 달라집니다. 다만 코드 가독성과 유지 보수를 위해 프로그램 전반에 걸쳐 일관성 있는 표기법을 사용해야 한다는 점은 잊지 말아야 합니다.

문자열 범위를 정할 때는 큰따옴표와 작은따옴표 말고 백틱(`)을 사용할 수도 있습니다. 다만 백틱은 스타일뿐만 아니라 작동 방식에도 차이가 있습니다. 예시를 살펴봅시다.

---

2 옮긴이_ 리터럴은 변수를 통하지 않고 코드 그 자체로(literally) 프로그램에 값을 주입할 때 사용합니다.

```
console.log("제 이름은 ${ firstName }입니다.");
// 제 이름은 ${ firstName }입니다.

console.log('제 이름은 ${ firstName }입니다.');
// 제 이름은 ${ firstName }입니다.

console.log(`제 이름은 ${ firstName }입니다.`);
// 제 이름은 카일입니다.
```

변수 `firstName`에 '카일'이라는 값이 저장되어 있다는 가정하에 코드를 실행하면 백틱으로 감싼 문자열만 문자열 내 변수 표현식^{variable expression}인 `${ ... }` 부분이 현잿값(카일)으로 대체되면서 **제 이름은 카일입니다.**가 출력됩니다. 이런 방식을 **보간법**^{interpolation}이라 합니다.

백틱은 보간 표현식^{interpolated expression} 없이 사용할 수도 있지만 이는 백틱이 만들어진 목적과 부합하지 않으므로 권장하지 않습니다.

```
console.log(
    `보간 없이 백틱을 사용해서 혼란스럽나요?`
);
// 보간 없이 백틱을 사용해서 혼란스럽나요?
```

예시처럼 **보간이 필요 없는 경우**에는 큰따옴표나 작은따옴표 중 하나를 일관되게 사용하는 게 좋습니다. 백틱은 문자열 내 표현식을 삽입하는 경우를 위해 아껴둡시다.

JS에서는 문자열 말고 불리언^{boolean}이나 숫자 같은 원시 리터럴 값을 사용할 수 있습니다.

```
while (false) {
    console.log(3.141592);
}
```

`while`은 반복문의 한 종류로, 조건식이 참일 경우 특정 작업을 반복할 때 사용합니다.

예시에서는 조건식이 `false`(거짓)이므로 반복하지 않습니다. 당연히 아무것도 출력되지 않죠. 참고로 `while` 반복문에서 조건식이 `true`(참)인 경우에는 무한 반복되기 때문에 항상 주의해야 합니다.

숫자 `3.141592`는 아시다시피 원주율(PI, π)의 근삿값입니다. 이렇게 값이 이미 확정된 경우에는 값을 직접 작성하기보다 **Math.PI** 같이 이미 정의된 값을 가져다 쓰는 게 좋습니다. 참고로 숫자 중 아주 큰 정수를 나타낼 때는 원시 타입 **bigint**(big integer)를 사용합니다.

숫자는 주로 프로그램 내에서 횟수를 세거나(예: 반복문이 얼마나 실행되었나) 수로 표현한 위치 기준으로 정보에 접근할 때 사용합니다. 배열이나 객체에 대해서는 조금 후에 다루겠지만, 여기서는 배열에서 숫자가 어떻게 쓰이는지 알아보기 위해 배열 **names**의 두 번째 위치에 있는 요소에 접근해보겠습니다.

```
console.log(`제 이름은 ${ names[1] }입니다.`);
// 제 이름은 카일입니다.
```

두 번째 요소에 2가 아닌 1을 사용해 접근했습니다. JS도 대부분의 프로그래밍 언어처럼 배열 요소 인덱스가 0부터 시작합니다.

JS는 문자열, 숫자, 불리언 이외에도 **null**과 **undefined**라는 원시 타입을 지원합니다. **null**과 **undefined**는 역사적 이유로 인한 차이가 있긴 한데, 대부분의 경우 두 타입 모두 값의 **비어 있음**(혹은 존재하지 않음)을 나타내는 데 사용합니다.

많은 개발자가 값의 결함이나 부재를 나타낼 때 **null**과 **undefined**를 구분 없이 사용하는 경향이 있습니다. 주의를 기울여 일관성 있게 사용한다면 큰 문제는 없습니다. 하지만 글자가 짧아서 **null**이 좀 더 매력적으로 보일 수 있어도 비어 있는 단일 값을 나타낼 때는 **undefined**를 사용하는 게 가장 안전한 최선의 방법입니다.[3]

```
while (value != undefined) {
    console.log("뭔가 있습니다!");
}
```

마지막으로 살펴볼 원시 타입 값은 심벌symbol입니다. 심벌은 사람이 추측할 수 없게 만든 특수한 숨김 값입니다. 심벌은 객체에서 특정한 키를 만들 때 주로 사용합니다.

```
hitchhikersGuide[ Symbol("삶의 의미") ];
// 42
```

------

3 옮긴이_ null과 undefined에 대한 내용은 자료마다 저자마다 의견이 다릅니다. 관련 논의는 https://github.com/getify/You-Dont-Know-JS/issues/1774에서 확인해주세요.

일반적인 JS 프로그램에서는 심벌을 직접 사용하지는 않습니다. 심벌은 대개 라이브러리나 프레임워크 같이 좀 더 저차원의 코드에서 사용합니다.[4]

2.2.1 배열과 객체

JS에는 원시 타입 말고 객체 타입도 존재합니다.

앞서 언급한 것처럼 배열은 특수한 유형의 객체인데, 객체 내 정렬된 데이터에는 숫자 인덱스가 매겨집니다.

```
var names = [ "카일", "보라", "지수", "현" ];

names.length;
// 4

names[0];
// 카일

names[1];
// 보라
```

배열에는 원시 타입, 객체 타입 상관없이 모든 타입의 값이 들어갈 수 있습니다. 배열 안에 배열이 들어가는 것도 당연히 가능합니다. 함수는 값이므로 배열이나 객체의 값에 함수 역시 할당할 수 있습니다. 함수에 관해서는 3장에서 자세히 살펴보겠습니다.

> **NOTE_** 함수는 배열과 마찬가지로 객체의 한 종류입니다. 함수에 관해서는 곧 자세히 다루도록 하겠습니다.

객체는 배열보다 좀 더 일반적인 데이터 타입으로, 정렬되지 않은 키-값 쌍을 모아놓은 컬렉션입니다. 배열은 인덱스라는 숫자를 통해 요소에 접근하는 반면 객체는 요소 위치를 알려주는 문자열(키key 혹은 프로퍼티property라고 부름)을 사용해 요소에 접근합니다. 예시를 살펴봅시다.

----

4 옮긴이_ 심벌에 대한 다양한 용례는 https://ko.javascript.info/symbol을 참고하세요.

```
var me = {
    first: "카일",
    last: "심슨",
    age: 39,
    specialties: [ "JS", "탁구" ]
};

console.log(`제 이름은 ${ me.first }입니다.`);
```

예시에서 me는 객체를, first는 값이 모여 있는 컬렉션인 객체에서 원하는 정보의 위치를 나타냅니다. 객체에서 원하는 정보에 접근하는 방식은 예시처럼 온점을 사용하는 방법(me.first) 말고도 me["first"] 같이 대괄호 []를 사용하는 방법도 있습니다.

2.2.2 값의 타입

typeof 연산자를 사용해 원시 타입 값과 객체 타입 값을 구분합니다.

```
typeof 42;                  // "number"
typeof "abc";               // "string"
typeof true;                // "boolean"
typeof undefined;           // "undefined"
typeof null;                // "object" ← 이런, 버그입니다!
typeof { "a": 1 };          // "object"
typeof [1, 2, 3];           // "object"
typeof function hello(){};  // "function"
```

> **WARNING_** typeof null은 예상과 달리 **"null"**이 아닌 **"object"**를 반환합니다. 그리고 함수는 **"function"**을 반환하지만 배열은 **"array"**가 아닌 **"object"**를 반환합니다.

문자열을 숫자로 바꾸는 것처럼 값의 타입을 변경하는 것을 JS에서는 타입 강제 변환coercion이라고 합니다. 타입 강제 변환은 2.5.2절에서 자세히 살펴보겠습니다.

변수에 할당하거나 어딘가에 넘길 때, 원싯값과 객체의 작동 방식은 차이가 있습니다. 자세한 내용은 부록 A.1절 '값 vs. 참조'에서 살펴보겠습니다.

2.3 변수 선언과 사용

앞 절에서 구체적으로 다루지 않았던 내용을 다뤄봅시다. JS에서 값은 다양한 예시에서 봤듯이 리터럴 값으로 표현하거나 변수에 담긴 채로 다룹니다. 이때 변수는 값을 담는 상자라고 생각하면 됩니다.

변수를 사용하려면 변수 선언(생성)이 선행되어야 합니다. 식별자^{identifier}라고도 부르는 변수는 다양한 문법으로 선언할 수 있는데, 문법마다 작동 방식이 다릅니다.

다음 var 문을 살펴봅시다.

```
var myName = "카일";
var age;
```

여기서 키워드 var는 프로그램 내에서 사용할 수 있는 변수를 정의합니다. 여기에 더해 초깃값을 할당할 수 있는 변수를 선언하는 역할도 합니다.

var 이외에 let으로도 변수를 선언할 수 있습니다.

```
let myName = "카일";
let age;
```

let과 var로 선언한 변수는 접근 범위 측면에서 가장 큰 차이를 보입니다. let으로 선언한 변수는 var로 선언한 변수보다 접근 범위가 한정됩니다. var로 선언한 변수는 접근 범위가 함수 스코프^{function scope}인데 반해 let으로 선언한 변수는 변수 접근 범위가 블록입니다. 이런 let의 특징을 블록 스코프^{block scope}라고 부릅니다.

예시를 살펴봅시다.

```
var adult = true;

if (adult) {
    var myName = "카일";
    let age = 39;
    console.log("쉿! 비밀입니다!");
}
```

```
console.log(myName);
// 카일

console.log(age);
// 오류 발생!
```

if 문 밖에서, if 블록 안에 var로 선언한 변수 **myName**에 접근할 때는 오류가 발생하지 않습니다. 하지만 let으로 선언한 변수 **age**는 유효 범위가 블록이므로 if 문 밖에서 접근하면 오류가 발생합니다.

변수의 접근 범위를 블록으로 한정 지으면 프로그램 내 변수의 영향 범위를 제한해 변수 이름 중복을 막아준다는 측면에서 유용합니다.

그렇다고 해서 **var**가 유용하지 않은 건 아닙니다. **var**는 '이 변수는 좀 더 넓은 범위에서 사용할 겁니다'를 나타낼 때 유용합니다. var나 let 모두 상황에 따라 프로그램 내 어디에서든 제 역할이 있습니다.

> **NOTE_** JS 태동기부터 있었던 var 유효 범위에 대한 작동 방식은 혼란을 줍니다. 그래서 요즘에는 var는 피하고 let이나 const를 사용하라고 제안하는 경우가 많습니다. 그런데 필자는 이런 제안이 지나치게 한정을 짓는 제안이고 도움이 되지 않는 제안이라 생각합니다. var를 사용하지 말라고 제안하는 건 여러분이 학습 능력과 여러 기능을 조합해서 사용하는 능력이 없다고 간주하는 것과 같습니다. 저는 여러분이 현존하는 모든 기능을 사용할 수 있고 사용해야 한다고 믿습니다. 필요한 기능이 있다면 자유자재로 사용하세요!

var, let 말고도 const를 사용해 변수를 선언할 수 있습니다. const는 let과 유사한데, 선언되는 순간에 값을 할당해야 하고 나중에 다른 값을 재할당할 수 없다는 점에서 차이가 있습니다.

예시를 살펴봅시다.

```
const myBirthday = true;
let age = 39;

if (myBirthday) {
    age = age + 1;      // age는 let으로 선언했으므로 값 재할당이 가능합니다.
    myBirthday = false;  // 오류가 발생합니다!
}
```

myBirthday는 const로 선언했으므로 값을 다시 할당할 수 없습니다.

const로 선언한 변수는 재할당이 불가능할 뿐이지 값을 바꿀 수 없는 건 아닙니다. 이런 관점에서 봤을 때 const를 사용해 객체를 정의하는 건 좋지 않은 방식입니다. 객체를 재할당하는 건 불가능하지만 값은 바꿀 수 있기 때문입니다. 아래 예시처럼 객체 변수를 const로 선언하다 보면 혼란이 발생할 수 있습니다. 그러니 const를 사용해 객체를 정의하는 건 피하도록 합시다.

```
const actors = [
    "모건 프리먼", "제니퍼 애니스턴"
];

actors[2] = "톰 크루즈";     // 정상 작동합니다. :(
actors = [];                 // 오류가 발생합니다!
```

const는 간단한 원싯값에 이름을 부여할 때 가장 적절합니다. 앞선 예시에서 myBirthday에 true 대신 실제 자기 생일을 할당하는 경우가 그 예입니다. 이런 식으로 원시 타입 변수를 만들면 가독성이 좋아집니다.

TIP const를 원싯값을 저장하는 용도로만 사용하면 재할당(const로 선언한 변수에는 허용되지 않음)과 값 변경 (const로 선언한 변수에 가능함) 관련 혼란을 피할 수 있습니다. 이 용례가 const를 사용하는 가장 안전하고 좋은 방법입니다.

var나 let, const 말고도 특정 스코프 내에 변수와 같은 식별자를 선언하는 다른 방법이 있습니다. 예시를 살펴봅시다.

```
function hello(myName) {
    console.log(`${ myName } 님, 안녕하세요.`);
}

hello("카일");
// 카일 님, 안녕하세요.
```

식별자 hello의 유효 범위는 가장 바깥 스코프이고 함수를 참조합니다. 반면 함수의 매개변수 myName은 함수 안에서 생성되므로 함수 스코프에서만 접근 가능합니다. hello와 myName은 var로 선언한 변수처럼 작동하죠.

한편 catch 절을 만들 때 변수가 선언되기도 합니다.

```
try {
    someError();
}
catch (err) {
    console.log(err);
}
```

catch 절에 전달하는 err의 스코프는 let으로 선언한 변수처럼 블록 스코프입니다.

2.4 함수

프로그래밍 언어에서 '함수'라는 단어에는 다양한 의미가 있습니다. 예를 들면 함수형 프로그래밍 패러다임에서는 함수가 정확한 수학적 정의를 가지고 있으며 준수해야 할 엄격한 규칙의 집합을 의미합니다.

JS로 개발할 때 우리는 함수보다 좀 더 포괄적인 개념인 '프로시저procedure'를 프로그램에 녹여내기 위해 심사숙고하며 함수를 작성해야 합니다. 여기서 프로시저는 한 번 이상 호출할 수 있고 입력값이 있을 수 있으며 하나 이상의 출력값을 반환하는 구문의 모음을 의미합니다.

JS 태동기에는 함수를 다음과 같이 정의할 수 있었습니다.

```
function awesomeFunction(coolThings) {
    // ...
    return amazingStuff;
}
```

이런 방식을 함수 선언 또는 함수 선언문function declaration이라고 하는데, 함수 선언이란 이름은 이 함수가 다른 문의 표현식이 아니라 문 자체이기 때문에 붙게 되었습니다. 함수 선언으로 정의한 함수 awesomeFunction은 식별자 awesomeFunction과 실제 함수를 나타내는 값의 연관이 코드 실행 단계가 아닌 컴파일 단계에서 맺어집니다.

함수 선언 말고도 함수 표현식function expression을 사용해 함수를 정의, 할당할 수 있습니다. 함수 표현식 예시는 다음과 같습니다.

```
// let awesomeFunction = ...
// const awesomeFunction = ...
var awesomeFunction = function(coolThings) {
    // ...
    return amazingStuff;
};
```

예시의 함수는 표현식이므로 변수 awesomeFunction에 할당할 수 있습니다. 이렇게 함수 표현식으로 선언한 함수가 함수 선언으로 선언한 함수와 다른 점은 함수와 함수 식별자가 코드가 실행되기 전까지는 관계를 맺지 않는다는 점입니다.

JS에서 함수는 할당 가능하고 어디든 전달 가능한 값이라는 특징은 매우 중요합니다. JS에서 함수는 객체의 한 종류입니다. 모든 프로그래밍 언어에서 함수를 값으로 취급하지는 않지만 JS 같이 함수형 프로그래밍 패러다임을 지원하는 언어에서는 함수를 값으로 취급하는 게 필수입니다.

함수는 매개변수^{parameter}를 통해 입력을 받습니다.

```
function greeting(myName) {
    console.log(`${ myName } 님, 안녕하세요!`);
}

greeting("카일");   // 카일 님, 안녕하세요!
```

예시에서 myName은 매개변수이며 함수 내에서 지역 변수 역할을 합니다. 함수는 0개부터 원하는 개수까지 원하는 만큼 매개변수를 받을 수 있도록 정의할 수 있습니다. 함수를 호출할 때 인수^{argument}라 부르는 값(예시에서 "카일")을 매개변수에 할당합니다.

return 키워드를 사용하면 함수에서 값을 반환할 수 있습니다.

```
function greeting(myName) {
    return `${ myName } 님, 안녕하세요!`;
}

var msg = greeting("카일");
```

```
console.log(msg);     // 카일 님, 안녕하세요!
```

함수는 오로지 한 개의 값만 반환할 수 있습니다. 여러 개를 반환하고 싶다면 객체나 배열로 감싸 반환하면 됩니다.

함수는 값이므로 함수를 객체의 프로퍼티로 할당할 수 있습니다.

```
var whatToSay = {
    greeting() {
        console.log("안녕하세요!");
    },
    question() {
        console.log("이름이 뭔가요?");
    },
    answer() {
        console.log("제 이름은 카일입니다.");
    }
};

whatToSay.greeting();
// 안녕하세요!
```

예시에서 세 함수(greeting(), question(), answer())의 참조는 whatToSay라는 객체에 종속됩니다. 각 함수를 호출하려면 객체의 프로퍼티에 접근해 호출하려는 함수의 참조에 접근해야 하죠. 참고로 간단하게 객체에 프로퍼티 형태로 함수를 정의하는 방식과 class 문법을 사용한 조금 복잡한 방식에 대한 비교는 이번 장 뒷부분에서 다룰 예정입니다.

JS에서 함수는 아주 다양한 형태로 존재합니다. 관련 내용은 부록 A.2절 '다양한 형태의 함수'에서 좀 더 깊이 다뤄보겠습니다.

2.5 비교

프로그램은 값을 비교해 값의 정체와 값 사이의 관계를 파악한 후 의사 결정을 내립니다. JS에도 비교를 가능하게 하는 몇 가지 메커니즘이 있는데, 이에 대해 자세히 알아봅시다.

2.5.1 같음에 대한 고찰

JS에서는 '값 X가 값 Y와 **같을까?**'라는 비교를 가장 많이 합니다. 그럼 이 질문에서 '같다same'는 건 정확히 어떤 의미일까요?

여러 가지 이유로 JS에서 같음은 '서로 다르지 않음'이라는 사전적 의미보다 좀 더 복잡합니다. JS에서 같음을 비교할 때는 '정확하게' 일치하는지를 따지기도 하지만 때로는 '아주 유사'하다거나 '교환 가능'한지와 같이 좀 더 넓은 관점에서 비교하는 때도 있습니다. 그렇기 때문에 **일치 비교**equality comparison와 **동등 비교**equivalence comparison의 차이를 알고 있어야 합니다.

JS로 작성된 코드를 읽어봤거나 직접 작성해봤다면 등호 세 개가 붙은 형태인 일치 연산자strict equality operator (===)를 본 적이 있을 겁니다. 이름만 봤을 때는 '일치'의 사전적 의미처럼 비교 대상이 정확히 같을 때 참을 반환하는 연산자일 거라고 추측할 수 있습니다

그런데 일치 연산자는 여러분의 예상과 다르게 작동합니다.

물론 대부분은 여러분이 예상한 대로 작동하긴 합니다. 예시를 살펴봅시다.

```
3 === 3.0;              // true
"yes" === "yes";        // true
null === null;          // true
false === false;        // true

42 === "42";            // false
"hello" === "Hello";    // false
true === 1;             // false
0 === null;             // false
"" === null;            // false
null === undefined;     // false
```

> **NOTE_** 사람들은 종종 일치 연산자 ===는 '값과 타입 둘 다의 동등성을 확인'한다고 표현합니다. 42 === "42" 같이 앞서 살펴본 몇 가지 예시에서는 비교 대상이 되는 값들의 **타입**type(숫자, 문자 등)이 일치 여부를 구분 짓는 요인이었습니다. 그런데 사실 비교(일치, 동등 비교를 비롯해 이상, 이하, 초과, 미만 등의 비교)는 좀 더 심오합니다. JS에서 비교가 일어날 때는 일치 연산자에서처럼 타입도 고려됩니다. 일치, 동등 비교와 다른 비교 연산이 다른 점은 일치, 동등 비교에서는 타입 강제 변환을 허용하지 않지만, 다른 비교 연산에서는 타입 강제 변환을 **허용**한다는 차이가 있습니다.

그런데 === 연산자가 특수한 값인 NaN이나 -0과 함께 사용되면 예상과 다르게 작동합니다. 많은 JS 개발자가 얼버무리고 넘어가는 부분이죠. 예시를 살펴봅시다.

```
NaN === NaN;          // false
0 === -0;             // true
```

NaN을 만나면 === 연산자는 거짓말을 합니다. NaN과 또 다른 NaN은 같지 않다고 말이죠. -0(일반 0과의 구분을 위해 실존하는 값)을 만나도 마찬가지입니다. -0과 0은 다르지만 === 연산자는 이 둘이 같다고 거짓말을 합니다.

이런 거짓말을 다루는 건 꽤나 성가신 일입니다. 그러니 === 연산자는 NaN이나 -0과 함께 쓰지 않는 게 최선입니다. NaN과 비교할 때는 거짓말을 하지 않는 Number.isNaN()을 사용하고, -0과 비교할 때는 Object.is()를 사용하세요. 아주 정직한 메서드인 Object.is()도 NaN과 비교할 때 사용할 수 있으니 선호에 따라 둘 중 하나를 택해서 사용하면 됩니다. Object.is()는 농담으로 등호 네 개가 붙은 초일치 비교 연산자(====)라고 말할 수 있을 정도로 아주 정확히 비교해줍니다.

=== 연산자가 거짓말을 하는 데는 역사적, 기술적 이유가 있지만, 어쨌든 결론은 === 연산자만으로는 **아주 정확하게** 비교를 할 수 없다는 사실입니다.

한편, 원시 타입이 아닌 객체끼리 비교할 때는 상황이 조금 더 복잡해집니다.

```
[ 1, 2, 3 ] === [ 1, 2, 3 ];   // false
{ a: 42 } === { a: 42 }        // false
(x => x * 2) === (x => x * 2)  // false
```

연산자 양옆 코드는 분명 똑같은데 결과는 모두 false네요. 무슨 일이 벌어진 걸까요?

일치 비교는 값의 **본질**nature이나 **내용**content을 비교한다고 볼 수 있습니다. 42 === 42 같은 코드에서는 실제 숫자인 42끼리 비교가 일어납니다. 그런데 비교 대상이 객체인 경우에는 값의 본질이나 내용이 아닌 **구조적 일치**structural equality를 비교하게 됩니다.

JS에서는 객체끼리 비교할 때 비교 연산자가 구조적 일치를 판단하지 않습니다. 대신 **독자성 일치**identity equality를 비교합니다.

JS에서 객체는 참조에 의해 고정되며(부록 A.1절 '값 vs. 참조' 참고) 참조 복사본을 사용해 할당·전달됩니다. 그리고 참조(독자성)를 대상으로 일치 비교가 일어납니다. 예시를 살펴봅시다.

```
var x = [ 1, 2, 3 ];

// 참조를 복사한 값이 할당되기 때문에 변수 y는 x의 복사본이 아닙니다.
// 변수 y는 x와 '같은' 배열을 참조합니다.
var y = x;

y === x;                // true
y === [ 1, 2, 3 ];      // false
x === [ 1, 2, 3 ];      // false
```

예시에서 y === x는 변수 y와 x가 모두 같은 배열에 대한 참조를 담고 있으므로 true를 반환합니다. 하지만 그 아랫줄의 === [1, 2, 3] 비교에서는 변수 y와 x 둘 다 각각 새로운 배열 [1, 2, 3]과 비교가 일어나기 때문에 false를 반환합니다. 예시에서 배열의 구조나 내용이 바뀌어도 결과는 동일합니다. 중요한 건 **참조의 독자성**reference identity뿐입니다.

JS에는 객체 구조가 같은지 비교할 방법이 없습니다. JS에서는 같은 것을 참조하는지만 비교할 수 있습니다. 객체 구조가 같은지 비교하려면 직접 코드를 짜서 확인해야 합니다.

다만 객체 구조를 비교하는 코드를 만드는 건 생각보다 복잡하므로 조심해야 할 게 많습니다. 객체의 한 종류인 함수끼리 비교해야 한다고 가정해봅시다. 두 함수의 참조가 '구조적으로 일치하는지' 어떻게 판단할 수 있을까요? 함수 자체를 문자열로 바꿔서 두 문자열을 비교한다고 하더라도 이 방법으로는 클로저closure 등을 고려할 수 없어 제대로 된 비교가 불가능합니다. 이런 코너 케이스corner case 전체를 다루는 건 거의 불가능하며 JS에서는 객체 구조를 비교할 방법을 제공하지 않습니다.

2.5.2 강제 변환

강제 변환coercion은 한 타입의 값이 다른 타입의 값으로 변하는 걸 의미합니다. 4장에서 다루겠지만 강제 변환은 JS를 지탱하는 커다란 기둥 중 하나입니다. 무시하고 넘어가도 될 사소한 기능이 아닙니다.

그런데 개발자 입장에서 강제 변환과 일치 연산자 같은 비교 연산자를 동시에 고려해야 하는 상황을 맞닥뜨리면 혼란이 가중됩니다. 원인을 알 수 없는 오류 때문에 좌절을 겪기까지 하죠.

JS 커뮤니티에서 == 연산자보다 더 많은 분노를 자아내는 기능은 아마도 없을 겁니다. 커뮤니티 내 공개 담론이나 글 상당수가 동등 연산자loose equality operator는 설계가 부실하고 위험하며, 버그가 많다고 비난합니다. JS 창시자인 브렌던 아이크조차 동등 연산자 설계에는 큰 실수가 있다고 한탄한 바 있습니다.

필자가 파악한 바로는 동등 연산자 때문에 개발자들이 겪는 좌절 대부분은 몇 안 되는 혼란을 불러일으키는 코너 케이스로 인해 발생했습니다. 하지만 더 근본적인 문제는 동등 연산자가 비교 대상이 되는 값의 타입을 고려하지 않고 비교를 수행한다는 아주 잘못된 정보로 인해 발생했습니다.

== 연산자는 === 연산자와 유사한 방식으로 피연산자가 같은지 비교합니다. 실제로 두 연산자 모두 피연산자의 타입을 비교합니다. 만약 피연산자가 같은 타입이라면 ==와 ===는 어떠한 차이도 없이 **완전히 동일하게 작동합니다.**

그런데 피연산자의 타입이 다른 경우 == 연산자는 비교 이전에 강제로 타입을 맞추는 작업을 수행한다는 점에서 === 연산자와 차이가 있습니다. 두 연산자 모두 타입이 같은 값을 비교한다는 점에서는 동일하지만 == 연산자는 강제 변환을 **먼저** 실행해 피연산자의 타입을 맞춘 이후에 === 연산자처럼 작동합니다. 이런 면을 고려했을 때 필자는 == 연산자를 **느슨한 동등 비교 연산자**가 아닌 **강제 변환 동등 비교 연산자**라고 설명하는 게 적합하다고 생각합니다.

예시를 살펴봅시다.

```
42 == "42";          // true
1 == true;           // true
```

두 줄 모두 피연산자의 타입이 다릅니다. 따라서 ==는 숫자형이 아닌 값("42", true)을 숫자(42, 1)로 바꾼 다음 비교합니다. 이렇듯 == 연산자가 숫자형 피연산자를 선호한다는 본질을 알고 있다면 "" == 0이나 0 == false 같은 코너 케이스를 피할 수 있습니다.

아마도 몇 분은 지금쯤 '그럼 나는 == 말고 === 연산자만 사용해서 타입 강제 변환이 일어나지 않게 할 거야!'라고 생각할지도 모르겠습니다. 죄송합니다만 생각한 것만큼 그렇게 쉽게 타입 강제 변환을 피할 수는 없습니다.

왜냐하면 비교 연산자에는 == 말고도 <, >, 심지어 등호가 있는 <=와 >=도 있기 때문입니다.

==와 마찬가지로 <, >, <=, >=는 피연산자들의 타입이 같으면 ===처럼 작동합니다. 하지만 타입이 다른 경우에는 타입 강제 변환이 먼저 일어납니다(대개 숫자형으로 변환됩니다).

예시를 살펴봅시다.

```
var arr = [ "1", "10", "100", "1000" ];
for (let i = 0; i < arr.length && arr[i] < 500; i++) {
    // 순회는 세 번 일어납니다.
}
```

for 문에서 쓰인 비교 코드 i < arr.length에서 i와 arr.length는 항상 숫자이므로 < 연산자는 타입 강제 변환으로부터 안전합니다. 하지만 arr[i] < 500에서 arr[i]는 항상 문자열이므로 이때의 < 연산자는 타입 강제 변환을 수반합니다. 실제 비교 코드는 1 < 500, 10 < 500, 100 < 500, 1000 < 500이 되는 것이죠. 보다시피 네 번째 비교에서 거짓이 반환되므로 순회는 세 번까지만 일어나고 이후에는 반복문이 멈춥니다.

이렇듯 비교 연산자는 피연산자 모두가 문자열인 경우를 제외하고는 숫자 타입으로 타입을 변환해 비교를 진행합니다. 피연산자 모두가 문자열인 경우에는 사전처럼 알파벳순으로 문자열을 비교합니다.

```
var x = "10";
var y = "9";

x < y;       // true가 반환됩니다. "10"은 "9"보다 크지 않다네요!
```

비교 연산자를 사용할 때 타입 변환을 피할 방법은 피연산자의 타입을 일치시키는 것 말고는 없습니다. 같은 타입의 피연산자를 사용하고자 하는 의지는 존경받아야 할 목표이기는 하지만 개발을 하다 보면 피연산자끼리 타입이 다른 경우를 피하지 못할 가능성이 높습니다.

그러니 타입 강제 변환을 수반하는 비교에 대해 배우는 걸 피하기보다 비교 연산자의 작동 방식을 제대로 배우고 받아들이는 게 더 현명한 접근입니다.

타입 강제 변환이 수반되는 비교는 if 등의 조건문에서도 나타나는데 자세한 내용은 부록 A.3 절 '강제 조건부 비교'에서 살펴보겠습니다.

2.6 코드 구조화 패턴

JS 생태계 전반에 걸쳐 데이터와 행동 관점에서 코드를 구조화하는 패턴은 크게 클래스와 모듈 두 가지가 있습니다. 클래스와 모듈은 상호 배타적인 패턴이 아닙니다. 따라서 많은 프로그램 이 두 패턴을 모두 사용합니다. 한 패턴만 고수하는 프로그램도 있고 두 패턴 모두 사용하지 않 는 프로그램도 있습니다.

어떤 관점에서 살펴보면 두 패턴은 큰 차이가 있어 보입니다. 하지만 다른 관점에서 살펴보면 두 패턴은 동전의 양면일 뿐입니다. 개발자로서 JS를 능숙하게 다루려면 두 패턴을 이해하고, 각 패턴의 적합한 쓰임새와 사용이 적절하지 않은 경우를 알고 있어야 합니다.

2.6.1 클래스

객체 지향, 클래스 지향class-oriented, 클래스 같은 용어를 공부하다 보면 코드 수준으로 아주 세 세한 정보나 뉘앙스를 다룬 자료만 한가득 발견하게 됩니다. 보편적으로 납득할 만한 정의는 찾을 수 없죠.

여기서는 C++이나 자바 같은 객체 지향 언어에 배경지식이 있는 분들에게 친숙한, 다소 전통 적이면서 보편적인 정의를 사용해 클래스에 관해 이야기해보겠습니다.

클래스는 사용자가 정의한 데이터 '타입type'으로 데이터와 이 데이터를 조작하는 동작이 들어 갑니다. 그런데 클래스는 사용자 정의 데이터 타입이 어떻게 동작하는지 정의하긴 하지만 구체 적인 값은 아닙니다. 프로그램에서 사용할 수 있는 구체적인 값이 필요하다면 new 키워드를 사 용해 인스턴스instance를 만들어야 합니다.

예시를 살펴봅시다.

```
class Page {
    constructor(text) {
```

```
            this.text = text;
        }

        print() {
            console.log(this.text);
        }
    }

    class Notebook {
        constructor() {
            this.pages = [];
        }

        addPage(text) {
            var page = new Page(text);
            this.pages.push(page);
        }

        print() {
            for (let page of this.pages) {
                page.print();
            }
        }
    }

    var mathNotes = new Notebook();
    mathNotes.addPage("기초 연산: + - * / ...");
    mathNotes.addPage("삼각법: sin cos tan ...");

    mathNotes.print();
    // ...
```

Page 클래스에서 문자열 형태의 데이터는 this.text 멤버 변수에 저장됩니다. print() 메서드를 사용하면 콘솔에 이 데이터를 출력할 수 있습니다.

Notebook 클래스에서는 Page 인스턴스가 요소로 있는 배열을 데이터로 사용합니다. 동작을 정의한 메서드는 두 가지가 있는데, 첫 번째 메서드 addPage()는 Page 인스턴스를 새롭게 만들고 이 인스턴스를 멤버 변수인 배열에 추가합니다. 또 다른 메서드 print()는 Notebook 내 모든 페이지를 출력하는 동작을 담당합니다.

mathNotes = new Notebook()은 Notebook 클래스를 사용해 인스턴스를 만들고 page =

new Page(text)에서는 Page 클래스를 사용해 인스턴스를 생성합니다.

클래스의 동작(메서드)은 클래스만 가지고는 사용할 수 없습니다. mathNotes.addPage()나 page.print()처럼 인스턴스를 통해서만 호출할 수 있습니다.

이렇게 클래스 메커니즘을 사용하면 데이터(예: text, pages)와 데이터의 동작(예: addPage(), print())을 한곳에 묶어 구조화할 수 있습니다. 물론 클래스 없이도 동일한 결과물을 내주는 프로그램을 만들 수 있긴 합니다. 하지만 클래스가 없다면 체계적이지 않고 가독성이 떨어지며, 유지 보수하기 어려운 프로그램이 될 가능성이 높습니다.

상속

클래스 지향 설계는 (JS에서는 잘 사용하지 않는) **상속**inheritance과 **다형성**polymorphism을 빼놓고 생각할 수 없습니다. 예시를 살펴봅시다.

```javascript
class Publication {
    constructor(title, author, pubDate) {
        this.title = title;
        this.author = author;
        this.pubDate = pubDate;
    }

    print() {
        console.log(`
            제목: ${ this.title }
            저자: ${ this.author }
            발행일: ${ this.pubDate }
        `);
    }
}
```

Publication 클래스에 출판에 필요한 동작이 정의되어 있습니다.

이번에는 좀 더 구체적인 출판 형태인 책(Book)이나 블로그 포스팅(BlogPost)을 코드로 구현해보면서 클래스에 대해 생각해봅시다.

```javascript
class Book extends Publication {
    constructor(bookDetails) {
        super(
```

```
                bookDetails.title,
                bookDetails.author,
                bookDetails.publishedOn
            );
            this.publisher = bookDetails.publisher;
            this.ISBN = bookDetails.ISBN;
        }

        print() {
            super.print();
            console.log(`
                출판사: ${ this.publisher }
                ISBN: ${ this.ISBN }
            `);
        }
    }

class BlogPost extends Publication {
    constructor(title,author,pubDate,URL) {
        super(title,author,pubDate);
        this.URL = URL;
    }

    print() {
        super.print();
        console.log(`URL: ${ this.URL }`);
    }
}
```

Book과 BlogPost 클래스 모두 extends라는 키워드를 사용해 Publication 클래스에서 정의
한 동작을 **확장**extend해서 사용하고 있습니다. 각 클래스 생성자 내에 있는 super()는 부모 클
래스인 Publication의 생성자를 자식 클래스subclass, child class에서도 사용할 수 있도록 동일한
작업을 하는 코드를 다시 작성하지 않아도 출판 타입에 맞게 초기화할 수 있습니다.

이번에는 자식 클래스를 사용한 예시를 살펴봅시다.

```
var YDKJSY = new Book({
    title: "You Don't Know JS Yet",
    author: "카일 심슨",
    publishedOn: "2020년 1월",
    publisher: "독립 출판",
```

```
    ISBN: "979-8602477429"
});

YDKJSY.print();
// 제목: You Don't Know JS Yet
// 저자: 카일 심슨
// 발행일: 2020년 1월
// 출판사: 독립 출판
// ISBN: 979-8602477429

var forAgainstLet = new BlogPost(
    "For and against let",
    "카일 심슨",
    "2014년 10월 27일",
    "https://davidwalsh.name/for-and-against-let"
);

forAgainstLet.print();
// 제목: For and against let
// 저자: 카일 심슨
// 발행일: 2014년 10월 27일
// URL: https://davidwalsh.name/for-and-against-let
```

예시에서 주목할 만한 부분은 두 자식 클래스의 인스턴스를 통해 부모 클래스인 Publication 에서 **상속**받아 새롭게 재정의한override 메서드인 print()를 호출할 수 있었다는 점입니다. 자식 클래스 Book과 BlogPost 각각에 정의된 메서드 print() 내부에서는 super.print()가 호출되면서 부모 클래스에 정의된 메서드 print()를 그대로 상속받아 사용합니다.

이렇게 상속받은 메서드와 새롭게 정의한 메서드의 이름이 동일하고 공존할 수 있는 걸 **다형성** 이라고 합니다.

상속은 클래스라는 독립된 논리적 공간에 데이터와 행동을 체계화할 수 있도록 만드는 강력한 도구입니다. 자식 클래스는 부모 클래스의 데이터나 동작에 접근하거나 이를 사용하는 방식으로 부모 클래스와 협력합니다.

2.6.2 모듈

모듈 패턴은 클래스와 마찬가지로 논리적 단위 기준으로 데이터와 행동을 그룹화하는 데 그 목적이 있습니다. 모듈도 클래스처럼 협력을 위해 다른 모듈의 데이터나 행동을 가져오거나 접근할 수 있습니다.

그런데 모듈에는 클래스와 다른 중요한 몇 가지 차이점이 있습니다. 가장 눈에 띄는 차이점은 문법입니다.

클래식 모듈

잠시 후 살펴볼 모듈 문법은 ES6에서부터 추가되었습니다. 이처럼 명세서에 공식적으로 모듈 문법이 추가되기 전까지는 수많은 프로그램이 자체적으로 모듈 패턴을 만들고 활용하고 있었습니다.

클래식 모듈classic module의 주요 특징은 최소한 한 번 이상 실행되는 외부 함수입니다. 이 외부 함수는 모듈 인스턴스 내부의 숨겨진 데이터를 대상으로 작동하는 함수가 있는 '인스턴스'를 반환합니다.

이런 클래식 모듈은 **단순한 함수**이기도 하고 함수를 호출하면 모듈 인스턴스가 생성되기 때문에 클래식 모듈 인스턴스에 있는 함수를 **모듈 팩토리**module factory라고 설명하기도 합니다.

앞서 살펴본 Publication, Book, BlogPost 클래스를 클래식 모듈 형태로 바꿔보며 더 자세히 알아봅시다.

```
function Publication(title, author, pubDate) {
    var publicAPI = {
        print() {
            console.log(`
                제목: ${ title }
                저자: ${ author }
                발행일: ${ pubDate }
            `);
        }
    };

    return publicAPI;
}
```

```
function Book(bookDetails) {
    var pub = Publication(
        bookDetails.title,
        bookDetails.author,
        bookDetails.publishedOn
    );

    var publicAPI = {
        print() {
            pub.print();
            console.log(`
                출판사: ${ bookDetails.publisher }
                ISBN: ${ bookDetails.ISBN }
            `);
        }
    };

    return publicAPI;
}

function BlogPost(title, author, pubDate, URL) {
    var pub = Publication(title, author, pubDate);

    var publicAPI = {
        print() {
            pub.print();
            console.log(URL);
        }
    };

    return publicAPI;
}
```

클래스를 설명할 때 살펴봤던 예시 코드와 많이 다르지 않고 비슷해 보이네요.

클래스는 메서드와 데이터를 객체 인스턴스에 저장하며, 메서드와 데이터에 접근하려면 접두사 this.를 사용해야 합니다. 반면 모듈에서는 this. 없이도 스코프 내 식별자 역할을 하는 변수를 사용해 메서드와 데이터에 접근할 수 있습니다.

클래스에서는 인스턴스의 API가 클래스 자체에 정의되어 있고, 모든 데이터와 메서드가 공개되어 있습니다. 반면 모듈 팩토리 함수에서는 외부에 노출된 공개public 메서드를 사용해 객체를 명시적으로 만들고 반환합니다. 이때 데이터나 참조되지 않은 메서드는 팩토리 함수 내에 비공개private로 남습니다.

팩토리 함수와 이를 변형한 코드는 2020년대인 지금까지도 광범위하게 사용됩니다. AMDasynchronous module definition나 UMDuniversal module definition, CommonJS(전형적인 Node.js 스타일 모듈)를 사용해 작성한 JS 프로그램을 열어보면 쉽게 만날 수 있습니다. 팩토리 함수를 변형한 코드는 호환성이 떨어져 자주 쓰이지는 않습니다. 다만 팩토리 함수와 팩토리 함수 변형 코드 모두는 모듈 관련 기본 원칙을 따른다는 공통점이 있습니다.

이번에는 모듈 팩토리 함수를 인스턴스화해서 사용하는 예시를 살펴봅시다.

```
var YDKJSY = Book({
    title: "You Don't Know JS Yet",
    author: "카일 심슨",
    publishedOn: "2020년 1월",
    publisher: "독립 출판",
    ISBN: "979-8602477429"
});

YDKJSY.print();
// 제목: You Don't Know JS Yet
// 저자: 카일 심슨
// 발행일: 2020년 1월
// 출판사: 독립 출판
// ISBN: 979-8602477429

var forAgainstLet = BlogPost(
    "For and against let",
    "카일 심슨",
    "2014년 10월 27일",
    "https://davidwalsh.name/for-and-against-let"
);

forAgainstLet.print();
// 제목: For and against let
// 저자: 카일 심슨
// 발행일: 2014년 10월 27일
// https://davidwalsh.name/for-and-against-let
```

클래스와 다른 점은 new 없이 모듈 팩토리를 일반 함수처럼 호출해서 사용한다는 점입니다.

ES 모듈

ES6에서 도입된 ES 모듈(ESM)은 앞서 배운 클래식 모듈과 동일한 취지를 갖는 문법으로, AMD와 UMD, CommonJS의 주요 변형과 그 용례를 고려해 만들어졌습니다. 하지만 구현 관점에서 ES 모듈과 클래식 모듈의 접근법에는 상당히 큰 차이가 있습니다.

첫 번째 차이는 ES 모듈에는 모듈을 **정의**하는 래핑 함수^{wrapping function}가 없다는 점입니다. ES 모듈은 파일이라는 맥락에서 구현됩니다. 즉, ES 모듈은 항상 파일 기반이죠. ES 모듈 파일 하나는 모듈 하나입니다.

두 번째는 ES 모듈을 사용할 때 모듈 API와 직접 상호작용하지 않는다는 점입니다. 개발자는 export 키워드를 사용해 변수나 메서드를 퍼블릭 API로 정의합니다. 모듈 안에 있는 변수나 메서드라도 export 키워드가 붙어 있지 않으면 클래식 모듈에서처럼 숨김 상태가 됩니다.

세 번째는 가장 눈에 띄는 차이입니다. ES 모듈을 인스턴스화하지 않아도 import 키워드를 사용해 가져오기만 한다면 단일 인스턴스처럼 사용할 수 있다는 점입니다. 프로그램 내에서 import 키워드를 사용해 처음 모듈을 가져온 순간 인스턴스가 생기고, 동일한 모듈을 다른 곳에서 import할 때는 이미 생성된 모듈의 참조만 가져옵니다. 이런 관점에서 ES 모듈은 사실상 싱글턴^{singleton}이라고 할 수 있습니다. 다만 인스턴스 여러 개가 필요할 경우에는 ES 모듈을 정의할 때 클래식 모듈 스타일의 팩토리 함수를 작성하면 됩니다.

실제로 실행 가능한 예시에서 여러 인스턴스가 필요하다고 가정하고 이에 맞게 코드를 다음과 같이 작성했습니다. 당연히 ES 모듈과 클래식 모듈을 합쳐놓은 형태입니다.

먼저 publication.js 파일을 살펴봅시다.

```javascript
function printDetails(title, author, pubDate) {
    console.log(`
        제목: ${ title }
        저자: ${ author }
        발행일: ${ pubDate }
    `);
}

export function create(title, author, pubDate) {
    var publicAPI = {
        print() {
            printDetails(title, author, pubDate);
```

```
        }
    };

    return publicAPI;
}
```

또 다른 ES 모듈 blogpost.js에서 모듈 publication.js를 가져오고 사용해보겠습니다.

```
import { create as createPub } from "publication.js";

function printDetails(pub, URL) {
    pub.print();
    console.log(URL);
}

export function create(title, author, pubDate, URL) {
    var pub = createPub(title, author, pubDate);

    var publicAPI = {
        print() {
            printDetails(pub, URL);
        }
    };

    return publicAPI;
}
```

마지막으로 또 다른 ES모듈인 main.js을 만들고 여기서 publication.js 모듈을 불러옵니다.

```
import { create as newBlogPost } from "blogpost.js";

var forAgainstLet = newBlogPost(
    "For and against let",
    "카일 심슨",
    "2014년 10월 27일",
    "https://davidwalsh.name/for-and-against-let"
);

forAgainstLet.print();
// 제목: For and against let
```

```
// 저자: 카일 심슨
// 발행일: 2014년 10월 27일
// https://davidwalsh.name/for-and-against-let
```

> **NOTE_** import 문에 있는 as newBlogPost는 없어도 무방합니다. as newBlogPost가 없다면 모듈 최상위 레벨에서 정의한 함수 create()를 가져옵니다. 그런데 이 경우라면 create() 함수 이름을 그냥 사용하기보다는 가독성을 위해 이름을 바꾸는 편이 더 좋습니다. create()보다는 newBlogPost()가 좀 더 의미를 파악하기 쉽기 때문입니다.

예시에서 살펴본 것처럼 ES 모듈 내부에 **클래식 모듈**을 함께 사용하면 모듈 인스턴스를 여러 개 만들 수 있습니다. 이 방법 말고도 팩토리 함수 create() 대신 ES 모듈 내부에 클래스를 만들고 이 클래스를 노출하는 방법도 있습니다. 두 방법 모두 결과는 같지만 이미 ES 모듈이라는 모듈을 사용하고 있으므로 클래스보다 **클래식 모듈**을 사용하는 걸 권장합니다.

모듈 인스턴스 하나만 필요하다면 앞서 살펴본 복잡한 예시는 무시하고 export 키워드를 사용해 필요한 메서드를 직접 내보내 사용하면 됩니다.

2.7 더 깊은 토끼 굴로

2장 서두에서 약속한 대로 이번 장에서는 JS 언어에서 중요하게 다뤄야 할 주제 몇 가지를 가볍게 훑어봤습니다. 머릿속이 정돈되지 않을 수도 있습니다. 하지만 걱정하지 마세요. 정보가 한꺼번에 들어오는 상황에서는 아주 자연스러운 현상입니다.

간단히 JS를 조망하긴 했지만, 여러분이 실제로 개발할 때 신중히 다뤄야 하거나 잘 알고 있어야 할 수많은 세부 사항을 다뤘고, 힌트도 중간중간에 심어두었습니다. 여러분이 2장을 다시 한번 읽어보길 제안합니다. 아주 진중하게요. 여러 번 읽어야 할 수도 있습니다.

다음 장에서는 JS의 핵심 작동 방식을 중요한 측면에서 자세히 살펴봅니다. 하지만 더 깊은 토끼 굴로 들어가기 전에, 지금까지 배운 내용을 소화할 만한 시간을 충분히 가졌는지 되돌아보기 바랍니다.

CHAPTER 3

자바스크립트 뿌리 파헤치기

1장과 2장을 공들여 읽고 잘 소화했다면 JS의 핵심에 가까이 다가갈 준비가 되었습니다. 앞 장, 특히 2장을 건너뛰었다면 시간을 내서 읽어보길 바랍니다.

2장에서는 문법과 패턴, 작동 방식을 고차원적인 측면에서 바라봤습니다. 이번 장에서는 차원을 낮춰 실제로 작성하게 될 거의 모든 코드를 지탱하는 JS 기본 특성에 대해 알아봅니다.

이번 장은 여러분이 아는 일반적인 프로그래밍 언어의 성질보다 좀 더 자세한 내용을 다루므로 쉽지 않을 겁니다. 하지만 이 내용을 알아야 JS가 어떻게 작동하고, 어떤 것이 JS를 작동시키는지 이해할 수 있습니다. 더군다나 JS를 학습할 때마다 떠올랐던 '왜?'라는 의문 중 일부가 해소되는 경험도 할 수 있습니다. JS 전체를 다루는 게 아니라서 모든 의문을 해소할 수는 없겠지만, 이어질 시리즈에서 더 많은 내용을 다룰 예정이니 평소에 가지고 있던 의문 모두가 해결되지 않더라도 걱정하지 마세요. 이번 장은 JS를 파헤치는 첫걸음이니 JS의 변화무쌍함에 압도당하지 않고 익숙함과 편안함을 느끼는 데 목표를 두세요.

여러 차례 말했듯이 너무 빨리 배우려다 보면 길을 잃기 십상이므로 시간을 두고 학습해야 합니다. 3장을 읽고 나면 새로운 의문이 생겨날 텐데, 이 책의 다음 시리즈를 읽으면 이러한 의문이 자연스럽게 해소될 겁니다.

3.1 이터레이션

소프트웨어는 데이터를 처리하기 위해 만들어졌기 때문에 데이터를 처리하는 데 사용하는 패턴은 코드 전체의 가독성에 큰 영향을 미칩니다.

이터레이터 패턴iterator pattern은 수십 년 동안 사용되어 온 디자인 패턴입니다. 이 패턴을 사용하면 데이터를 덩어리chunk 단위로 **표준화된 방법**을 사용해 각각 처리할 수 있습니다. 이터레이터 패턴의 이런 접근 방식은 데이터 전체를 한꺼번에 처리하기보다 데이터를 일정 단위로 쪼개고, 이 조각들을 차례대로 순회하며 점진적으로 처리하면 좀 더 범용적이고 유용할 거라는 아이디어에서 출발했습니다.

관계형 데이터베이스에서 SELECT 쿼리를 사용해 데이터를 추출한다고 가정해봅시다. SELECT 쿼리를 실행하면 대개 여러 줄로 이루어진 데이터를 반환받습니다. 질의 결과가 한 줄이나 몇 줄뿐이라면 전체 혹은 각 줄을 지역 변수에 할당한 다음, 필요한 연산을 수행해 데이터를 처리합니다.

그런데 질의 결과가 백 줄, 천 줄 혹은 그 이상이라면 루프 같은 반복적인 방식을 사용해 데이터를 처리해야 합니다. 이때 바로 이터레이터 패턴을 사용합니다. 이터레이터 패턴에는 처리할 데이터를 참조하는 데이터 구조인 이터레이터iterator가 정의됩니다. 이터레이터는 next()라는 메서드를 지원하며, next()를 호출할 때마다 관계형 데이터베이스에서 질의 결과에 해당하는 레코드record나 줄row과 같은 데이터 조각이 차례대로 반환됩니다.

작업을 반복할 때, 데이터가 총 몇 개의 조각으로 이루어져 있는지 사전에 알기 쉽지 않습니다. 따라서 이터레이터 패턴에서는 데이터를 전부 처리했음에도 불구하고 또 다른 작업을 시작할 때 특별한 값을 사용하거나 예외를 발생시켜 **반복 작업이 종료되었다**는 신호를 줍니다.

이터레이터 패턴의 핵심은 반복 작업으로 데이터를 처리할 때 **표준화된 방법**을 제공한다는 점입니다. 처리해야 할 데이터 컬렉션의 형태가 다르면 반복 작업에 사용되는 코드도 제각각이 될 수밖에 없습니다. 이럴 때 이터레이터 패턴을 사용하면 깔끔하고 이해하기 쉬운 코드로 반복 작업을 수행할 수 있습니다.

JS 커뮤니티에서도 수년간 이터레이터 패턴을 명세서에 추가하려고 노력했습니다. 그 결과 ES6 명세서에는 JS 내장 문법을 통해 이터레이터 패턴을 구현하는 구체적인 프로토콜(규약)protocol이 추가되었습니다. 이 프로토콜에서 next() 메서드는 **이터레이터 리절트**iterator result라 불리는 객체를 반환하고, 이터레이터 리절트 객체에는 value와 done이라는 프로퍼티가 있어야 한다고 규정합니다. 또한 반복 작업이 끝나지 않은 경우, done에는 불리언 값 false가 저장되어야 한다고 정의합니다.

3.1.1 이터레이터 소비하기

ES6에서 정의한 이터레이션iteration 프로토콜을 사용하면 데이터를 한 조각씩 순차적으로 처리합니다. next() 호출 반환값인 이터레이터 리절트 객체의 done 프로퍼티가 true라면 반복 작업이 중단됩니다. 하지만 이 방식은 다소 품이 들기 때문에 ES6에서는 for...of 반복문 같은 새로운 문법과 API를 새롭게 정의해 표준화된 방법으로 이터레이터 리절트 객체를 소비할 수 있도록 제공합니다.

```
// 처리하려는 데이터의 이터레이터
var it = /* ... */;

// 이터레이터 리절트 객체를 순회함
for (let val of it) {
    console.log(`이터레이터 값: ${ val }`);
}
// 콘솔에 아래와 같은 메시지가 출력됨
// 이터레이터 값: ...
// 이터레이터 값: ...
// ...
```

> **NOTE_** 일반 for 루프를 사용한 코드는 for...of 루프를 사용해 작성한 예시보다 가독성이 매우 떨어져 일부러 생략했습니다.

for...of 반복문 말고도 표현식 ...을 사용하면 이터레이터를 소비할 수 있습니다. ...은 대칭 형태인 **전개 구문**spread syntax과 **나머지 매개변수**rest parameter를 이용해 사용합니다. 이때 전개 구문이 바로 이터레이터를 소비하는 주체인 이터레이터 소비자consumer입니다.

이터레이터를 펼치려면spread 펼칠 무언가가 있어야 합니다. JS에서는 배열이나 함수 호출 시 넘기는 인수를 다룰 때 이런 시나리오가 가능합니다.

배열에 전개 구문을 적용한 예시입니다.

```
// 이터레이터를 펼친 결과가 배열의 각 요소가 되도록 합니다.
var vals = [ ...it ];
```

함수 호출 시 나머지 매개변수를 사용하면 다음과 같습니다.

```
// 이터레이터를 펼친 결과를 함수 호출문에 넘겨 각 값을 인수로 사용합니다.
doSomethingUseful( ...it );
```

전개 구문과 나머지 매개변수에서 사용되는 표현식 ...은 for...of 반복문과 마찬가지로 이터레이터 소비 프로토콜을 준수합니다. 그 결과로 이터레이터에서 원하는 값을 추출해 배열이나 인수 목록 같이 원하는 곳에 값을 할당할 수 있습니다.

3.1.2 이터러블

이터레이터 소비 프로토콜은 순회 가능한 값인 **이터러블**iterable을 소비하는 기술적인 방법이라고 정의할 수 있습니다.

이터레이터 소비 프로토콜은 이터러블을 사용해 이터레이터 인스턴스를 생성하고, 생성한 이터레이터 인스턴스를 소비해 연산을 마무리합니다. '이터러블에서 인스턴스를 만들고 이 인스턴스를 소비한다'는 말에서 알 수 있듯이 인스턴트를 여러 개 만들기만 하면 하나의 이터러블을 여러 번 소비할 수 있습니다.

그럼 JS에서는 어떤 게 이터러블일까요? ES6에서는 문자열, 배열, 맵, 셋 같이 기본이 되는 자료구조나 컬렉션을 이터러블로 정의합니다.

예시를 살펴봅시다.

```
// 배열은 이터러블입니다.
var arr = [ 10, 20, 30 ];

for (let val of arr) {
    console.log(`배열의 값: ${ val }`);
}
```

```
// 배열의 값: 10
// 배열의 값: 20
// 배열의 값: 30
```

예시에서 확인할 수 있듯이 배열은 이터러블입니다. 따라서 다음 예시처럼 전개 구문 ...으로
이터레이터를 소비해 배열을 얕게 복사^{shallow copy}할 수 있습니다.

```
var arrCopy = [ ...arr ];
```

문자열 역시 이터러블이므로 전개 구문으로 글자 하나하나를 순회할 수 있습니다.

```
var greeting = "Hello world!";
var chars = [ ...greeting ];

chars;
// [ "H", "e", "l", "l", "o", " ",
//   "w", "o", "r", "l", "d", "!" ]
```

이번에는 객체를 포함한 모든 자료형을 키로 허용하는 키-값 형태의 자료구조인 Map(맵)에
대해 알아봅시다. 맵은 지금까지 살펴본 이터레이터와는 다르게 기본 이터레이터를 지원합니
다. Map의 내장 메서드 entries를 호출하면 맵의 값뿐만 아니라 키까지 포함한 2차원 배열인
entry 튜플을 순회할 수 있습니다.

예시를 살펴봅시다.

```
// DOM 요소 btn1과 btn2가 있다고 가정합니다.

var buttonNames = new Map();
buttonNames.set(btn1, "버튼 1");
buttonNames.set(btn2, "버튼 2");

for (let [btn, btnName] of buttonNames) {
    btn.addEventListener("click", function onClick() {
        console.log(`${ btnName }을/를 클릭했습니다.`);
    });
}
```

for...of 반복문은 맵이 지원하는 기본 이터레이터를 순회하며 [btn, btnName] 문법(배열 구조 분해^{array destructuring})을 사용해 튜플을 키, 값으로 분해합니다. 그 결과 첫 번째 반복문이 돌 때는 btn에 btn1이, btnName에는 "버튼 1"이 할당되고, 두 번째 반복문이 돌 때는 btn에 btn2가, btnName에는 "버튼 2"가 할당됩니다.

JS 내장 이터러블은 우리 직관에 부합하는 방식으로 이터레이션을 지원합니다. 그런데 가끔 은 좀 더 정교한 이터레이션이 필요할 때가 있는데, 이 역시 JS에서도 지원합니다. 앞선 예시의 buttonNames에서 값만 추출하고 싶다고 가정해봅시다. 이때 values()를 사용하면 **값**을 대상 으로만 이터레이터가 작동합니다.

```
for (let btnName of buttonNames.values()) {
    console.log(btnName);
}
// 버튼 1
// 버튼 2
```

배열의 인덱스와 값을 대상으로 순회하고 싶다면 다음과 같이 entries() 메서드를 사용할 수 도 있습니다.

```
var arr = [ 10, 20, 30 ];

for (let [idx, val] of arr.entries()) {
    console.log(`[${ idx }]: ${ val }`);
}
// [0]: 10
// [1]: 20
// [2]: 30
```

이렇게 JS의 내장 이터러블은 키만 대상으로(keys()), 값만 대상으로(values()), 키와 값을 대상으로(entries()) 순회하는 메서드를 제공합니다.

기본 이터러블을 사용하는 것 외에도 이터레이션 프로토콜을 준수하는 자료구조를 직접 만든 다면, 해당 자료구조에 ...과 for...of 반복문을 적용할 수 있습니다. 이렇게 표준화된 이터 레이션 프로토콜을 준수하면 전반적인 코드 가독성과 이해도가 올라간다는 장점이 있습니다.

3.2 클로저

부지불식간에 거의 모든 JS 개발자는 클로저closure를 이용하고 있습니다. 사실 클로저는 JS에만 있는 기능은 아니고, 여러 주요 프로그래밍 언어에서 사용하는 기능입니다. JS에서는 변수나 반복문만큼 클로저를 이해하는 게 중요합니다. 그만큼 클로저는 JS를 지탱하는 근본적인 기술입니다.

클로저에 대한 이야기를 들으면 신기하고 마술 같습니다. 클로저는 아주 추상적이거나 또는 정의가 없는 용어인 것처럼 언급될 때가 가끔 있는데, 이는 클로저가 정확히 무엇인지 알아내는 데 전혀 도움이 되지 않습니다.

클로저의 존재 혹은 부재가 버그 또는 성능 저하의 원인이 될 수 있으므로 개발자라면 클로저가 어디에 있는지 알아야 합니다.

지금부터는 실용적인 관점에서 최대한 구체적으로 클로저를 정의해봅니다.

클로저란 함수가 정의된 스코프가 아닌 다른 스코프에서 함수가 실행되더라도, 스코프 밖에 있는 변수를 기억하고 이 외부 변수에 계속 접근할 수 있는 경우를 의미합니다.

여기서 클로저만의 특징을 발견할 수 있습니다. 첫째, 클로저는 함수의 타고난 특징입니다. 객체는 클로저가 되지 않지만, 함수는 자연스럽게 클로저가 됩니다. 둘째, 클로저를 직접 보고 싶다면 함수를 해당 함수가 정의된 스코프가 아닌 다른 스코프에서 실행해야 합니다.

예시를 살펴봅시다.

```
function greeting(msg) {
    return function who(name) {
        console.log(`${ name } 님, ${ msg }!`);
    };
}
var hello = greeting("안녕하세요");
var howdy = greeting("잘 지내시나요");
hello("카일"); // 카일 님, 안녕하세요!
hello("보라"); // 보라 님, 안녕하세요!
howdy("호진"); // 호진 님, 잘 지내시나요!
```

예시를 실행하면 먼저 외부 함수인 greeting()이 실행되고 내부 함수인 who()의 인스턴스가 생성됩니다. 이때 내부 함수 who()는 greeting()이 있는 외부 스코프에서 넘어온 매개변수 msg를 에워쌉니다.[close over,1] greeting()이 호출되면 내부 함수(who())가 반환되는데, 이때 이 함수에 대한 참조가 외부 스코프에 있는 hello 변수에 할당됩니다. 그다음 두 번째 greeting()이 호출되면 새로운 내부 함수 인스턴스가 생성되고, 이 인스턴스 역시 매개변수로부터 넘겨받은 새로운 msg를 에워싸고, 반환된 내부 함수에 대한 참조는 howdy에 할당됩니다.

대부분의 개발자는 함수 greeting()이 실행 종료된 후에는 함수에서 사용했던 변수 전체가 가비지 컬렉션[garbage collection](GC)의 대상이 되어 메모리에서 삭제될 것이라고 예상합니다. 따라서 예시에서 첫 번째와 두 번째 greeting()을 호출한 이후에는 msg가 사라질 거라 예상하죠. 하지만 변수들은 사라지지 않습니다. 왜일까요? 바로 클로저 때문입니다. 내부 함수 인스턴스들이 hello와 howdy에 각각 할당되면서 아직 살아 있고, 이 인스턴스들은 여전히 msg 변수 각각을 에워싸고 있기 때문입니다.

클로저는 변수 msg를 스냅숏[snapshot]한 값(복사해서 별도로 만든 값)을 사용하지 않습니다. 대신 변수 자체와 직접적인 관계를 맺어 변수가 업데이트되는 것을 관찰하고 최신 값을 가져와서 사용합니다.

```
function counter(step = 1) {
    var count = 0;
    return function increaseCount(){
```

---

1 옮긴이_ 외부 스코프에 있는 변수를 기억하는 현상을 영어로는 close over라고 표현합니다. 이 책에서는 이를 문장의 맥락에 맞게 '에워싸다', '감싸다', '가두다' 등으로 옮겼는데, 그중 '에워싸다'는 표현을 주로 사용했습니다. 클로저가 해당 변수를 자신의 환경에 포함하고, 그 변수를 계속해서 접근 가능하게 유지한다는 개념을 해당 표현이 잘 전달하기 때문입니다.

```
        count = count + step;
        return count;
    };
}

var incBy1 = counter(1);
var incBy3 = counter(3);

incBy1();       // 1
incBy1();       // 2

incBy3();       // 3
incBy3();       // 6
incBy3();       // 9
```

또 다른 예시를 살펴봅시다. 예시에서 counter() 함수를 두 번 실행했으므로 내부 함수 increaseCount()의 인스턴스가 두 개 생겼습니다. 이 인스턴스 각각은 외부 함수인 counter()의 스코프에 있는 변수 counter와 step을 에워쌉니다. 그런데 incBy1()이나 incBy3()를 실행하면 step은 값이 변하지 않지만, count는 내부 함수가 실행될 때마다 값이 바뀝니다. 앞서 배웠듯이 클로저는 스냅숏한 값을 사용하지 않고 변수 그 자체와 직접적인 관계를 맺기 때문에 incBy1()이나 incBy3()를 여러 번 실행해도 업데이트된 count 값이 초기화되지 않는 것을 확인할 수 있습니다.

클로저는 콜백과 같이 비동기 작업을 수행하는 코드에서 가장 흔히 찾아볼 수 있습니다. 예시를 살펴봅시다.

```
function getSomeData(url) {
    ajax(url, function onResponse(resp){
        console.log(
            `${ url }에서 온 응답: ${ resp }`
        );
    });
}
getSomeData("https://some.url/wherever");
// https://some.url/wherever에서 온 응답: ...
```

내부 함수 onResponse()는 url을 에워싸기 때문에 Ajax 호출이 완료되고 그 결과가 onResponse() 콜백 함수에 의해 처리될 때까지 url을 보존하고 기억합니다. 이때 getSome

Data()가 곧바로 실행 종료되더라도 특별한 이유가 없다면 매개변수 url을 통해 받은 값은 클로저 안에 보존됩니다.

외부 스코프가 항상 함수여야 하는 건 아니지만, 보통 내부 함수에서 하나 이상의 외부 스코프 변수에 접근하려 할 때 클로저를 관찰할 수 있습니다.

```
for (let [idx, btn] of buttons.entries()) {
    btn.addEventListener("click", function onClick(){
        console.log(`${ idx }번째 버튼을 클릭했습니다!`);
    });
}
```

예시에서는 조건식에 쓰일 변수를 정의할 때 let을 사용했으므로 반복이 일어날 때마다 변수 idx와 btn은 새로운 블록 스코프(지역 스코프)에서 정의됩니다. 또한 반복문이 실행될 때마다 새로운 내부 함수인 onClick()이 만들어지는데, 이 내부 함수는 idx를 에워싸서 클릭 이벤트 핸들러가 btn에 할당된 동안 idx를 보존합니다. 그 덕분에 특정 버튼을 클릭할 때, 버튼에 할당된 핸들러가 인덱스를 기억하고 있다가 버튼 순서에 맞는 인덱스 값을 출력합니다.

여기서 기억해야 할 중요한 점은 내부 함수는 1이나 3 같은 값을 에워싸는 게 아니라 idx라는 변수 자체를 에워싼다는 점입니다.

클로저는 모든 언어에서 사용되는 가장 보편적이고 중요한 프로그래밍 패턴입니다. JS에서는 특히 더 중요하죠. 클로저를 활용하지 않으면서 유용한 작업을 한다는 건 상상하기 어려울 정도입니다.

이번 장만으로 클로저가 명확히 이해되지 않는다면, 스코프와 클로저를 중점적으로 다룬 2부를 통해 더 학습하길 권합니다.

3.3 this 키워드

JS를 지탱하는 가장 강력한 메커니즘인 this 키워드는 가장 오해를 많이 받는 메커니즘이기도 합니다. 함수에서 this가 가리키는 것이 함수 자기 자신이라는 오해는 많이 알려진 오해입니다. this는 메서드가 속한 인스턴스를 참조한다는 오해도 있는데, JS가 아닌 다른 언어에서의

this 작동 방식 때문에 이런 오해가 생겨났습니다. 두 오해 모두 틀렸습니다.

앞서 논의한 바와 같이, 함수는 정의되는 시점에 클로저를 통해서 함수를 에워싸는 스코프에 부착됩니다. 여기서 스코프는 변수가 어떤 것을 참조하는지를 결정하는 규칙 모음입니다.

함수는 스코프 말고도 자신이 어디까지 접근 가능한지를 결정하는 함수만의 특징을 갖습니다. 이 특징은 실행 컨텍스트^{execution context} 개념으로 가장 잘 설명되며 함수는 this 키워드를 통해 실행 컨텍스트에 접근합니다.

스코프는 **정적**^{static}이며 함수를 정의하는 순간, 해당 스코프에서 사용할 수 있는 한정된 변수 집합을 포함합니다. 반면 함수의 실행 컨텍스트는 **동적**^{dynamic}입니다. 실행 컨텍스트는 함수를 정의한 위치나 함수를 호출하는 위치와 상관없이 **함수의 호출 방식**에 따라 결정됩니다.

즉, this는 함수의 정의에 종속되어 결정되는 변치 않는 특성이 아니라, 함수를 호출할 때마다 결정되는 동적인 특성입니다.

실행 컨텍스트는 함수가 실행되는 동안 함수에서 사용할 수 있는 프로퍼티를 가진 유형의 **객체**라고 생각하면 이해하기 쉽습니다. 참고로 스코프도 객체라고 생각할 수 있습니다. 다만 스코프에서 객체는 JS 엔진 내부에 숨겨져 있고 함수 하나당 동일하며, 프로퍼티의 경우 함수 내부에서 사용할 수 있는 식별자(변수) 형태를 띤다는 점에서 차이가 있습니다.

```
function classroom(teacher) {
    return function study() {
        console.log(
            `${ teacher } 선생님이 ${ this.topic }을/를 공부하라고 했습니다.`
        );
    };
}
var assignment = classroom("카일");
```

예시에서 외부 함수 classroom()에는 지금까지 봤던 함수처럼 this 키워드를 참조하지 않습니다. 그런데 내부 함수 study()에는 this가 있네요. 이렇게 this가 있는 함수는 실행 컨텍스트에 종속되므로 함수를 제대로 이해하려면 this와 실행 컨텍스트의 작동 방식을 알아야 합니다.

> **NOTE_** study() 함수는 외부 스코프에 있는 **teacher** 변수로 에워싸여 있습니다.

classroom("카일")을 호출하면 반환되는 내부 함수 study()는 변수 assignment에 할당됩니다. 이때 assignment()를 호출하면, 즉 study()를 호출하면 어떤 일이 벌어질까요?

```
assignment();
// 카일 선생님이 undefined을/를 공부하라고 했습니다.  ← 앗! :(
```

assignment()를 호출할 때 아무런 실행 컨텍스트를 제공하지 않고 일반 함수처럼 호출했기 때문에 예상치 않은 결과가 나타났습니다.

엄격 모드(1.7절 '엄격 모드' 참고)에서 예시를 실행하지 않았으므로 구체적인 컨텍스트를 지정하지 않고 실행하게 되면 기본 컨텍스트가 전역 객체(브라우저에서는 window 객체)가 됩니다. 전역에는 topic이라는 변수가 없고, 전역 객체에 topic이라는 프로퍼티 역시 없으므로 this.topic은 undefined가 되었습니다.

다음 예시를 살펴봅시다.

```
var homework = {
    topic: "JS",
    assignment: assignment
};

homework.assignment();
// 카일 선생님이 JS을/를 공부하라고 했습니다.
```

assignment 함수의 참조 복사본을 homework 객체의 프로퍼티로 설정하고 homework.assignment()를 호출했습니다. 이렇게 하면 함수를 호출할 때 this가 homework 객체가 됩니다. 따라서 this.topic은 "JS"가 되죠.

마지막 예시를 살펴봅시다.

```
var otherHomework = {
    topic: "수학"
};

assignment.call(otherHomework);
// 카일 선생님이 수학을/를 공부하라고 했습니다.
```

이번 예시에서는 함수를 호출할 때 this가 참조하는 객체를 결정하는 메서드인 call()을 사용해 assignment 함수를 실행했습니다. 이렇게 하면 this.topic 프로퍼티는 "**수학**"을 참조합니다.

assignment 함수는 this의 참조를 위해 실행 시 컨텍스트를 필수로 파악해야 합니다. 세 가지 예시를 통해 함수 실행 방식에 따라 **this**가 참조하는 객체가 어떻게 변하고 그에 따라 함수 실행 결과가 어떻게 변하는지 살펴봤습니다.

함수에서 **this**를 사용하면 컨텍스트를 동적으로 지정할 수 있고, 다른 객체에도 해당 함수를 재사용할 수 있어 매우 유연합니다. 스코프가 지정된 함수는 다른 스코프를 참조할 수 없고 변수를 지정할 수도 없습니다. 하지만 **this**를 사용하면 동적으로 컨텍스트를 지정할 수 있으므로 특정한 작업 환경에서 아주 유용합니다.

3.4 프로토타입

this가 함수 실행에 관한 특징이라면 프로토타입prototype은 객체, 구체적으로 프로퍼티에 접근할 때 일어나는 동작과 관련된 특징입니다.

프로토타입은 두 객체를 연결하는 연결 장치linkage입니다. 이때 이 연결 장치는 숨겨져 있어서 보이지 않습니다. 하지만 몇 가지 방법을 사용하면 숨겨진 장치가 노출되고 더 자세히 관찰해 볼 수 있습니다. 프로토타입이라는 연결 장치는 객체가 생성될 때 만들어지고, 이 장치를 통해 새롭게 생성된 객체는 기존에 존재하는 다른 객체에 연결됩니다.

프로토타입을 통해 연결된 일련의 객체는 **프로토타입 체인**prototype chain이라고 부릅니다.

객체 B에서 다른 객체 A를 연결할 수 있게 하는 프로토타입 연결 장치가 존재하는 이유는 B에는 없는 프로퍼티나 메서드에 접근하려 할 때, 객체 A에서 **위임**을 받아 해당 접근을 처리할 수 있도록 하기 위해서입니다. 이런 식으로 프로퍼티 메서드 접근 권한을 위임하면 두 개 이상의 객체가 서로 협력하며 작업할 수 있습니다.

객체 리터럴을 사용해 객체를 정의했다고 가정해봅시다.

```
var homework = {
    topic: "JS"
};
```

homework 객체에는 topic이라는 프로퍼티만 있습니다. 하지만 homework의 기본 프로퍼티 연결 장치가 homework와 Object.prototype 객체를 연결하므로 Object.prototype에 있는 내장 메서드 toString()이나 valueOf() 등의 메서드를 homework에서도 사용할 수 있습니다.

프로토타입 연결 장치 덕분에 homework에서 Object.prototype으로 위임이 발생하면서 다음과 같은 결과를 확인할 수 있습니다.

```
homework.toString();    // [object Object]
```

homework에는 toString() 메서드가 정의되어 있지 않지만, 위임 덕분에 homework. toString()을 호출하면 Object.prototype.toString()이 호출되면서 코드가 정상 작동합니다.

3.4.1 객체 연결 장치

객체 프로토타입 연결 장치를 직접 정의하고 싶을 때는 Object.create()를 사용해 객체를 만들면 됩니다.

```
var homework = {
    topic: "JS"
};

var otherHomework = Object.create(homework);

otherHomework.topic;    // "JS"
```

Object.create()의 첫 번째 인수에는 새롭게 생성할 객체를 어떤 객체와 연결할지 명시합니다. 이렇게 해서 메서드를 호출하면 첫 번째 인수로 넘긴 객체와 연결된 새로운 객체가 반환됩니다.

다음 [그림 3-1]은 앞 예시 코드를 기준으로 otherHomework와 homework, Object.prototype 세 객체가 프로토타입 체인 내에서 어떻게 연결되는지 나타냅니다.

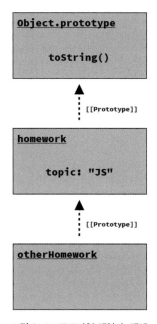

그림 3-1 프로토타입 체인 속 객체

프로토타입 체인을 통한 위임은 프로퍼티에 접근해 값을 찾을 때만 적용됩니다. 객체에 새로운 프로퍼티를 추가할 때는 해당 객체가 어떤 객체에 연결되어 있는지와는 상관없이 바로 그 객체에 프로퍼티가 추가됩니다.

> **TIP** Object.create(null)을 호출하면 어떤 객체에도 연결되어 있지 않은 순수 독립 객체가 만들어집니다. 이런 객체가 필요한 특별한 경우가 있으니 알아둡시다.

앞선 예시와 이어지는 코드를 살펴봅시다.

```
homework.topic;
// "JS"

otherHomework.topic;
```

```
// "JS"

otherHomework.topic = "수학";
otherHomework.topic;
// "수학"

homework.topic;
// "JS" ← "수학"이 아님
```

topic에 값을 할당하면 otherHomework 객체에 바로 해당 이름을 가진 프로퍼티가 만들어집니다. 이때 homework 객체의 topic에는 영향이 하나도 없습니다. 그다음 구문은 otherHomework.topic 프로퍼티에 접근하며, 이때는 위임 없이 새롭게 추가한 프로퍼티를 통해 "수학"이라는 값을 가져옵니다.

다음 그림은 할당을 통해 otherHomework.topic 프로퍼티가 추가된 후, 체인상에 있는 객체와 객체 프로퍼티의 상태를 보여줍니다.

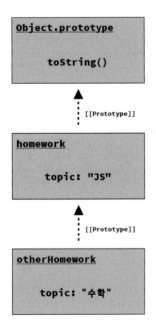

그림 3-2 가려진 topic 프로퍼티

homework에 있는 topic은 otherHomework에 있는 이름이 같은 topic 프로퍼티에 가려집
니다.

3.4.2 this 다시 보기

this 키워드는 이미 다뤘지만, 함수를 호출할 때 프로토타입을 통해 발생하는 위임과 this를
함께 다루면 진가가 드러나므로 여기서 한 번 더 this를 살펴보겠습니다. 함수 호출 시 this
가 동적으로 컨텍스트를 가져오는 중요한 이유는 프로토타입 체인을 통해 위임한 객체에 있는
메서드를 호출할 때, this가 코드 작성자의 의도대로 되게끔 하는 데 있습니다.

예시를 살펴봅시다.

```
var homework = {
    study() {
        console.log(`${ this.topic }을/를 공부하세요.`);
    }
};

var jsHomework = Object.create(homework);
jsHomework.topic = "JS";
jsHomework.study();
// JS을/를 공부하세요.

var mathHomework = Object.create(homework);
mathHomework.topic = "수학";
mathHomework.study();
// 수학을/를 공부하세요.
```

jsHomework와 mathHomework 객체는 프로토타입을 통해 만들어진 연결 장치로 study()라는
함수를 가진 homework 객체에 연결됩니다. jsHomework와 mathHomework 객체에는 topic이
라는 프로퍼티가 있습니다(그림 3-3).

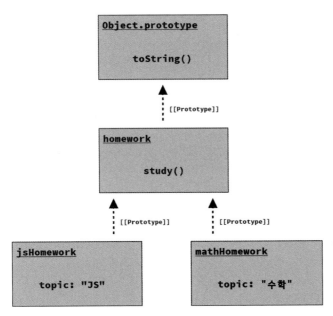

그림 3-3 공통 부모(homework)에 연결된 jsHomework와 mathHomework 객체

jsHomework.study()는 homework.study()에 그 역할을 위임합니다. 하지만 함수 호출 방식 덕분에 메서드 실행 시 메서드 내 this(this.topic)는 JS가 됩니다. 마찬가지로 mathHomework.study() 역시 그 역할을 homework.study()에 위임하는데, 메서드 내 this는 mathHomework이기 때문에 this.topic은 "수학"이 됩니다.

this가 homework였다면 이 코드는 그다지 유용하지 않았을 겁니다. 그런데 상당수의 다른 언어에서는 study() 메서드가 실제로는 homework 객체에 정의되어 있으므로 this는 homework가 됩니다.

다른 언어들과 달리 JS에서는 this가 동적으로 결정됩니다. 이런 특징은 프로토타입을 통한 위임, 특히 class에서 위임을 가능하게 만드는 중요한 요소입니다.

3.5 '왜?'라고 질문하기

JS를 제대로 알기 위해서는 가볍게 겉만 훑어서는 안 되고 그보다 더 깊고 자세히 살펴봐야 한다는 점을 여러분에게 알려주기 위해 이번 장을 집필했습니다.

JS를 학습하고 좀 더 깊이 알아가기 시작하는 단계에서는 호기심을 가장 우선시하며 연습하고 강화해야 합니다. 새로운 무언가를 만났을 때 '왜?'라는 질문을 던지는 게 매우 중요합니다.

이번 장에서 여러 주제를 깊이 다루긴 했지만, 제대로 다루지 못하고 훑어보기만 한 세부 사항이 여전히 많습니다. 아직 배울 게 많으니 코드를 보고 **올바른 질문**을 하는 것부터 시작하면 됩니다. 올바른 질문을 하는 것은 여러분을 더 나은 개발자로 만드는 아주 중요한 기술입니다.

1부의 마지막 장이 될 4장에서는 **YDKJSY** 시리즈의 각 책에서 다루는 내용을 소개할 예정입니다. 부록 B '연습만이 살길입니다!'에는 1부에서 다룬 여러 가지 주제를 연습할 수 있는 문제가 있으니 건너뛰지 말고 도전해보세요.

CHAPTER 4

더 큰 그림

1부 '시작하기'에서는 JS 공부를 시작할 때 알아야 할 내용을 다룹니다. 배경지식 없이 JS를 처음 접하면 중간중간 좌절할 수 있는데, '시작하기'는 이런 틈을 메꾸기 위해 만들었습니다. 책을 쓰면서 곳곳에 독자의 호기심을 자극할 만한 세부 사항도 충분히 암시해두었으니 여러분의 학습 의지를 불러일으키길 바랍니다.

이어지는 2부와 다른 책에서는 '시작하기'에서 다루지 않은 나머지 내용을 모두 상세히 다룰 예정입니다. '시작하기'에서 함축해 설명한 내용을 더 자세히 살펴봅니다.

서둘러 책을 읽고 싶겠지만 1부를 천천히 살펴보라는 앞서 필자가 강조했던 조언을 떠올리며, '시작하기'에서 다루고 있는 여러 자료를 찾아보는 데 충분한 시간을 투자하길 바랍니다. 참여하고 있는 프로젝트의 코드와 지금까지 논의한 내용을 비교해보면 좋습니다.

자, 충분한 시간을 투자했다고 자신한다면 이제 마지막 장으로 넘어갑시다. 이번 장에서는 JS를 지탱하는 세 개의 주요 기둥과 2부에서는 어떤 내용을 다룰지, 이어지는 책 전개는 어떻게 진행되는지에 대한 간략한 로드맵을 소개합니다. 이번 장을 끝까지 읽은 다음에는 부록을 꼭 읽어주세요. 특히 부록 B '연습만이 살길입니다!'는 반드시 풀어보길 바랍니다.

4.1 첫 번째 기둥: 스코프와 클로저

함수나 블록 단위로 변수의 스코프(유효 범위)를 한정 짓는 것은 모든 프로그래밍 언어의 근본적인 특징입니다. 이 특징보다 소프트웨어 작동에 더 큰 영향을 미치는 특징은 아마도 없을 겁니다.

스코프는 양동이, 변수는 양동이에 넣을 구슬에 비유할 수 있습니다. 이때 언어 고유의 스코프 모델은 구슬과 같은 색을 가진 양동이를 찾도록 도와주는 규칙입니다.

스코프 안에는 다른 스코프가 올 수 있습니다. 이렇게 스코프가 중첩될 때 표현식expression이나 문statement은 해당 레벨의 스코프 혹은 더 높거나 바깥 레벨에 있는 변수에만 접근할 수 있고, 낮거나 안쪽 레벨 스코프에 있는 숨겨진 변수에는 접근할 수 없습니다.

대부분의 프로그래밍 언어는 이런 작동 방식을 취하며 이를 렉시컬 스코프(어휘 스코프)lexical scope라고 부릅니다. 스코프의 기준과 그 경계, 경계 안에서 변수가 어떻게 구성되는지는 프로그램을 파싱(또는 컴파일)할 때 결정됩니다. 즉, 개발자가 코드를 작성할 때 결정됩니다. 개발자가 함수나 스코프를 프로그램 내 어디에 배치하느냐에 따라 프로그램 내 해당 코드의 스코프 구조가 결정되는 것이죠.

JS는 렉시컬 스코프 모델을 채택하고 있긴 하지만 같은 모델을 사용하는 여타 언어들과는 다른 두 가지 특징을 갖습니다. 이 때문에 많은 개발자가 JS에서 스코프를 다룰 때 어려움을 겪곤 합니다.

JS만의 독특한 특징 첫 번째는 호이스팅hoisting[1]입니다. 특정 스코프 내에 선언한 변수가 선언된 위치와 상관없이 해당 스코프 시작 부분에서 선언한 것마냥(끌어올려진 것처럼) 처리되어 호이스팅이란 이름이 붙었습니다. 두 번째 특징은 var를 사용해 선언한 변수는 해당 변수를 선언한 블록 위치와 상관없이 함수 기준으로 스코프가 만들어진다는 점입니다.

호이스팅과 var로 선언한 변수의 스코프가 함수 스코프라는 특징은 JS가 렉시컬 스코프 모델을 사용하지 않는다는 주장의 근거로 사용될 때가 있는데, 이는 부적합합니다. var가 아닌 let이나 const로 선언한 변수는 TDZtemporal dead zone라 불리는 특징 때문에 오류가 난 것처럼 특이하게 작동(관찰할 순 있지만 사용은 불가능)하지만 역시 이런 작동 방식 때문에 JS가 렉시컬

---

1 옮긴이_ hoist는 들어올리다, 끌어올리다라는 뜻을 가진 영단어입니다.

스코프 모델을 사용하지 않는다고 할 수는 없습니다. 이 모든 특징은 JS 개발자가 학습하고 이해해야 할 JS만의 특징입니다.

클로저closure는 JS 같이 함수를 일급값first-class value으로 취급하는 언어에서 렉시컬 스코프 모델을 사용하면 자연스레 나타나는 결과입니다. 바깥 스코프에 있는 변수를 참조하는 함수가 있고, 이 함수가 변수를 통해 별개의 스코프에서 실행될 때, 함수는 함수가 정의된 스코프를 기준으로 변수를 참조합니다. 이게 바로 클로저입니다.

모든 프로그래밍 언어에서, 특히 JS에서 클로저는 모듈 패턴을 비롯한 주요 프로그래밍 패턴을 구현할 수 있게 해줍니다. JS에서 코드를 체계화할 때 모듈을 활용하면 이점이 매우 많습니다.

스코프와 클로저, 모듈 패턴 작동 방식은 2부 '스코프와 클로저'에서 자세히 다루도록 하겠습니다.

4.2 두 번째 기둥: 프로토타입

JS를 지탱하는 두 번째 기둥은 프로토타입 시스템입니다. 3.4절에서 프로토타입에 대해 자세히 다루긴 했지만, 프로토타입은 아주 중요하므로 여기서 조금 더 살펴보겠습니다.

JS는 클래스를 통해 사전에 구조를 정의하지 않아도 직접적이고 명시적으로 객체를 만들 수 있는 몇 안 되는 언어 중 하나입니다.

과거 몇 년간 개발자들은 프로토타입을 사용해 **프로토타입 상속**prototypal inheritance이라 부르는 클래스 디자인 패턴을 구현해왔습니다(부록 A.4절 '프로토타입 클래스' 참고). 그런데 ES6에서 class 키워드가 등장하면서 JS를 객체 지향/클래스 스타일로 개발하자는 움직임이 심화되었습니다.

사견이긴 합니다만, 클래스로 관심사가 이동하면서 프로토타입 시스템의 아름다움과 힘이 흐려진 상태라고 생각합니다. 프로토타입을 사용하면 this 컨텍스트가 공유되면서 두 객체를 아주 간편하게 연결할 수 있고 함수나 메서드가 실행되는 동안 두 객체를 동적으로 협력할 수 있는데 말이죠.

클래스는 프로토타입이 가진 강력한 힘을 기반으로 하는 하나의 패턴에 불과합니다. 한편으로는 객체는 객체로서 그대로 두고, 클래스 없이 프로토타입 체인을 통해 객체가 협력하도록 하는 전혀 다른 방식의 접근법도 있습니다. 이 접근법을 **작동 위임**behavior delegation 패턴이라 합니다. 필자는 코드 동작과 데이터를 구조화하는 데 있어서 작동 위임 패턴이 클래스 상속보다 더 강력하다고 생각합니다.

어쨌든 클래스 상속이 개발자들의 거의 모든 관심을 독차지하고 있는 상황입니다. 나머지 관심은 '안티 클래스'의 일종인 함수형 프로그래밍이 차지하고 있고요. 작동 위임에 대한 관심 자체가 사라져버린 현실이 필자를 약간 슬프게 만듭니다.

여러분이 YDKJSY 시리즈의 3권 '객체와 클래스'를 통해 작동 위임의 상상하지 못할 잠재력을 접해보길 바랍니다. 3권의 요지가 클래스를 사용하지 말자는 건 아닙니다. '객체와 클래스'에서는 '클래스만이 객체를 사용하는 유일한 방법은 아니다'라는 메시지를 담고 있습니다. 더 많은 JS 개발자가 이 메시지를 고려해보길 바랍니다. 클래스도 물론 JS의 본질에 가깝지만 객체 위임이 JS의 본질에 더 가깝다고(다시 말해 JS의 본질을 따른다고) 감히 주장해봅니다.

4.3 세 번째 기둥: 타입과 타입 강제 변환

JS를 지탱하는 세 번째 기둥은 JS 본질에서 가장 간과되는 영역입니다.

개발자 상당수는 프로그래밍 언어에서, 특히 JS에서 **타입**이 어떻게 작동하는지 잘 모르는 채로 개발하곤 합니다. 그 와중에 요즘 JS 커뮤니티 구성원 대부분의 관심사가 타입 기반의 타입스크립트나 플로Flow 같은 도구를 사용하는 **정적 타입**static type 방식 개발로 쏠리고 있는 추세입니다.

JS 개발자가 타입에 관해 더 많이 학습하고 JS에서 타입 변환이 어떻게 이뤄지는지 반드시 배워야 한다는 의견에 동의합니다. 타입 관련 기초 지식이 갖춰진 후에 타입 기반 도구를 사용하면 개발 생산성이 올라간다는 의견에도 동의합니다.

하지만 JS 타입 메커니즘의 단점 때문에 해결책을 언어 밖에서 찾을 수밖에 없다는 결론에는 동의할 수 없습니다. 똑똑하고 명확하게 타입을 설정하기 위해서 꼭 정적 타입이 필요한 건 아닙니다. 대중의 의견을 거스르고 기꺼이 JS의 본질(계속 배워나갈 예정입니다)을 따른다면 정적 타입 도구 없이도 우리가 목표한 바를 달성할 수 있습니다.

논란이 있을 수 있겠지만 필자는 세 번째 기둥이 다른 두 기둥보다 중요하다고 생각합니다. 어떤 JS 관련 프로그램이나 도구도 JS에서 값의 타입을 다루는 방식과 타입 강제 변환 메커니즘을 응용하지 않았더라면 제 기능을 다하지 못할 겁니다.

개발자인 여러분도 마찬가지입니다. 타입스크립트나 플로를 좋아하는 사람일지라도 JS에서 어떻게 타입을 관리하는지 깊숙이 이해하지 못한다면 타입스크립트나 플로 같은 정적 타입 도구를 사용해서 문제를 해결하는 방식을 최대로 활용하지 못할 겁니다.

JS에서 타입을 다루는 방식과 타입 강제 변환이 언제 일어나는지에 관해서는 4권 '타입과 문법'에서 자세히 살펴볼 예정입니다. ===만 사용하면 나머지 모든 문제는 해결된다고 어디선가 듣고 난 다음에 이 주제는 넘어가도 괜찮을 거라고 생각하셨다면 큰 오산입니다.

세 번째 기둥이 바로 서 있지 않으면 아무리 열심히 학습해도 기반이 흔들리고 불완전합니다.

4.4 JS의 본질 따르기

YDKJSY 시리즈 전권을 나아갈 방향으로 설정하고 JS 학습을 위해 여행을 떠나는 분들께 몇 가지 조언을 드립니다. 무언가를 '따른다'는 것에 항상 주의하세요(4장에 종종 '따른다'는 표현을 썼는데 그 부분을 다시 한번 봐주세요).

개발자 대부분이 JS를 배우고 사용할 때 어떤 방식을 따르는지 곰곰이 생각해보세요. 이미 눈치챘겠지만 YDKJSY에서는 여러 주제에 걸쳐 널리 알려진 방식과는 다른 방식을 주장합니다. 저는 여러분을 존중하기 위해 유명한 주제뿐만 아니라 JS의 모든 면을 다루려고 노력했습니다. 저는 여러분이 JS의 모든 면을 다룰 수 있고 그럴 자격 역시 있다고 믿습니다.

이 책에서 다루는 주제들은 다른 자료에서 쉽게 찾을 수 없는 내용입니다. YDKJSY 시리즈 전권에 담긴 내용을 곱씹고, 배운 내용을 여러분의 코드에 어떻게 녹여낼지 분석하면서 책 내용을 여러분의 것으로 흡수한다면 여러분은 어떠한 개발자보다 더 특출나질 수 있습니다. 군중과 차별화하려면 군중이 하는 방식과는 달리 행동해야겠죠!

다만 이런 이야기를 듣기도 했습니다. 면접자로 채용 면접에 참여할 때, 이 책에서 나오는 주제나 설명을 인용해 답변하면 면접관에게 틀렸다고 지적받는 경우가 많다고 들었습니다. 실제로 면접에서 떨어지는 일도 있다고 전해 들었습니다.

이 책은 명세서를 토대로 가능한 한 완벽한 정보를 담기 위해 노력했습니다. 그러면서 개발할 때 JS의 장점을 최대한 이용하는 저만의 방식은 상당 부분 삭제하기도 했습니다. YDKJSY에는 필자의 의견을 사실처럼, 사실을 의견처럼 적지 않았습니다. 책을 보면 어떤 내용이 사실이고 필자의 의견인지 명확히 구분할 수 있습니다.

JS와 관련된 사실은 논쟁의 여지가 없습니다. 명세서에 적혀 있냐 아니냐 그뿐입니다. 명세가 마음에 안 들거나 명세서 기반으로 쓴 이 책이 마음에 들지 않는다면 TC39를 직접 만나보세요! 여러분이 사실에 근거해 답했는데도 틀렸다고 주장하는 면접관을 만나면 면접관에게 바로 그 자리에서 명세서에 기반한 피드백인지 물어보세요. 면접관이 여러분이 던진 역질문을 무시한다면 거기에서는 일하지 않는 게 나을 겁니다.

하지만 사실이 아닌 필자의 주장을 그대로 차용해서 쓰려면 **왜 그렇게 생각하는지** 답변할 준비가 되어 있어야 합니다. 필자의 주장과 근거를 앵무새처럼 따라 해서는 안 됩니다. 자신만의 의견을 갖고 그 의견에 들어오는 반박을 재반박할 준비가 되어 있어야 합니다. 언젠가는 함께 일했으면 했던 누군가가 여러분의 의견에 동의하지 않는다면 기죽을 필요가 전혀 없습니다. JS 생태계는 아주 크고 다양한 방식으로 일할 수 있는 여지는 충분합니다.

다시 한번 강조하겠습니다. 필자가 이 책과 여러 강의, 발표에서 이야기했던 것처럼 무언가를 거스르는 걸 두려워하지 마세요. 그 누구도 JS를 가장 잘 활용할 수 있는 방법을 이야기해주지 못합니다. 여러분이 직접 해야 하는 일입니다. 저의 역할은 여러분이 자신만의 결론에 도달할 수 있도록 힘을 실어주는 것뿐입니다.

물론 반드시 주의를 기울이며 따라야만 하는 본질도 있습니다. 즉, 언어 차원에서 JS가 어떻게 돌아가는지에 관해서는 유의해야 합니다. JS에는 제대로 연습하고 접근해야만 잘, 그리고 자연스럽게 작동하는 부분이 있습니다. 반면에 시도조차 하지 말아야 할 부분도 있죠.

JS로 작성한 프로그램을 자바나 C#, 펄Perl로 작성한 것처럼 바꿀 수 있나요? 파이썬이나 루비Ruby, PHP로는요? 무언가를 시도해본다는 관점으로 도전해봐도 됩니다만, 그렇게 해야만 할까요?

제 대답은 '그렇지 않아도 된다'입니다. 필자는 여러분이 JS 고유의 방식을 배우고 습득하는 게 먼저라고 생각합니다. 그러고 나서 실제 작업 중인 프로그램을 JS다우면서도 실용적으로 만드세요. 누군가는 이렇게 하면 엉성하고 체계 없이 개발하게 되지 않을까 생각할지 모르지만, 제 의도는 그게 아닙니다. JS에는 JS라고 인식될 만한 수많은 패턴과 관용구가 이미 있습니다. 성공하려면 이런 패턴과 관용구를 **따르는 게** 최선입니다.

마지막으로 가장 중요하다고 생각하는 조언 하나로 마무리하겠습니다. 현재 작업 중인 프로젝트 개발 방식과 동료들이 일하는 방식을 따르세요. YDKJSY을 읽고 하루아침에 기존 프로젝트를 다 뒤엎겠다고 생각하지 마세요. 이 방식은 무조건 실패합니다.

개선할 점이 보인다면 장기간에 걸쳐 조금씩 바꿔나가야 합니다. 기존 방식을 다시 살펴보고 재고하는 게 왜 중요한지 동료 개발자들과 이야기하며 공감대를 형성하세요. 이때 주의할 점은 한 번에 한 가지 작은 주제만 가지고 토론하고, 개선 전과 후 코드 차이가 토론의 주인공이 되도록 하세요. '우리 팀 시니어 개발자는 항상 이런 방식으로 작업한다'라는 타성 젖은 주장은 하지 말고, 팀 구성원 모두가 모여 함께 코드를 분석하고 토론하며 근거를 기준으로 결정을 내리세요.

JS를 학습할 때는 마지막 조언이 제일 중요합니다. 가독성 향상에 도움을 주는 방식이 있는지 항상 탐구하세요. 이렇게 하다 보면 미래의 자신을 포함해서 같이 작업하게 될 사람들의 감사 인사를 저절로 받게 될 겁니다!

4.5 학습 순서

자, 이제 여러분은 JS 정복을 위해 어떤 부분을 추가로 학습해야 하는지와 남은 여정에서 취해야 할 태도에 대해 더 넓은 시야를 갖게 되었습니다.

배경지식을 이 정도 설명하고 나면 독자들이 실용적인 질문을 다양하게 하는데, 그중 하나가 '어떤 순서로 책을 읽어야 할까요?'라는 질문입니다. 단도직입적으로 말하면 '상황에 따라 다르다'가 답입니다.

일반적으로는 다음과 같은 순서로 책을 읽는 걸 추천합니다.[2]

---

2 옮긴이_ 이 책은 『You Don't Know JS Yet』의 1권, 2권을 한 권으로 엮은 합본호입니다. 따라서 여기에서 설명하는 1권은 이 책의 1부, 2권은 2부를 말합니다.

1. 1권 '시작하기'로 JS의 근본을 탄탄하게 다지세요. 이미 이 책을 거의 다 읽으셨네요!

2. 2권 '스코프와 클로저'로 JS를 지탱하는 첫 번째 기둥을 제대로 학습하세요. 여기서는 렉시컬 스코프, 렉시컬 스코프와 클로저의 관계, 모듈 패턴을 사용해 코드를 체계화하는 방법을 설명합니다.

3. 3권 '객체와 클래스'에서는 JS를 지탱하는 두 번째 기둥을 학습합니다. this가 어떻게 작동하는지, 객체 프로토타입이 위임을 지원하는 방법과 프로토타입 기반인 class를 사용해 객체 지향 방식으로 코드를 체계화하는 방법을 설명합니다.[3]

4. 4권 '타입과 문법'에서는 JS를 지탱하는 세 번째 기둥인 타입과 타입 강제 변환을 설명합니다. 또한 JS의 문법이 코드 작성 방식에 영향을 주는 방식도 살펴봅니다.

5. 세 기둥을 단단히 세운 후, 5권 '동기와 비동기'에서는 프로그램 내에서 상태가 변할 때 동기, 비동기 방식으로 흐름을 제어flow control하는 방법을 다룹니다.

6. 마지막 책 6권 'ES.Next와 그 너머'에서는 JS의 가까운 혹은 약간 먼 미래를 점쳐봅니다. 그러면서 이른 시일 안에 JS 명세서에 포함될 몇 가지 기능들에 대해서도 함께 살펴봅니다.

이 순서는 여러분이 이 순서대로 읽기 바라는 마음에서 제가 정한 순서입니다. 하지만 2, 3, 4권은 여러분의 관심에 따라 원하는 주제를 먼저 읽어도 상관없습니다. 다만 세 권을 모두 읽는 게 중요합니다. 자신이 잘 아는 주제는 넘어가도 괜찮을 거라는 유혹에 휩싸일 수도 있겠지만 (특히 타입과 문법) 그러지 않는 게 좋습니다.

5권 '동기와 비동기'는 JS를 깊게 다루려면 필수로 알아야 하는 주제입니다. 만약 5권을 읽다가 너무 어려워서 위협적이라는 느낌을 받는다면 JS에 더 익숙해지고 난 다음 읽어도 괜찮습니다. 경험이 많을수록, 어려움을 많이 겪을수록 이 책의 진가를 더 잘 알아볼 겁니다. 5권은 나중에 다시 시작해도 괜찮으니 너무 두려워하지 않으셔도 됩니다.

마지막 책인 6권 'ES.Next와 그 너머'는 독립성이 짙습니다. 제일 마지막에 6권을 읽는 걸 추천하지만, JS 전체를 조망하는 레이더를 빠르게 장착하려면 1권 다음에 바로 6권을 읽는 방법도 괜찮습니다. 6권은 계속 업데이트될 가능성이 크니 가끔 YDKJSY 저장소를 방문하는 것도 좋습니다.

YDKJSY 시리즈 전권을 독파하겠다고 마음먹으셨나요? 그렇다면 다음 책으로 넘어가기 전에 부록을 먼저 읽어야 합니다. 특히 부록 B의 '연습만이 살길입니다!'에 있는 문제는 꼭 푸세요. 코드를 직접 작성하는 것보다 더 나은 학습 방법은 없다는 걸 잊지 마세요!

---

3 옮긴이_ 번역 시점 기준으로 아직 3권은 집필 중입니다. 원서의 최신 출간 정보는 YDKJSY 저장소(https://github.com/getify/You-Dont-Know-JS)를 참고하세요.

더 멀리 나가기

부록 A에서는 본문에서 다룬 몇 가지 주제를 좀 더 자세히 살펴보고, 이어지는 책에서 다룰 내용 중 미묘한 사항을 미리 조금만 살펴봅니다.

A.1 값 vs. 참조

2장에서 두 가지 주요 타입인 원시 타입과 객체에 대해 알아봤습니다. 하지만 값을 할당하고 전달할 때, 원시 타입과 객체가 어떻게 다른지는 아직 이야기하지 않았습니다.

값을 할당하거나 전달할 때 직접 **값 그 자체**를 할당·전달할지 아니면 **값의 참조**를 할당·전달할지 개발자가 선택할 수 있도록 하는 프로그래밍 언어가 많습니다. 그런데 JS에서는 이 과정이 오로지 값의 타입으로 결정됩니다. 다른 언어를 사용하다가 이제 막 JS를 사용하기 시작한 개발자라면 바로 이 지점에서 놀라곤 합니다.

JS에서는 원시 타입 값을 할당·전달할 때 값이 복사되어 할당·전달됩니다. 예시를 살펴봅시다.

```
var myName = "카일";

var yourName = myName;
```

예시에서 변수 **yourName**에는 변수 **myName**에 할당된 값인 **"카일"**을 복사한 독립된 문자열이 저장됩니다. 값이 **원시 타입**이므로 값 할당·전달 시 이와 같이 값이 복사됩니다.

yourName과 myName의 값이 독립적이라는 것은 아래 예시를 통해 증명할 수 있습니다.

```
var myName = "카일";

var yourName = myName;

myName = "보라";

console.log(myName);
// 보라

console.log(yourName);
// 카일
```

두 변수에는 독립적으로 복사된 값이 저장되므로 변수 myName에 새로운 값인 **"보라"**를 할당하더라도 yourName이 영향을 받지 않습니다.

이와 대조적으로 참조는 두 개 혹은 그 이상의 변수가 하나의 값(공유 값)을 가리키므로 공유하는 값을 수정하면 이 값을 참조하는 모든 변수가 영향을 받습니다. JS에서는 객체값(객체, 배열, 함수 등)만 참조로 처리됩니다.

예시를 살펴봅시다.

```
var myAddress = {
    street: "종로구 청와대로 1",
    city: "서울특별시",
    country: "대한민국"
};

var yourAddress = myAddress;

// 새로운 집으로 이사한다고 가정해봅시다.
myAddress.street = "서울특별시 영등포구 의사당대로 1";

console.log(yourAddress.street);
// 서울특별시 영등포구 의사당대로 1
```

변수 myAddress에 객체를 할당했으므로 myAddress에는 객체가 아닌 객체의 참조가 저장·

할당됩니다. 그렇기 때문에 yourAddress에도 myAddress에 할당한 객체가 아닌 myAddress에 할당된 참조의 복사가 할당됩니다. 따라서 yourAddress.street에 접근하면 myAddress.street를 통해 갱신한 값이 출력됩니다. myAddress와 yourAddress에는 공유된 값인 객체에 대한 참조가 각각 복사되어 할당되므로 두 변수 중 하나만 수정해도 둘 다 갱신되는 효과가 있습니다.

다시 한번 정리하자면 JS에서는 값을 복사할지 참조를 복사할지가 값의 타입에 따라 결정됩니다. 원싯값은 값 그 자체를 저장·할당하고 객체는 참조를 저장·할당합니다. JS의 이러한 작동 방식을 바꿀 수 있는 방법은 없습니다.

A.2 다양한 형태의 함수

2.4절 '함수'에서 봤던 코드를 다시 떠올려봅시다.

```
var awesomeFunction = function(coolThings) {
    // ...
    return amazingStuff;
};
```

function 키워드와 매개변수가 들어갈 괄호 (...) 사이에 함수 이름을 나타내는 식별자가 없으므로 여기서 쓰인 함수 표현식은 익명 함수 표현식anonymous function expression이 됩니다. ES6 등장 후 이 지점에서 많은 JS 개발자가 혼동을 느끼는데, JS는 익명 함수이더라도 다음과 같이 자체적으로 **이름을 추론**name inference하기 때문입니다.

```
awesomeFunction.name;
// "awesomeFunction"
```

함수명을 직접 명시했을 때 함수의 name 프로퍼티에 접근하면 지정한 이름을 볼 수 있습니다. 익명 함수 표현식에서도 name 프로퍼티에 접근하면 추론된 이름이 나타납니다. 개발자는 이 기능을 활용해 함숫값을 검사하거나 스택 트레이스stack trace에서 오류가 발생한 함수를 찾을 수 있습니다.

이렇듯 익명 함수 표현식이라 할지라도 이름이 **있을 수** 있습니다. 다만 JS의 이름 추론은 할당 연산자(=)를 사용해 함수 표현식을 할당한 것 같은 제한적인 상황에서만 발생합니다. 함수 표현식을 인수로 전달하며 함수를 호출하는 경우에는 이름 추론이 발생하지 않습니다. 이 경우에 name 프로퍼티는 빈 문자열이 되고 개발자 도구 콘솔에는 (anonymous function)이 출력됩니다.

추론을 통해 이름을 부여받긴 해도 익명 함수는 여전히 익명 함수입니다. 추론된 이름은 문자열 형태의 메타데이터일 뿐, 해당 함수를 참조하는 유효한 식별자가 아니기 때문입니다. 익명 함수는 본문 안에서 자기 자신을 참조할 수 있는 식별자를 갖지 못합니다. 이런 특징은 재귀를 사용하거나 등록된 이벤트를 해제할 때 문제가 됩니다.

앞서 살펴본 익명 함수 표현식과 다음 예시를 비교해봅시다.

```
// let awesomeFunction = ...
// const awesomeFunction = ...
var awesomeFunction = function someName(coolThings) {
    // ...
    return amazingStuff;
};

awesomeFunction.name;
// "someName"
```

이렇게 코드를 작성하면 컴파일 중에 식별자 someName과 함수 표현식에 직접적인 연관 관계가 생깁니다. 즉, 이 함수 표현식은 기명 함수 표현식^{named function expression}이 됩니다. 다만 식별자 awesomeFunction과의 연관 관계는 해당 구문이 실행될 때(런타임)까지는 발생하지 않습니다. 참고로 두 식별자가 꼭 같아야 할 필요는 없습니다. 상황에 따라 식별자가 달라야 한다면 다르게, 같아야 한다면 동일하게 코드를 작성하면 됩니다.

기명 함수 표현식을 다룰 때 알아둬야 할 점이 하나 더 있습니다. 직접 지정한 이름(식별자 someName)은 name 프로퍼티를 사용해 지정한 이름보다 우선순위가 높습니다.

그렇다면 우리는 기명 함수 표현식을 사용해야 하는 걸까요, 아니면 익명 함수 표현식을 사용해야 하는 걸까요? 이에 대한 의견은 아주 다양하지만 개발자 대부분이 거부감 없이 익명 함수 표현식을 사용하고 있는 상황입니다. 익명 함수 표현식이 기명 함수 표현식보다 더 짧고 JS 생태계에서는 익명 함수 표현식이 더 일반적이기 때문입니다.

상황은 이렇지만 필자는 프로그램 내에 있는 함수는 목적이 있어야 한다고 생각합니다. 목적이 없다면 그 함수는 제거해야 합니다! 그리고 목적이 있는 함수에는 목적을 설명하는 자연스러운 이름을 부여해야 합니다.

이렇게 하면 여러분이 이름을 부여한 기명 함수를 읽게 될 사람은 함수 본문^{body}을 눈으로 읽고 머릿속으로 코드를 실행하면서 함수의 이름을 추론할 필요가 없습니다. 하지만 익명 함수를 사용한다면 함수 본문이 x * 2처럼 아주 간단하더라도 코드를 읽는 사람은 double이나 multBy2 같은 이름을 자체적으로 추론해야만 합니다. 함수 작성자가 1초만 시간을 들여 함수에 double이나 multBy2라는 이름을 붙여준다면 미래에 이 코드를 읽는 사람들이 사용할 시간을 절약할 수 있습니다.

유감스럽게도 여러분이 배워야 할 JS 함수 선언 방식은 아주 많습니다. 이 글의 집필 시점인 2020년 상반기에도 많지만, 미래에는 더 많아질 수도 있습니다.

함수 선언 방식 중 일부를 잠깐 살펴봅시다.

```
// 제너레이터 함수 선언
function *two() { ... }

// async 함수 선언
async function three() { ... }

// async 제너레이터 함수 선언
async function *four() { ... }

// 기명 함수 내보내기 선언(ES6 모듈)
export function five() { ... }
```

함수 표현식 방식 역시 아주 다양한데, 일부만 소개하면 다음과 같습니다.

```
// IIFE(즉시 실행 함수 표현식)
(function(){ ... })();
(function namedIIFE(){ ... })();

// 비동기 IIFE
(async function(){ ... })();
```

```
(async function namedAIIFE(){ ... })();

// 화살표 함수 표현식
var f;
f = () => 42;
f = x => x * 2;
f = (x) => x * 2;
f = (x,y) => x * y;
f = x => ({ x: x * 2 });
f = x => { return x * 2; };
f = async x => {
    var y = await doSomethingAsync(x);
    return y * 2;
};
someOperation( x => x * 2 );
// ...
```

화살표 함수 표현식을 다룰 때는 함수 식별자가 될 이름을 직접 지정할 방법이 없으므로 화살표 함수 표현식은 문법적으로 익명이 될 수밖에 없다는 점을 유념해야 합니다. 이름 추론이 작동하면서 이름이 부여되는 경우가 있긴 하지만 할당 연산자를 사용한 방식에서만 유효할 뿐, 코드의 마지막 줄 함수처럼 인수로 화살표 함수를 넘기는 방식(아주 자주 쓰이는 형태입니다!)에서는 이름이 부여되지 않습니다.

필자는 익명 함수를 자주 사용하는 건 좋지 않다는 입장이라서 화살표 함수(=>) 역시 그다지 좋아하지 않습니다. 화살표 함수는 사실 특별한 목적(this 키워드가 참조하는 렉시컬 환경을 핸들링하기 등)을 가지고 있는 함수입니다. 그렇다고 해서 목적에 부합하는 모든 경우에 화살표 함수를 사용해야 한다는 말은 아닙니다. 때에 따라 가장 적절한 도구를 꺼내서 사용하면 됩니다.

클래스나 객체 리터럴을 정의할 때도 함수를 정의할 수 있습니다. 이런 형태의 함수는 특별히 **메서드**method라고 부르며 JS에서 '함수'와 '메서드' 사이에 큰 차이는 없습니다.

```
class SomethingKindaGreat {
    // 클래스 메서드
    coolMethod() { ... }    // 쉼표가 없습니다!
    boringMethod() { ... }
}
```

```
var EntirelyDifferent = {
    // 객체 메서드
    coolMethod() { ... },    // 쉼표가 있습니다!
    boringMethod() { ... },

    // (익명) 함수 표현식의 프로퍼티
    oldSchool: function() { ... }
};
```

휴! 함수를 정의하는 방법이 진짜 많네요.

함수 선언 방식 전부를 알 수 있는 지름길은 없습니다. 하지만 JS 개발자라면 작업 중인 코드베이스를 기준으로 어떻게 함수를 정의했는지 살펴보고, 적절한 형태로 함수를 가져다 쓸 수 있도록 함수 선언 방법을 숙지해야 합니다. 다양한 함수 선언 방식을 자세히 공부하고 연습하도록 합시다!

A.3 강제 조건부 비교

절 제목(원문: Coercive Conditional Comparison) 자체를 읽기에도 벅차네요. 강제 조건부 비교란 도대체 무엇일까요? 이번 절에서는 조건에 맞는지 아닌지를 판단하려면 강제 변환이 선행되어야 하는 조건부 표현식에 대해 이야기해보겠습니다.

if와 ?, :가 연달아 나오는 삼항ternary 조건부 연산자 그리고 while과 for 반복문의 조건절은 암시적implicit으로 값을 비교합니다. 비교에는 타입이 같은지도 확인하는 엄격strict 비교가 있고, 강제로 타입을 전환해 비교하는 경우도 있습니다. 그렇다면 강제 조건부 비교는 어떤 비교 방식을 따르는 것일까요? 답은 둘 다입니다.

예시를 살펴봅시다.

```
var x = 1;

if (x) {
    // 코드가 실행됩니다!
}
```

```
while (x) {
    // 코드가 딱 한 번 실행됩니다!
    x = false;
}
```

아마도 여러분은 위 예시를 봤을 때, x 관련 조건부 표현식을 아래처럼 치환해서 생각했을 겁니다.

```
var x = 1;

if (x == true) {
    // 코드가 실행됩니다!
}

while (x == true) {
    // 코드가 딱 한 번 실행됩니다!
    x = false;
}
```

x가 1인 경우 같은 특정한 사례에서는 이런 멘탈 모델이 잘 작동합니다. 하지만 이 방법은 모든 경우에 사용할 수는 없습니다. 예시를 살펴봅시다.

```
var x = "안녕하세요.";

if (x) {
    // 코드가 실행됩니다!
}

if (x == true) {
    // 코드가 실행되지 않습니다. :(
}
```

아이고, 원하는 대로 작동하지 않네요. 도대체 if 조건문은 실제로 어떤 일을 하기에 이런 결과가 나타난 걸까요? 이제 앞으로 우리 머릿속에 심어야 할 멘탈 모델은 다음과 같습니다.

```
var x = "안녕하세요.";

if (Boolean(x) == true) {
```

```
    // 코드가 실행됩니다!
}

// 이렇게 치환해도 괜찮습니다.
if (Boolean(x) === true) {
    // 코드가 실행됩니다!
}
```

함수 Boolean()은 항상 불리언 타입의 값을 반환하므로 ==를 쓰든 ===를 쓰든 상관없이 결과는 같습니다. 중요한 것은 비교하기 전에 강제 변환이 일어나고, x는 타입에 상관없이 불리언 값이 된다는 점입니다.

JS에서는 비교와 강제 변환을 분리해서 생각할 수 없습니다. 피할 수 없으니 배워서 즐기도록 합시다.

A.4 프로토타입 클래스

3장에서는 프로토타입과 프로토타입 체인을 사용해 객체를 연결하는 방법에 대해 알아봤습니다.

이렇게 프로토타입 연결 장치prototype linkage를 사용하는 방법을 프로토타입 클래스prototypal class라 부릅니다. ES6에서 우아하게 객체를 연결해주는 클래스 시스템(2.6.1절 '클래스' 참고)이 등장하기 전까지 프로토타입 클래스는 객체를 연결하는 역할을 했습니다.

TIP 요즘에는 프로토타입 클래스로 만든 코드가 흔하지 않지만, 여전히 면접에서는 관련된 질문이 등장합니다!

Object.create()를 사용한 예시를 다시 한번 살펴봅시다.

```
var Classroom = {
    welcome() {
        console.log("학생 여러분, 환영합니다!");
    }
};

var mathClass = Object.create(Classroom);
```

```
mathClass.welcome();
// 학생 여러분, 환영합니다!
```

예시에서 객체 `mathClass`는 프로토타입을 통해 객체 `Classroom`과 연결됩니다. 두 객체가 연결되어 있기 때문에 함수 `mathClass.welcome()`을 호출하면 위임이 일어나면서 `Classroom`에 정의되어 있는 메서드가 호출됩니다.

프로토타입 클래스 패턴에서는 이런 방식의 위임을 상속inheritance이라 부릅니다. 프로토타입을 사용한 상속은 다음과 같이 정의할 수도 있습니다(다음 예시는 앞 예시와 동일하게 작동합니다).

```
function Classroom() {
    // ...
}

Classroom.prototype.welcome = function hello() {
    console.log("학생 여러분, 환영합니다!");
};

var mathClass = new Classroom();

mathClass.welcome();
// 학생 여러분, 환영합니다!
```

모든 함수는 기본적으로 `prototype`이라는 프로퍼티를 통해 빈 객체를 참조합니다. 이름이 헷갈리긴 하지만 `prototype` 이름의 프로퍼티는 함수의 프로토타입(프로토타입을 통해 함수와 연결된 객체)과는 다릅니다. 프로퍼티인 `prototype`은 `new`를 사용해 함수를 호출해 객체를 만들었을 때, 새롭게 만든 객체의 프로토타입을 설정할 수 있도록 합니다.

예시에서는 빈 객체(`Classroom.prototype`)에 `welcome`이라는 프로퍼티를 추가하고, `welcome` 프로퍼티가 함수 `hello()`를 가리키도록 했습니다. 그리고 `new Classroom()`으로 새로운 객체(`mathClass`에 할당함)를 만들어, 이 객체의 프로토타입이 기존 객체인 `Classroom.prototype`이 되도록 했습니다.

`mathClass`에는 `welcome()`이라는 프로퍼티나 함수가 없지만, `prototype` 프로퍼티 덕분에 `Classroom.prototype.welcome()`에 성공적으로 위임되었습니다.

프로토타입 클래스 패턴보다는 ES6의 클래스 메커니즘을 쓰는 게 훨씬 낫습니다.

```
class Classroom {
    constructor() {
        // ...
    }

    welcome() {
        console.log("학생 여러분, 환영합니다!");
    }
}

var mathClass = new Classroom();

mathClass.welcome();
// 학생 여러분, 환영합니다!
```

클래스 메커니즘과 프로토타입 클래스 모두 저 밑바닥에서는 동일한 프로토타입 연결 장치로 설정되어 있습니다. 하지만 클래스 지향 디자인 패턴에는 '프로토타입 클래스'보다 클래스가 훨씬 잘 맞습니다.

연습만이 살길입니다!

이번 부록에서는 몇 가지 연습 문제와 해답을 살펴보겠습니다. 문제를 풀다 보면 책에서 제시한 개념이 더 익숙해질 테니 꼭 문제를 풀어보기를 바랍니다.

B.1 비교 연습하기

4.3절에서 배운 JS의 주요 기둥 중 하나인 타입과 비교에 대한 연습 문제를 풀어봅시다. 비교 시 타입 변환이 강제로 일어나는 연습 문제를 다루겠습니다.

다음 연습 문제의 함수 scheduleMeeting()은 "hh:mm" 형태(24시간을 기준으로 시간을 표현하는 문자열)의 회의 시작 시각과 분 단위의 회의 지속 시간을 인수로 받습니다. 변수 dayStart와 dayEnd에는 근무 시작 시각과 근무 종료 시각이 할당됩니다. scheduleMeeting 함수는 회의가 근무 시간 내에 이뤄질 경우 true를, 그렇지 않다면 false를 반환해야 합니다.

```
const dayStart = "07:30";
const dayEnd = "17:45";

function scheduleMeeting(startTime, durationMinutes) {
    // ...여기에 코드를 작성하세요...
}
```

```
scheduleMeeting("7:00", 15);     // false
scheduleMeeting("07:15", 30);    // false
scheduleMeeting("7:30", 30);     // true
scheduleMeeting("11:30", 60);    // true
scheduleMeeting("17:00", 45);    // true
scheduleMeeting("17:30", 30);    // false
scheduleMeeting("18:00", 15);    // false
```

답을 보지 않고 풀어보려고 노력해보세요. 동등 연산자와 타입까지 비교하는 일치 연산자의 용례를 잘 생각하며 타입 변환이 코드에 어떤 영향을 줄지를 고려해야 문제를 풀 수 있습니다. 함수가 원하는 값을 잘 반환하면 직접 작성한 코드와 부록 B.4절의 '모범 답안'을 꼭 비교해보기 바랍니다.

B.2 클로저 연습하기

이번에는 4.1절에서 다룬 JS를 지탱하는 첫 번째 기둥인 클로저를 연습해봅시다.

연습 문제의 함수 range()는 두 개의 숫자 인자를 받으며, 두 숫자는 각각 원하는 범위의 시작과 끝을 나타냅니다. 두 번째 인자가 없는 경우에는 두 번째 인자를 넘길 수 있도록 하는 함수가 반환되어야 합니다.

```
function range(start, end) {
    // ...여기에 코드를 작성하세요...
}

range(3, 3);    // [3]
range(3, 8);    // [3, 4, 5, 6, 7, 8]
range(3, 0);    // []

var start3 = range(3);
var start4 = range(4);

start3(3);      // [3]
start3(8);      // [3, 4, 5, 6, 7, 8]
start3(0);      // []

start4(6);      // [4, 5, 6]
```

혼자서 직접 풀어보세요. 답안 작성이 다 끝났다면 부록 B.4절 '모범 답안'과 직접 작성한 답을 비교해보세요.

B.3 프로토타입 연습하기

마지막으로 4.2절에서 다룬 두 번째 기둥에 대한 문제입니다. this와 프로토타입을 통한 객체 연결을 연습해봅시다.

독립적으로 돌아가는 릴 세 개가 있는 슬롯머신을 정의해봅시다. 함수 spin()을 실행하면 세 릴이 돌고, display()를 실행하면 결과가 출력됩니다.

릴 하나의 동작은 reel 객체에 정의되어 있습니다. 그런데 우리가 만들 슬롯머신에는 여러 릴이 있으므로 각 릴은 reel을 상속받아야 합니다. 여기에 더해 릴에는 position 프로퍼티도 필요합니다.

일반적으로 슬롯머신의 릴은 결과에 해당하는 기호 하나(position)와 앞 기호(position - 1), 뒤 기호(position + 1)를 함께 표시합니다. 우리도 display()를 실행하면 3×3 그리드의 총 9개의 기호가 출력되도록 해봅시다.

```
function randMax(max) {
    return Math.trunc(1E9 * Math.random()) % max;
}

var reel = {
    symbols: [
        "♠", "♥", "♦", "♣", "☺", "★", "☪", "✳"
    ],
    spin() {
        if (this.position == null) {
            this.position = randMax(
                this.symbols.length - 1
            );
        }
        this.position = (
            this.position + 100 + randMax(100)
        ) % this.symbols.length;
```

```
        },
        display() {
            if (this.position == null) {
                this.position = randMax(
                    this.symbols.length - 1
                );
            }
            return this.symbols[this.position];
        }
    };

    var slotMachine = {
        reels: [
            // ...여기에 코드를 작성하세요...
            // 슬롯머신에는 세 개의 릴이 필요합니다.
            // 힌트: Object.create()를 사용하세요.
        ],
        spin() {
            this.reels.forEach(function spinReel(reel){
                reel.spin();
            });
        },
        display() {
            // ...여기에 코드를 작성하세요...
        }
    };

    slotMachine.spin();
    slotMachine.display();
    // ☾ ┊ ✳ ┊ ★
    // ✳ ┊ ♠ ┊ ☾
    // ♠ ┊ ♥ ┊ ✳

    slotMachine.spin();
    slotMachine.display();
    // ♦ ┊ ♠ ┊ ♣
    // ♣ ┊ ♥ ┊ ◎
    // ◎ ┊ ♦ ┊ ★
```

혼자서 직접 풀어보세요. 힌트는 다음과 같습니다.

• 나머지 연산자(%)를 사용하면 릴을 원형으로 만들 수 있습니다.

- Object.create()로 프로토타입이 있는 객체를 만드세요. 프로토타입 연결이 만들어지면 위임 덕분에 상속 객체들은 메서드 호출 시 this 컨텍스트를 공유하게 됩니다.
- 세 릴의 position을 보여주기 위해 객체 reel을 직접 수정하는 대신 다시 Object.create()를 사용해서 임시 객체를 하나 만들고, 여기에서 위임을 통해 position을 관리하세요.

요구 사항을 만족시켰다면 부록 B.4절의 '모범 답안'과 비교해보세요.

B.4 모범 답안

모범 답안은 말 그대로 모범 답안일 뿐입니다. 문제를 푸는 방법은 다양합니다. 직접 작성한 답과 모범 답안을 비교해보고 각각의 장단점도 생각해보세요.

부록 B.1절의 비교(세 번째 기둥) 연습 문제 모범 답안은 다음과 같습니다.

```
const dayStart = "07:30";
const dayEnd = "17:45";

function scheduleMeeting(startTime, durationMinutes) {
    var [ , meetingStartHour, meetingStartMinutes ] =
        startTime.match(/^(\d{1, 2}):(\d{2})$/) || [];

    durationMinutes = Number(durationMinutes);

    if (
        typeof meetingStartHour == "string" &&
        typeof meetingStartMinutes == "string"
    ) {
        let durationHours =
            Math.floor(durationMinutes / 60);
        durationMinutes =
            durationMinutes - (durationHours * 60);
        let meetingEndHour =
            Number(meetingStartHour) + durationHours;
        let meetingEndMinutes =
            Number(meetingStartMinutes) +
            durationMinutes;

        if (meetingEndMinutes >= 60) {
```

```
        meetingEndHour = meetingEndHour + 1;
        meetingEndMinutes =
            meetingEndMinutes - 60;
    }

    // 비교를 좀 더 쉽게 하기 위해 시각을 나타내는 문자열을 재가공했습니다.
    let meetingStart = `${
        meetingStartHour.padStart(2, "0")
    }:${
        meetingStartMinutes.padStart(2, "0")
    }`;
    let meetingEnd = `${
        String(meetingEndHour).padStart(2, "0")
    }:${
        String(meetingEndMinutes).padStart(2, "0")
    }`;

    // 비교 대상이 모두 문자열이기 때문에 비교는 사전 순으로 일어납니다.
    // 하지만 앞서 문자열을 재가공했으므로
    // 사전 순으로 비교가 일어나도 시각을 비교할 수 있습니다.
    // 예: "07:15" < "07:30"
    return (
        meetingStart >= dayStart &&
        meetingEnd <= dayEnd
    );
    }

    return false;
}

scheduleMeeting("7:00", 15);     // false
scheduleMeeting("07:15", 30);    // false
scheduleMeeting("7:30", 30);     // true
scheduleMeeting("11:30", 60);    // true
scheduleMeeting("17:00", 45);    // true
scheduleMeeting("17:30", 30);    // false
scheduleMeeting("18:00", 15);    // false
```

부록 B.1절의 클로저(첫 번째 기둥) 연습 문제 답안은 다음과 같습니다.

```
function range(start, end) {
    start = Number(start) || 0;
```

```
        if (end === undefined) {
            return function getEnd(end) {
                return getRange(start, end);
            };
        }
        else {
            end = Number(end) || 0;
            return getRange(start, end);
        }


        // ********************

        function getRange(start, end) {
            var ret = [];
            for (let i = start; i <= end; i++) {
                ret.push(i);
            }
            return ret;
        }
    }

range(3, 3);    // [3]
range(3, 8);    // [3, 4, 5, 6, 7, 8]
range(3, 0);    // []

var start3 = range(3);
var start4 = range(4);

start3(3);      // [3]
start3(8);      // [3, 4, 5, 6, 7, 8]
start3(0);      // []

start4(6);      // [4, 5, 6]
```

부록 B.3절의 프로토타입(두 번째 기둥) 연습 문제 답안은 다음과 같습니다.

```
function randMax(max) {
    return Math.trunc(1E9 * Math.random()) % max;
}

var reel = {
    symbols: [
```

```
            "♠", "♥", "♦", "♣", "◎", "★", "☾", "✳"
        ],
        spin() {
            if (this.position == null) {
                this.position = randMax(
                    this.symbols.length - 1
                );
            }
            this.position = (
                this.position + 100 + randMax(100)
            ) % this.symbols.length;
        },
        display() {
            if (this.position == null) {
                this.position = randMax(
                    this.symbols.length - 1
                );
            }
            return this.symbols[this.position];
        }
    };

var slotMachine = {
    reels: [
        Object.create(reel),
        Object.create(reel),
        Object.create(reel)
    ],
    spin() {
        this.reels.forEach(function spinReel(reel){
            reel.spin();
        });
    },
    display() {
        var lines = [];

        // 슬롯머신에 릴 세 개를 모두 보여줍니다.
        for (
            let linePos = -1; linePos <= 1; linePos++
        ) {
            let line = this.reels.map(
                function getSlot(reel){
                    var slot = Object.create(reel);
                    slot.position = (
```

```
                    reel.symbols.length +
                    reel.position +
                    linePos
                ) % reel.symbols.length;
                    return slot.display();
            }
        );
        lines.push(line.join(" ¦ "));
    }

    return lines.join("\n");
    }
};

slotMachine.spin();
slotMachine.display();
// ☾ ¦ ✳ ¦ ★
// ✳ ¦ ♠ ¦ ☾
// ♠ ¦ ♥ ¦ ✳

slotMachine.spin();
slotMachine.display();
// ♦ ¦ ♠ ¦ ♣
// ♣ ¦ ♥ ¦ ☺
// ☺ ¦ ♦ ¦ ★
```

드디어 YDKJSY 시리즈의 1권에 해당하는 1부가 끝났네요. 1부는 끝났지만 1부에서 배운 내용을 시간을 내서 직접 프로젝트에 응용해보세요. 프로그래밍을 배우는 가장 좋은 방법은 직접 개발해보는 것입니다. 프로그래밍을 멈추지 마세요!

Part II

스코프와 클로저

이 책은 『You Don't Know JS Yet』의 1권 '시작하기'와 2권 '스코프와 클로저'를 한 권의 종이책으로 엮은 것으로, 2부에서는 2권의 내용을 다루고 있습니다. 따라서 2부의 새로운 장은 다시 1장부터 시작합니다.

Part II

스코프와 클로저

CHAPTER 1

스코프

개발에 갓 입문하고 프로그램 몇 개를 만들다 보면 변수를 만들고 변수에 값을 저장하는 데 어느 정도 익숙해집니다. 변수를 다루는 것은 개발 시 수행하게 되는 가장 기본적인 작업 중 하나죠.

그런데 우리는 변수를 다루고는 있지만 JS 엔진이 어떻게 변수를 조직하고 관리하는지 자세히 알지 못한 채로 코드를 작성합니다. 컴퓨터 내부 메모리에 변수가 어떻게 할당되는지 알아야 한다는 말이 아닙니다. 우리가 알아야 할 것은 주어진 구문에서 접근 가능한 변수를 JS 엔진이 어떻게 결정하는지와 이름이 같은 두 변수가 있을 때 이를 어떻게 처리하는지입니다.

앞선 두 의문점이나 이와 유사한 궁금증을 해소하려면 잘 정의된 규칙 모음인 **스코프**scope[1]를 알아야 합니다. YDKJSY 2부에서는 스코프의 작동 방식과 쓰임새, 스코프를 다룰 때 주의할 점 등 모든 측면에서 스코프를 살펴봅니다. 그리고 프로그램 구조를 설계할 때 자주 사용하는 다양한 스코프 패턴을 알아봅니다.

본격적으로 스코프를 다루기 전에 먼저 프로그램을 실행하기 전, JS 엔진이 우리가 작성한 코드를 어떻게 처리하는지 알아봅시다.

---

1 옮긴이_ 1부에서 스코프를 '변수가 어떤 것을 참조하는지를 결정하는 규칙 모음'이라 정의한 바 있습니다.

1.1 책에 대하여

『You Don't Know JS Yet(YDKJSY)』 시리즈를 여러분과 함께 하게 되어 기쁩니다! 1부 시작하기를 마치고 이 글을 읽고 계신다면 잘 오신 겁니다. 아직 1부를 읽지 않으셨다면 JS 학습에 필요한 기초를 소개한 1부부터 시작하고 오시길 강력하게 권유합니다.

2부에서는 JS 언어를 지탱하는 세 기둥 중 첫 번째 기둥인 **스코프 시스템**과 함수의 **클로저**를 비롯해 **모듈 디자인 패턴**의 강력함에 대해 살펴봅니다.

프로그래밍 언어를 컴파일 언어와 인터프리터를 거치는 스크립트 언어로 구분하면, JS는 일반적으로 스크립트 언어로 분류됩니다. 따라서 JS로 작성한 프로그램 대부분은 위에서 아래로 한 줄씩 처리된다고 가정됩니다. 그런데 실제 JS는 **실행 전 별도의 단계에서 파싱, 컴파일**이 일어납니다. 개발자가 지정한 변수와 함수, 블록의 위치는 파싱, 컴파일 단계에서 스코프 규칙에 따라 분석되고, 그 결과에 따라 결정된 스코프 구조는 대개 런타임 조건에 영향을 받지 않습니다.

JS에서 함수는 일급값first-class value이기 때문에 숫자나 문자열처럼 변수에 할당할 수 있고 다른 곳으로 넘기는 것도 가능합니다. 그런데 다른 곳으로 넘긴 함수 내에서 외부 변수를 사용하는 경우, 해당 변수는 어딘가에 접근해야 하므로 JS에서는 함수를 프로그램 내 어디에서 실행했는지와는 상관없이 함수를 정의할 때 결정된 스코프를 유지합니다. 이를 **클로저**라고 합니다.

모듈은 코드 정리를 도와주는 디자인 패턴으로, 클로저를 통해 공개public 메서드가 모듈 내부 스코프에 있는 접근이 제한된 변수나 함수에 접근할 수 있도록 해준다는 특징이 있습니다.

1.2 컴파일 vs. 인터프리트

코드 **컴파일레이션**compilation에 대해 들어보셨을 겁니다. 컴파일레이션을 막상 떠올리면 우리는 컴파일레이션을 소스 코드를 받아들이고 실행 가능한 프로그램 형태로 내뱉는 불가사의한 블랙박스라고 생각하곤 합니다.

컴파일레이션은 불가사의도 아니고 마법도 아닙니다. 컴파일레이션은 텍스트 형식으로 작성한 코드를 처리해서 컴퓨터가 이해할 수 있는 작업 지시 목록으로 바꾸는 일련의 과정입니다. 이 과정을 거치면 보통 한 번에 소스 코드가 변환되는데, 변환 결과는 추후에 실행 가능한 형태

(대개 파일 형태)로 저장됩니다.

인터프리트interpret도 들어봤을 수 있습니다. 그렇다면 인터프리트와 컴파일의 차이는 무엇일까요?

인터프리테이션interpretation은 개발자가 작성한 프로그램을 기계가 해석할 수 있는 명령으로 변환한다는 점에서 컴파일과 유사합니다. 하지만 처리 방식이 다릅니다. 컴파일레이션은 프로그램을 한 번에 처리하는 반면 인터프리테이션은 소스 코드를 한 줄씩 변환한다는 데 차이가 있습니다. 줄 하나 혹은 문 하나는 다음 줄에 있는 소스 코드가 실행되기 바로 직전에 실행되죠.

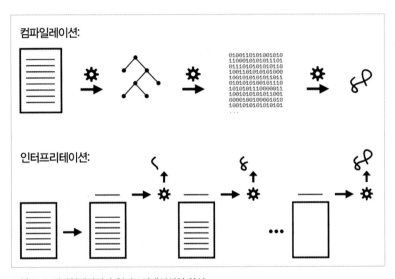

그림 1-1 컴파일레이션과 인터프리테이션의 차이

그렇다면 컴파일레이션과 인터프리테이션은 상호 배타적인 모델일까요? 대개는 그렇습니다. 그런데 인터프리테이션은 실제 소스 코드를 한 줄씩 실행하는 방식 말고 다른 방식으로 작동하는 경우가 있어서 이 질문에 답하려면 미묘한 부분을 공부해야 합니다. 실제로 최신 JS 엔진은 프로그램을 처리할 때 수많은 종류의 컴파일레이션과 인터프리테이션을 사용합니다.

1부 '시작하기'에서 이미 이 주제를 다뤘습니다. 1부의 결론은 'JS는 **컴파일 언어**라 표현하는 게 정확하다'였습니다. 다음 절에서는 여러분의 이해도를 높이기 위해 이 주장을 다시 한번 살펴보고, 근거를 더 실어보도록 하겠습니다.

1.3 코드 컴파일

먼저, JS가 컴파일 언어인지 아닌지를 따지는 게 왜 중요한지 알아봅시다.

스코프는 주로 컴파일 중에 결정됩니다. 따라서 스코프를 정복하려면 컴파일레이션과 실행이 어떻게 연관되는지 이해하는 게 중요합니다. 고전 컴파일러 이론에서는 프로그램이 컴파일러의 다음 세 가지 주요 단계를 거쳐 처리된다고 정의합니다.

- **1단계 토크나이징**tokenizing**/렉싱**lexing: 문자열을 토큰token이라 불리는 의미 있는 조각으로 쪼갭니다. var a = 2;라는 코드가 있다고 가정해봅시다. 1단계를 거치면 이 코드는 var, a, =, 2, ;로 조각납니다. 띄어쓰기 같은 공백은 토큰이 될 수도 있고 안 될 수도 있는데, 공백이 해당 프로그래밍 언어에서 의미가 있는지 없는지에 따라 토큰이 될지 아닐지가 결정됩니다.

  토크나이징과 렉싱엔 미묘하고 학술적인 차이가 있는데, 둘의 차이는 토큰을 무상태stateless 방식으로 인식하는지와 상태 유지stateful 방식으로 인식하는지에 있습니다. 쉽게 설명하자면 토크나이저tokenizer가 a를 별개의 토큰으로 분리할지 아니면 다른 토큰의 일부로 처리할지를 결정할 때 상태 유지 파싱 규칙을 적용한다면 이는 렉싱입니다.

- **2단계 파싱**: 토큰 배열을 프로그램 문법 구조를 반영하는 중첩 원소 기반의 트리인 ASTabstract syntax tree(추상 구문 트리)로 바꿉니다.

  코드 var a = 2;는 파싱을 거치면 변수 선언(VariableDeclaration)이라 불리는 최상위 노드와 a의 값을 가지는 식별자(Identifier) 노드, 할당식(AssignmentExpression)이라 불리는 노드를 자식 노드로 가진 트리가 됩니다. 여기서 할당식 노드는 2라는 값을 가지는 숫자 리터럴(NumericLiteral)을 자식 노드로 갖습니다.

- **3단계 코드 생성**: AST를 컴퓨터가 실행 가능한 코드로 변환합니다. 코드 생성 단계는 언어 혹은 목표하는 플랫폼 등에 따라 크게 달라집니다.

  정리하자면 JS 엔진은 var a = 2;라는 코드를 AST로 바꾸고 AST를 컴퓨터가 실행 가능한 코드로 바꾸는데, 이 과정에서 실제 a라는 변수가 생성되고(메모리 확보 등도 같이 진행됨), 그 후 변수 a에 2가 저장되는 것이죠.

> **NOTE_** 시스템 메모리 리소스 관리 방법 등에 대한 JS 엔진 구현 사항은 책의 범위를 넘어서는 주제입니다. 우리는 프로그램이 돌아갈 때 실제 관찰할 수 있는 부분에만 집중하고 시스템 수준의 사양은 JS 엔진이 관리하도록 합시다.

사실 JS 엔진은 앞서 세 단계로 설명한 것보다 훨씬 복잡하게 돌아갑니다. 파싱과 코드 생성 단계에서 실행 최적화를 위해 몇 가지 추가 작업(불필요한 중복 요소 제거 등)이 진행됩니다. 여기에 더해 프로그램 실행 중 컴파일이나 최적화를 다시 하는 경우도 있습니다.

지금까지는 넓은 시야에서 코드 컴파일 과정을 설명했습니다. 책을 더 읽다 보면 곧 왜 대략적이나마 코드 컴파일 과정을 다루었는지 알게 될 겁니다.

다른 언어와 달리 JS 컴파일레이션은 구축 단계에서 일어나는 게 아니기 때문에 JS 엔진은 충분한 시간을 확보하지 못한 채 맡은 임무나 최적화를 수행합니다. 컴파일레이션은 보통 코드가 실행되기 전, 수백만분의 일초 내에 완료되어야 하죠. 이러한 제약 아래 가장 빠른 성능을 보장하기 위해 JS 엔진은 가능한 한 모든 종류의 꼼수(레이지 컴파일lazy compile이나 핫 리컴파일hot re-compile 같은 JIT)를 사용합니다. 참고로 이런 꼼수는 책의 범위를 넘어서기 때문에 이 책에서는 다루지 않겠습니다.

1.3.1 필수 두 단계

JS가 어떻게 프로그램을 처리하는지 관찰할 때 중점으로 봐야 할 것은 프로그램 처리는 (최소) **파싱과 컴파일**이라는 두 단계에서 일어난다는 사실입니다. 간단히 설명하자면 파싱과 컴파일이 먼저 일어나고 그다음에 실행이 된다고 볼 수 있습니다.

파싱과 컴파일이 후속 절차인 실행 단계와 구분된다는 점은 이론이거나 제 개인적인 의견이 아니고 개발자가 직접 관찰할 수 있는 사실입니다. ECMA 명세서에 '컴파일레이션이 반드시 필요하다'고 적혀 있지는 않지만 **선 컴파일 후 실행**compile-then-execute 접근 방식을 취하지 않으면 명세서에서 요구하는 동작을 충족할 수 없습니다.

선 컴파일 후 실행 접근 방식을 입증할 수 있는 JS만의 세 가지 특징으로는 구문 오류, 초기 오류, 호이스팅이 있습니다.

구문 오류

예시를 먼저 살펴봅시다.

```
var greeting = "안녕하세요.";

console.log(greeting);
```

```
greeting = ."안녕!";
// SyntaxError: unexpected token.
```

예시를 실행하면 "안녕!" 문자열 앞에 있는 온점(.) 때문에 "안녕하세요."가 출력되지 않고 SyntaxError(구문 오류)가 발생합니다. JS가 위에서 아래로 한 줄씩 실행된다고 생각하는 사람은 console.log()까지는 문법상 문제가 없고 그다음 코드에 문법상 오류가 있기 때문에 "안녕하세요."라는 문자열이 정상적으로 출력된 다음, 구문 오류가 발생했다는 로그가 찍힐 거라고 생각할 수 있습니다. 보시다시피 그런 일은 일어나지 않습니다.

JS 엔진 입장에서 세 번째 줄에 구문 오류가 있다는 사실을 알 수 있는 유일한 방법은 첫째 줄과 둘째 줄을 실행하기 전, 즉 프로그램을 실행하기 전에 전체 프로그램을 먼저 파싱하는 방법뿐입니다.

초기 오류

다음 예시를 살펴봅시다.

```
console.log("잘 지내시죠?");

saySomething("안녕하세요.", "안녕!");
// Uncaught SyntaxError: Duplicate parameter name not allowed in this context

function saySomething(greeting, greeting) {
    "use strict";
    console.log(greeting);
}
```

첫째 줄에는 문제가 없지만 예시를 실행하면 "잘 지내시죠?"라는 메시지가 출력되지 않습니다.

대신 구문 오류를 공부할 때 봤던 예시처럼 프로그램 실행 전 SyntaxError가 출력됩니다. 오류가 발생한 이유는 엄격 모드(함수 saySomething()에만 적용함) 때문인데, 엄격 모드에서는 이름이 같은 함수 매개변수가 허용되지 않습니다(참고로 비엄격 모드에서는 이 규칙이 적용되지 않습니다).

예시의 오류는 앞선 예시에서 살펴본 구문 오류처럼 **"안녕!"** 앞에 있는 온점(.) 때문에 발생한 오류가 아닙니다. ECMA 명세서에 따르면 엄격 모드에서 프로그램을 실행할 때, 가이드를 어긴 경우 초기 오류를 발생시키는데, 이번 예시의 오류가 바로 초기 오류입니다.

그렇다면 JS 엔진은 어떻게 매개변수 greeting이 중복되었는지 알 수 있었을까요? 그리고 매개변수 목록을 처리하는 동안 함수 saySomething()을 엄격 모드로 실행해야 한다는 건 어떻게 알 수 있었을까요? 전처리 구문 "use strict"는 매개변수보다 더 아래쪽, 함수 본문에 있는데도 말이죠.

프로그램 실행 전에 코드 전체가 파싱된다는 가정만이 이런 현상을 설명할 수 있는 유일한 답입니다.

호이스팅

마지막 예시를 살펴봅시다.

```
function saySomething() {
    var greeting = "안녕하세요.";
    {
        greeting = "잘 지내시죠?";  // 여기서 오류가 발생합니다.
        let greeting = "안녕!";
        console.log(greeting);
    }
}

saySomething();
// ReferenceError: Cannot access 'greeting' before initialization
```

콘솔에 출력되는 ReferenceError는 greeting = "잘 지내시죠?"가 있는 줄에서 발생합니다. 여기서 변수 greeting은 var greeting = "안녕하세요."가 아닌 그다음 줄인 let greeting = "안녕!"에서 선언이 이뤄집니다.

JS 엔진 입장에서 다음 구문에서 이름(greeting)이 같고 스코프는 블록인 변수가 선언되었기 때문에 오류가 발생한다는 걸 알 수 있는 유일한 방법은 오류가 발생한 문이 실행되기 전, 프로그램 내 스코프와 변수 관계 전부를 사전에 파악하는 것뿐입니다. 프로그램이 실행되기 전 파싱이 이뤄져야만 이런 스코프와 선언에 관한 처리가 정확해지는 것이죠.

예시에서 ReferenceError는 코드 greeting = "잘 지내시죠?"에서 변수 greeting에 너무 빨리 접근하려 해서 발생하는데, 정확한 원인인 TDZ에 대해서는 5장에서 알아보겠습니다.

> **WARNING_** let과 const로 선언한 변수는 TDZ에 대한 설명처럼 호이스팅이 일어나지 않는다고 주장하는 경우가 종종 있습니다. 이는 잘못된 정보입니다. let과 const로 선언한 변수와 호이스팅, TDZ에 대한 자세한 내용은 5장에서 살펴보겠습니다.

이 정도 증거라면 JS로 작성한 프로그램은 실행 전에 파싱된다는 걸 확신할 수 있겠네요. 그런데 이 증거들만으로 JS로 만든 프로그램이 컴파일된다는 걸 증명할 수 있을까요?

곰곰이 생각해볼 만한 흥미로운 질문입니다. 이쯤 되면 JS 엔진은 프로그램을 파싱하긴 하지만 프로그램을 컴파일하진 않고, AST를 다루는 인터프리트 연산을 거쳐 프로그램을 실행하는 건 아닐까라는 의문이 들기도 하고요. 네, 물론 컴파일 없이 프로그램을 실행할 수 있습니다. 하지만 인터프리트만으로 프로그램을 실행하면 성능 측면에서 아주 비효율적이기 때문에 이런 경우는 극히 드뭅니다.

프로덕션 수준의 JS 엔진이 소스 코드를 AST로 바꾸는 수고를 다한 다음, AST를 JS 엔진이 가장 효율적이게 실행할 수 있는 형태(바이너리)로 바꿔서(이 과정이 바로 컴파일입니다) 실행하지 않는다는 것은 상상할 수 없는 일입니다.

많은 사람이 미묘한 차이 때문에 "글쎄요, 실제론…"이라고 말하며 컴파일 용어에 사소하게 집착합니다. 그런데 이론상으로 그리고 실제로도 JS 엔진이 프로그램을 처리할 때 내부에서 일어나는 일은 인터프리테이션보다는 컴파일레이션에 훨씬 더 가깝습니다.

JS를 컴파일 언어로 분류하는 건 실행 가능한 바이너리(혹은 바이트코드^{bytecode}) 파일이 생성되는 배포 모델과 관련이 없습니다. 대신 JS를 컴파일 언어로 분류할 때는 JS로 작성한 코드는 처리 및 분석 시 여러 절차를 거치는데 이 절차들은 코드 실행 전 반드시 일어나고 이는 논란의 여지가 없으며 실제로도 관찰 가능하다고 생각하세요.

JS와 스코프를 제대로 이해하고 싶다면 JS 엔진이 코드를 어떻게 처리하는지에 대한 적절한 멘탈 모델이 필요합니다.

1.4 컴파일러체[2]

JS 프로그램은 두 단계(컴파일 후 실행)에 걸쳐 처리된다는 지식을 바탕으로 이번에는 JS 엔진이 어떻게 변수를 식별하는지와 컴파일 후 프로그램의 스코프를 결정하는지 알아봅시다.

먼저 예시로 사용할 간단한 JS 프로그램을 살펴봅시다.

```js
var students = [
    { id: 14, name: "카일" },
    { id: 73, name: "보라" },
    { id: 112, name: "지수" },
    { id: 6, name: "호진" }
];

function getStudentName(studentID) {
    for (let student of students) {
        if (student.id == studentID) {
            return student.name;
        }
    }
}

var nextStudent = getStudentName(73);

console.log(nextStudent);
// 보라
```

선언을 제외하고 프로그램 내 모든 변수와 식별자는 할당의 **타깃**[target]이나 값의 **소스**[source], 둘 중 하나의 역할을 합니다.

> **NOTE_** 컴퓨터 과학 전공인 수업인 컴파일러 이론을 수강하셨다면 LHS(할당의 '타깃')와 RHS(값의 '소스')라는 용어와 그 역할에 대해 들어봤을 겁니다. LHS는 left-hand side의 약자이고 RHS는 right-hand side의 약자인데, L과 R에서 추측할 수 있듯 left와 right는 각각 할당 연산자(=)의 좌측과 우측을 의미합니다. 그런데 할당의 타깃과 값의 소스가 항상 할당 연산자 왼쪽과 오른쪽에 나타나는 건 아니므로 LHS와 RHS라는 용어를 보면 왼쪽, 오른쪽보다는 타깃, 소스를 떠올리는 게 더 명확할 수 있습니다.

---

2 옮긴이_ 컴파일러체(compiler speak)는 컴파일러의 속어로, 사투리 정도로 이해하면 됩니다.

그렇다면 우리는 어떻게 변수가 할당의 타깃이란 걸 알 수 있을까요? 할당된 값이 있다면 변수는 할당의 '타깃'입니다. 그렇지 않으면 변수는 값의 '소스'가 됩니다.

변수 처리를 위해서 JS 엔진은 변수가 나타날 때마다 가장 먼저 변수 각각에 타깃과 소스라는 역할 이름표를 붙입니다. 각 역할이 어떻게 결정되는지 지금부터 자세히 알아봅시다.

1.4.1 할당의 타깃

무엇이 변수를 타깃으로 만들까요? 이제부터 알아봅시다.

```
students = [ // ...
```

위 문은 명백히 할당 연산입니다.

> **TIP** var students라는 코드 조각은 컴파일 타임에 선언으로서 처리되기 때문에 런타임 컨텍스트에는 영향을 받지 않는다는 사실을 기억하세요. 중요한 내용이지만 할당의 타깃에 관한 설명에 집중하기 위해 이 부분은 생략했습니다.

예시 코드의 nextStudent = getStudentName(73)도 역시 할당 연산입니다.

그런데 직접 할당 연산자를 쓴 두 코드 조각 이외에도 프로그램 내에는 세 개의 타깃 할당 연산이 쓰였습니다. 그중 하나를 먼저 살펴봅시다.

```
for (let student of students) {
```

위 문은 루프가 돌 때마다 student에 값을 할당합니다. 또 다른 타깃 참조를 봅시다.

```
getStudentName(73)
```

타깃과 무관해 보이는 코드 같아 보이지 않나요? 좀 더 자세히 살펴보면 맞습니다. 여기서 인수 73은 매개변수 studentID에 할당되기 때문입니다.

이번에는 여러분이 직접 프로그램 내에서 마지막 타깃 참조를 찾아보세요. 쉽지 않겠지만 시간을 갖고 찾아보세요.

마지막 할당 타깃은 바로 이 코드입니다. 잘 찾으셨나요?

```
function getStudentName(studentID) {
```

`function` 키워드로 선언한 함수 선언은 타깃 참조의 특수한 케이스입니다. 함수 선언이 할당 타깃의 예라고 하니 위 코드가 `var getStudentName = function(studentID)`와 유사하다고 생각하는 분이 있을 것 같습니다. 하지만 이렇게 생각하면 안 됩니다. 코드에서 식별자 `getStudentName`은 컴파일 타임에 선언되고 `= function(studentID)` 역시 컴파일레이션 과정에서 처리됩니다. 그리고 `getStudentName`과 함수의 관계는 할당문이 실행될 때 설정되는 게 아니라 스코프가 구성되기 시작하는 시점에 자동으로 설정됩니다.

> **NOTE_** 이렇게 함수와 변수의 관계가 자동으로 설정되는 것을 함수 호이스팅이라 합니다. 자세한 내용은 5장에서 다루겠습니다.

1.4.2 값의 소스

프로그램 내의 타깃 참조 5개를 모두 잘 찾으셨습니다. 이제 남은 변수 참조들은 당연히 **소스** 참조여야 하겠네요(프로그램 내 모든 변수는 할당의 타깃이나 값의 소스 둘 중 하나의 역할을 하기 때문입니다).

앞서 `for (let student of students)`를 다룬 부분에서 `student`는 타깃이라고 설명한 바 있습니다. 그런데 여기서 `students`는 소스 참조입니다. 조건문 `if (student.id == studentID)`에서 `student`와 `studentID`는 둘 다 소스 참조인데, 특히 `student`는 `return student.name`에서 소스 참조 역할을 합니다.

`getStudentName(73)`에서 `getStudentName`은 함수 참좃값의 소스 참조입니다. `console.log(nextStudent)`에서 `console`은 소스 참조이며 `nextStudent` 역시 마찬가지입니다.

> **NOTE_** 프로그램에서 **id, name, log**의 역할이 궁금하신 분이 있을 겁니다. 이 셋은 모두 변수 참조가 아니라 프로퍼티입니다.

타깃과 소스를 구분해서 이해해야 하는 데는 실질적인 이유가 있습니다. 2장에서 다시 이 주제를 다루면서 변수의 역할이 변수를 찾는 데 어떤 영향을 미치는지(특히 변수 탐색에 실패했을 때) 알아보겠습니다.

1.5 런타임에 스코프 변경하기

이쯤이면 스코프는 프로그램이 컴파일될 때 결정되고, 런타임 환경에는 영향을 받지 않는다는 게 명확해졌을 겁니다. 그런데 비엄격 모드에서는 런타임에도 프로그램의 스코프를 수정할 수 있는 방법 두 가지가 있어서 이 방법을 사용하면 규칙을 깰 수 있습니다.

하지만 두 방법 모두 사용해서는 안 됩니다. 위험하고 개발자를 혼란스럽게 하기 때문이기도 하고, 가능하면 엄격 모드에서 작업하는 게 좋기 때문입니다(엄격 모드에서는 두 방법 모두 사용할 수 없습니다). 그런데 일부 프로그램에서 우연히 이런 방법을 마주할 수 있기 때문에 미리 학습해두면 좋습니다.

런타임에도 스코프 수정이 가능하게 하는 첫 번째 방법은 eval() 함수입니다. eval()은 컴파일과 실행의 대상이 되는 문자열 형태의 소스 코드를 받는데 이 소스 코드는 런타임에 컴파일, 실행됩니다. eval()에 넘기는 소스 코드에 var나 function 선언이 있는 경우, 이 선언들은 eval()이 실행 중인 스코프를 변경합니다. 예시를 살펴봅시다.

```javascript
function badIdea() {
    eval("var oops = '이런!';");
    console.log(oops);
}
badIdea();   // 이런!
```

eval()을 사용한 줄이 없었다면 console.log(oops)에서 oops를 찾을 수 없기 때문에 ReferenceError가 발생했을 겁니다. 하지만 eval()이 런타임에 함수 badIdea()의 스코프를 수정했기 때문에 오류가 발생하지 않습니다. eval()을 쓰지 말아야 하는 이유는 아주 많습니다. 대표적인 이유는 성능 때문인데, badIdea()가 실행될 때마다 컴파일과 최적화가 이미 끝난 스코프를 다시 수정하기 때문에 CPU 자원을 쓸 수 밖에 없습니다.

with 키워드 역시 런타임에 스코프 수정을 가능하게 합니다. with는 특정 객체의 스코프를 지역local 스코프로 동적으로 변환합니다. 이렇게 스코프가 변환되면 새로운 지역 스코프에서는 객체의 프로퍼티가 식별자가 되기 때문에 객체를 통하지 않고 바로 사용할 수 있습니다.

```
var badIdea = { oops: "이런!" };

with (badIdea) {
    console.log(oops);    // 이런!
}
```

예시에서 전역global 스코프는 수정되지 않습니다. 하지만 컴파일 타임이 아닌 런타임에 badIdea 자체가 스코프로 변하기 때문에 이 스코프 안에서 badIdea의 프로퍼티 oops는 변수가 됩니다. with를 사용하는 것 역시 성능과 가독성 측면에서 끔찍한 생각이니 가능하면 사용하지 않는 게 좋습니다.

무슨 일이 있더라도 eval()과 with는 사용하지 마세요(적어도 선언 관련 코드를 받는 eval() 만큼은 쓰지 마세요). 두 방법 모두 엄격 모드에서는 사용이 불가능하니 엄격 모드를 사용한다면(반드시 그렇게 해야 합니다!) 유혹에 빠질 일은 없을 겁니다.

1.6 렉시컬 스코프

지금까지 JS에서는 스코프가 컴파일 타임에 결정된다는 사실을 증명했습니다. 이렇게 컴파일 타임에 결정되는 스코프를 **렉시컬 스코프(어휘 스코프)**lexical scope라고 합니다. 렉시컬 스코프에서 렉시컬lexical은 앞서 우리가 배운 컴파일레이션 세 단계 중 렉싱과 관련 있습니다.

이번 장에서 설명하는 렉시컬 스코프의 핵심은 함수나 블록, 변수 선언의 스코프는 전적으로 코드 배치에 따라 제한된다는 점입니다.

함수 안에 변수를 선언하면 컴파일러는 함수를 파싱할 때 변수 선언을 처리하고 함수의 스코프와 선언을 연결합니다. 그런데 변수를 블록 스코프(let이나 const)로 선언했다면 (var로 선언한 것과 달리) 스코프는 함수 범위가 아니고 가장 가까운 블록이 됩니다.

여기에 더해 변수 참조(타깃 역할을 하는지, 또는 소스 역할을 하는지)는 해당 변수가 **렉시컬**

적으로 사용 가능한lexically available 여러 스코프 중 하나에서 결정되어야만 합니다. 그렇지 않으면 변수가 선언하지 않은 상태undeclared가 되어 높은 확률로 오류가 발생합니다. 변수가 현재 스코프에 선언되어 있지 않은 경우에는 다음 외부(감싸는) 스코프를 참조합니다. 이런 프로세스는 식별자가 일치하는 변수 선언을 찾거나 전역 범위에 도달해 더 이상 찾을 곳이 없을 때까지 계속됩니다.

컴파일레이션은 스코프와 변수의 메모리 예약 관점에서 실제로는 아무것도 하지 않는다는 게 중요합니다. 컴파일레이션 중에는 그 어떤 프로그램도 실행되지 않으니까요.

대신 컴파일 도중에는 프로그램 실행에 필요한 모든 렉시컬 스코프가 들어간 지도가 만들어집니다. 런타임에 사용할 모든 코드가 들어간 계획안이 이때 만들어진다고 생각하면 됩니다. 여기에는 렉시컬 환경environment이라고 칭해지는 스코프가 전부 정의되고 각 스코프에 해당하는 식별자(변수)가 추가됩니다.

즉, 컴파일 중에는 스코프를 식별하기만 하고 실제 각 스코프를 실행해야만 하는 런타임 전까지는 스코프가 생성되지 않습니다. 다음 장에서 렉시컬 스코프를 이해하는 데 필요한 몇 가지 기초 지식을 간단히 알아보겠습니다.

CHAPTER 2

렉시컬 스코프

1장에서는 컴파일레이션 중 스코프가 결정되는 방식과 이를 '렉시컬 스코프'라 부른다는 것을 알아봤습니다. 그리고 렉시컬 스코프에서 '렉시컬'은 컴파일 세 단계 중 첫 번째 단계인 렉싱(파싱)을 의미한다는 것도 알아봤습니다.

작업 중인 프로그램이 어떻게 작동하는지 제대로 알고 싶다면 스코프의 작동 원리를 정확히 이해하는 게 아주 중요합니다. 추측과 직관에 의존하면서 작업하면 가끔 정답을 맞출 수는 있겠지만 대개는 오답일 확률이 높습니다. 이렇게 공부하면 성공과는 멀어지겠죠.

정답을 맞히는 것만으론 충분하지 않습니다. 정답을 맞히려면 초등학교 수학 수업처럼 결론에 도달하기까지의 과정을 순차적으로 알고 있어야 합니다. 더 많은 걸 학습하려면 이해에 도움을 주는 정확하고 유용한 멘탈 모델이 필요합니다.

이번 장에서는 몇 가지 비유를 들며 스코프를 설명합니다. JS 엔진이 실제로 어떻게 작동하는지 이해하기 위해 JS 엔진이 프로그램을 처리하는 방법을 살펴보겠습니다.

2.1 구슬과 양동이

스코프를 효과적으로 이해하기 위해 여러 색이 있는 구슬을 같은 색의 양동이에 분류하는 작업에 비유해보겠습니다.

빨간색, 파란색, 초록색으로만 구성된 구슬 한 더미가 눈 앞에 있다고 상상해봅시다. 이제 이 구슬을 같은 색끼리 모으고 빨간색 구슬은 빨간색 양동이에, 파란색 구슬은 파란색 양동이에, 초록색 구슬은 초록색 양동이에 넣겠다고 해봅시다. 이렇게 구슬을 분류해놓으면 초록색 구슬이 필요할 때 초록색 양동이로 가면 원하는 것을 얻을 수 있다는 걸 당연히 예상할 수 있죠.

여기서 구슬은 프로그램 내 변수입니다. 그리고 양동이는 스코프(함수 혹은 블록)입니다. 양동이에 칠한 색은 각 스코프를 의미하는데, 앞으로 이어질 스코프에 대한 설명을 위해 이렇게 색을 부여해두었습니다. 변수의 스코프는 변수가 어디에서 선언되었는지에 따라 달라지기 때문에 각 구슬의 색은 원래 구슬이 어디에서 생성되었는지에 따라 결정됩니다.

1장에서 소개한 간단한 JS 프로그램에 주석을 사용해 스코프를 표시해보겠습니다.

```js
// 외부/전역 스코프: 빨간색 버블 ❶
var students = [
    { id: 14, name: "카일" },
    { id: 73, name: "보라" },
    { id: 112, name: "지수" },
    { id: 6, name: "호진" }
];

function getStudentName(studentID) {
    // 함수 스코프: 파란색 버블 ❷
    for (let student of students) {
        // 반복문 스코프: 초록색 버블 ❸
        if (student.id == studentID) {
            return student.name;
        }
    }
}

var nextStudent = getStudentName(73);

console.log(nextStudent);
// 보라
```

프로그램 내 스코프를 각각 빨간색(가장 바깥의 전역 스코프), 파란색(함수 getStudentName()의 스코프), 초록색(for 반복문의 스코프)으로 구분했습니다. 그런데 코드만 봐서는 스코프 양동이 경계가 어디까지인지 알기 어렵네요.

다음 그림을 보면 경계를 찾기 쉽습니다. 그림에서 제일 큰 버블bubble ❶번은 빨간색 양동이, 버블 ❷번은 파란색 양동이, 가장 작은 버블 ❸번은 초록색 양동이라 생각하면 됩니다.

```
1    var students = [
2        { id: 14, name: "카일" },                    ❶
3        { id: 73, name: "보라" },
4        { id: 112, name: "지수" },
5        { id: 6, name: "호진" }
6    ];
7
8    function getStudentName(studentID) {
9    ❷  for (let student of students) {
10           if (student.id == studentID) {
11               return student.name;        ❸
12           }
13       }
14   }
15
16   var nextStudent = getStudentName(73);
17
18   console.log(nextStudent);
19   // 보라
```

그림 2-1 색상 스코프 버블

1. 가장 큰 ❶번 버블(빨간색 양동이)은 전역 스코프를 감싸는데, 전역 스코프에는 students(첫 번째 줄), getStudentName(여덟 번째 줄), nextStudent(열여섯 번째 줄)라는 식별자/변수가 세 개 있습니다.

2. 버블 ❷번(파란색 양동이)은 함수 getStudentName(여덟 번째 줄)의 스코프를 감싸는데 이 스코프에는 매개변수 studentID라는 식별자/변수가 하나 있습니다.

3. 버블 ❸번(초록색 양동이)은 for 반복문(아홉 번째 줄)을 감싸는데 여기에는 단 하나의 식별자/매개변수, student(아홉 번째 줄)만 있습니다.

> NOTE_ 매개변수 studentID는 정확히는 파란색 스코프(버블 ❷)에 속하지 않습니다. 이와 관련된 자세한 설명은 부록 A에서 살펴보겠습니다. 그때까지는 studentID를 파란색 구슬이라고 생각합시다.

스코프 버블은 함수/블록 스코프가 어디에 있느냐에 따라 컴파일 중에 결정되는데, ❸번 버블이 ❷번 버블에, ❷번 버블이 ❶번 버블에 속하는 것처럼 스코프 블록은 서로 중첩이 가능합니다. 다만 스코프 버블은 부모 스코프 버블에 온전히 포함되기 때문에 한 스코프가 두 개의 바깥 스코프에 동시에 포함되는 일은 절대 일어나지 않습니다.

각 구슬(변수나 식별자)은 어떤 버블(양동이)에서 정의되었느냐에 따라 색이 결정되며, 어디서 접근 가능한지에 따라 결정되지는 않습니다(아홉 번째 줄에 있는 students는 빨간색 버블, 열 번째 줄의 studentID는 파란색 버블에 속합니다).

JS 엔진은 컴파일 중에 프로그램을 처리하기 때문에 변수가 선언된 곳을 찾는다는 건 "내가 지금 속한 스코프(버블 또는 양동이)가 무슨 색이야?"라고 질문하는 것과 같습니다. 질문에 대한 답을 받으면 변수는 자신이 속한 양동이/버블 색과 같은 색이 됩니다.

파란색 양동이(버블 ❷)는 초록색 양동이(버블 ❸)를 완전히 감싸고 있고, 빨간색 양동이(버블 ❶) 역시 파란색 양동이(버블 ❷)를 완전히 감싸고 있습니다. 이렇게 스코프는 프로그램의 필요에 따라 원하는 대로 중첩해 사용할 수 있습니다.

이미 선언된 변수나 식별자를 참조(비선언)할 때는 현재 스코프나 현재 스코프의 위, 혹은 바깥 스코프에 참조하려는 변수나 식별자의 정의가 있는 경우 가능하지만, 정의가 아래 혹은 안쪽 스코프에 있으면 불가능합니다.

빨간색 양동이(버블 ❶)에 있는 표현식은 빨간색 구슬에만 접근할 수 있고 아래, 안쪽 스코프인 파란색 양동이, 초록색 양동이에 있는 파란색 구슬이나 초록색 구슬에는 접근할 수 없습니다. 반면 초록색 양동이(버블 ❸)에 있는 표현식은 바로 위 스코프인 파란색 양동이에 있는 구슬, 바깥 스코프인 빨간색 양동이에 있는 구슬 모두에 접근할 수 있습니다.

런타임 중에 이런 비선언 구슬 색을 결정짓는 절차를 우리는 탐색lookup으로 개념화할 수 있습니다. 아홉 번째 줄에 있는 for 반복문에서 참조하고 있는 변수 students는 선언이 아니기 때문에 색이 없습니다. 따라서 파란색 양동이(버블 ❷) 스코프에서 이름이 students인 구슬을 찾게 되는데, 파란색 양동이에는 조건에 맞는 구슬이 없기 때문에 다음 바깥/위 스코프인 빨간색 양동이(버블 ❶)로 영역을 확장해 원하는 구슬이 있는지 검색합니다. 그런데 빨간색 양동이(버블 ❶)에는 이름이 students인 구슬이 있으므로 for 반복문에 있는 변수 students는 빨간색 양동이(버블 ❶)에 있는 구슬을 참조하게 됩니다.

열 번째 줄에 있는 if (student.id == studentID) 문에서 초록색 양동이(버블 ❸)에 있는 구슬 student와 파란색 양동이(버블 ❷)에 있는 구슬 studentID 역시 같은 방식으로 무엇을 참조할지가 결정됩니다.

> **NOTE_** JS 엔진은 일반적으로 구슬 색을 런타임 중에 확정 짓지 않습니다. 이번 장에서는 여러분의 이해를 돕기 위해 '탐색'이라는 비유를 사용했습니다. 컴파일 중에 대부분의 변수 또는 모든 변수 참조는 이미 결정된 스코프 양동이에 매칭되므로 구슬 색 역시 컴파일 중에 확정됩니다. 이런 이유로 프로그램이 실행되는 동안 에는 불필요한 탐색이 일어나지 않습니다.

구슬과 양동이, 버블을 사용한 예시에서 핵심을 정리하면 다음과 같습니다.

- 변수는 특정 스코프에서 선언됩니다. 이때 변수는 다양한 색의 구슬이고, 구슬은 같은 색 양동이에 담깁니다.
- 선언이 이뤄진 스코프와 동일한 스코프에 있는 변수 참조, 혹은 선언이 이뤄진 스코프보다 더 깊은 스코프에 있는 변수 참조는 해당 스코프와 동일한 색을 가진 구슬이 됩니다. 그런데 중간에 있는 스코프가 변수 선언을 섀도잉shadowing하면 이런 규칙이 적용되지 않습니다. 이에 관련한 내용은 3장에서 다룰 예정입니다.
- 양동이 색과 양동이에 어떤 구슬이 담길지는 컴파일 중에 결정됩니다. 이렇게 컴파일레이션 과정에서 확정된 정보는 프로그램 실행 중에 변수(구슬 색)를 탐색하는 데 사용합니다.

2.2 JS 엔진 구성원 간의 대화

변수와 변수의 스코프가 어디서부터 유래했는지 분석해보기 위해 JS 엔진 내부 구성 요소들이 대화를 통해 코드를 처리하고 실행한다고 가정해보겠습니다. 가상의 대화를 듣다 보면 스코프가 어떻게 작동하는지 기초를 다질 수 있을 겁니다.

이제 프로그램을 처리하는 JS 엔진 구성원들을 만나 그들이 나눈 대화를 들어봅시다. 먼저 구성원들의 역할[1]은 다음과 같습니다.

- **엔진**: 컴파일레이션을 시작부터 끝까지 책임지고 JS로 만든 프로그램을 실행함
- **컴파일러**: 엔진의 친구로, 파싱과 코드 생성 과정에서 일어나는 모든 잡일을 담당함
- **스코프 매니저**: 엔진의 또 다른 친구로, 선언된 모든 변수와 식별자를 담은 탐색용 목록을 작성하고 유지 보수함. 여기에 더해 코드 실행 시, 선언된 변수와 식별자 접근 관련 규칙을 강제함

JS 작동 방식을 완전히 이해하려면 엔진과 그 친구들처럼 생각하고 그들이 서로에게 던지는 질문에 여러분도 질문을 던지고, 대답도 할 수 있어야 합니다.

대화를 듣기 전에 먼저 다시 한번 예시로 사용할 프로그램을 살펴봅시다.

```
var students = [
    { id: 14, name: "카일" },
    { id: 73, name: "보라" },
    { id: 112, name: "지수" },
    { id: 6, name: "호진" }
];

function getStudentName(studentID) {
    for (let student of students) {
        if (student.id == studentID) {
            return student.name;
        }
    }
}

var nextStudent = getStudentName(73);

console.log(nextStudent);
// 보라
```

JS가 이 프로그램을 어떻게 처리할지 첫 번째 구문부터 살펴보며 알아봅시다. 첫 줄부터 이어지는 줄에 있는 배열(추후 할당 연산자를 통해 students에 할당됨)과 그 안의 요소들은 JS 리터럴(스코프의 영향을 받지 않음)이기 때문에 여기서는 var를 통한 선언(var students = [...])과 초기화 및 할당에 집중해 살펴봅니다.

---

1 옮긴이_ 컴파일러는 컴파일 과정 담당자, 엔진은 컴파일 결과로 나온 기계어(혹은 중간 언어)를 실행하는 담당자라고 생각하면 이어지는 글을 이해하기 쉽습니다.

변수를 선언하고, 배열 리터럴을 해당 변수에 할당하는 코드를 봤을 때 우리는 일반적으로 이를 하나의 문으로 생각합니다. 하지만 우리의 친구 JS 엔진은 그렇게 생각하지 않습니다. 실제로 JS는 이를 컴파일 중에 컴파일러가 처리하는 작업과 실행 중에 엔진이 처리하는 작업, 두 개의 별도 작업으로 나눠 해당 문을 처리합니다.

var students = [...]를 보면 보통 문이 하나 있다고 생각하는데, 우리의 친구 JS 엔진은 그렇게 생각하지 않는다는 뜻입니다.

컴파일러가 개발자가 작성한 소스 코드를 받아 엔진이 최종적으로 실행할 코드를 생성할 때는 생각보다 고려해야 할 세부 사항이 많습니다. var students = [...]에 대한 코드를 생성할 때는 '배열이 저장될 메모리 공간을 할당하고, students라는 이름표를 메모리 공간에 연결한다' 정도로 생각할 수 있는데 사실 이 과정이 전부가 아닙니다.

실제 컴파일러가 var students = [...]를 처리할 때 거치는 단계는 다음과 같습니다.

1. 컴파일러는 var students를 만나면 스코프 매니저에 특정 스코프 양동이에 students라는 이름을 가진 변수가 있냐고 물어봅니다. 스코프 매니저가 그렇다고 대답하면 컴파일러는 선언을 무시하고 지나갑니다. 그렇지 않다는 대답을 들으면 컴파일러는 프로그램이 실행될 때 스코프 매니저에게 해당 스코프 양동이에 students라는 이름의 변수를 생성해 달라고 요청합니다.

2. 컴파일러는 프로그램 실행 시점에 엔진이 실행할 students = [] 할당문에 대한 코드를 생성합니다. 엔진은 추후 실행 시점에 컴파일러가 생성한 코드를 보고 스코프 매니저에게 현재 스코프 양동이에 students라는 이름을 가진 변수가 있냐고 물어봅니다. 없다는 대답을 들으면 엔진은 상위 스코프(2.3절 '중첩 스코프' 참고)로 타고 올라가며 students 변수를 찾습니다. students를 찾으면 엔진은 여기에 배열([...])의 참조를 할당합니다.

이번에는 컴파일레이션 첫 단계에서 일어나는 일을 컴파일러와 스코프 매니저 간 대화에 비유해 살펴봅시다.

컴파일러: (전역) 스코프 매니저야, 내가 students라고 하는 식별자를 사용한 선언을 찾았는데 들어본 적 있니?

(전역) 스코프 매니저: 아니, 처음 들어보네. 내가 만들어줄게.

컴파일러: 스코프 매니저야, 내가 getStudentName이라고 하는 식별자를 사용한 선언을 찾았는데 들어본 적 있니?

(전역) 스코프 매니저: 아니. 지금 만들어놓았어.

컴파일러: 스코프 매니저야, getStudentName이 함수를 가리켜서 새로운 스코프 양동이가 필요할 것 같아.

(함수) 스코프 매니저: 접수 완료. 여기 스코프 양동이야.

컴파일러: (함수) 스코프 매니저야, 내가 studentID라는 매개변수 선언을 찾았거든. 알고 있는 매개변수야?

(함수) 스코프 매니저: 아니. 함수 스코프에 지금 만들었어.

컴파일러: (함수) 스코프 매니저야, 내가 for 반복문을 찾았는데 이걸 처리하려면 스코프가 필요할 것 같아.

이렇게 대화는 질의응답 형식으로 진행되는데, 먼저 컴파일러가 현재 스코프와 관련한 스코프 매니저에게 식별자 선언이 되어 있는지 질문합니다. 선언이 되어 있지 않은 경우 스코프 매니저는 해당 스코프에 변수를 생성합니다. 이미 식별자가 선언되어 있다면 더 이상 해야 할 작업이 없으므로 스코프 매니저는 아무런 작업 없이 쉽습니다.

컴파일러는 함수나 블록 스코프를 만나서 실행할 때 스코프 매니저가 새로운 스코프를 위한 양동이를 만들고 이를 인스턴스화하게끔 신호를 보냅니다.

프로그램이 실행될 때는 주로 엔진과 스코프 매니저 간에 대화가 일어납니다(두 번째 단계). 두 친구 간 대화를 들어봅시다.

엔진: (전역) 스코프 매니저야, 프로그램을 실행하기 전에 함수를 할당할 수 있게 식별자 getStudentName이 있나 찾아봐줄래?[2]

(전역) 스코프 매니저: 당연하지. 여기 변수 있어.

엔진: 스코프 매니저야, students용 타깃 참조를 찾았는데 이거 들어본 적 있어?

(전역) 스코프 매니저: 응, 전역 스코프에 선언되어 있어서 들어봤어.

엔진: 그렇구나. 고마워. 나는 이제 students를 undefined로 초기화해서 사용할 준비를 할게. 아, (전역) 스코프 매니저야, 내가 nextStudent용 타깃 참조를 찾았는데 이것도 들어본 적 있어?

(전역) 스코프 매니저: 응, 전역 스코프에 선언되어 있어서 들어봤어.

엔진: 그렇구나. 나는 이제 nextStudent를 undefined로 초기화해서 사용할 준비를 할게. 아, 그리고 nextStudent용 소스 참조를 찾았는데 들어본 적 있어?

(전역) 스코프 매니저: 응, 전역 스코프에 선언되어 있어서 들어봤어.

엔진: 좋네. getStudentName에 있는 값은 함수라서 이건 바로 실행해야겠다.

엔진: 스코프 매니저야, 이제 우리 함수 스코프 인스턴스화해야 해.

이번에는 엔진과 스코프 매니저의 대화를 살펴봤습니다. 엔진은 먼저 함수 선언문이 위치한 스코프의 스코프 매니저에게 함수와 함수 선언문 식별자를 연결하기 위해 getStudentName이 있는지 물어봅니다. 이어서 엔진은 스코프 매니저에게 students 타깃 레퍼런스와 관련한 질

---

2 옮긴이_ JS에서 함수 선언문은 함수가 선언된 위치와 상관없이 해당 스코프의 최상단으로 호이스팅되어 처리됩니다. var로 선언한 변수도 해당 스코프의 최상단으로 호이스팅 처리되는데, 함수 선언문 이후에 처리됩니다.

문 등을 합니다.

이제 var students = [...] 같은 문이 어떻게 처리되는지 요약해봅시다.

1. 컴파일러는 스코프 변수 선언을 준비합니다(현재 스코프에서 스코프 변수가 선언되어 있지 않은 경우).
2. 엔진은 엔진이 실행되는 동안, 문에서 할당 부분을 처리하기 위해 스코프 매니저에게 변수를 찾아달라고 부탁하고 변수를 undefined로 초기화해 사용할 준비를 합니다. 그 이후 변수에 배열을 할당합니다.

2.3 중첩 스코프

함수 getStudentName()을 실행할 때가 되면 엔진은 함수 스코프 인스턴스를 만들어달라고 스코프 매니저에 부탁합니다. 그럼 스코프 매니저는 인수 73을 할당할 매개변수(studentID)를 찾는 등의 일을 이어서 수행합니다.

getStudentName()용 함수 스코프는 전역 스코프 안에 중첩되어 있습니다. for 반복문을 위한 블록 스코프 역시 유사하게 함수 스코프 안에 중첩되어 있죠. 이렇게 스코프는 프로그램을 어떻게 짜는지에 따라 중첩 깊이가 달라집니다.

모든 스코프는 한 번이든 여러 번이든 실행될 때마다 스코프에 해당하는 스코프 매니저 인스턴스를 갖게 됩니다. 그리고 스코프가 실행될 때마다 자동으로 해당 스코프 내 모든 식별자가 스코프에 등록됩니다.

TIP 이를 변수 호이스팅variable hoisting이라고 하는데 자세한 내용은 5장에서 살펴봅니다.

스코프 시작 부분에서 식별자가 function 선언과 함께 등장했다면 해당 변수는 연관된 함수 참조로 자동 초기화됩니다. 그리고 식별자가 let, const가 아닌 var 선언과 함께 등장한 경우, 해당 변수는 자동으로 undefined로 초기화되어 바로 사용 가능한 상태가 됩니다. var로 선언하지 않은 변수는 초기화되지 않은 상태uninitialized(TDZ라고도 하는 이 상태는 5장에서 살펴봅니다)가 되어 엔진에 의해 선언 및 초기화가 완전히 끝날 때까지 사용할 수 없습니다.

for (let student of students) { 문에서 students는 검색이 꼭 필요한 소스 참조입니다. 그런데 함수 스코프에는 students가 없네요. 이런 상태에서 엔진은 students를 어떻게 찾는 걸까요?

가상의 대화를 통해 검색 과정을 상상해봅시다.

> **엔진**: (함수) 스코프 매니저야, students용 소스 참조를 처리해야 하는데 이 소스 참조 들어본 적 있어?
>
> **(함수) 스코프 매니저**: 아니, 금시초문이야. 저 바깥 스코프에서 찾아봐.
>
> **엔진**: (전역) 스코프 매니저야, students용 소스 참조를 처리해야 하는데 알고 있는 소스 참조야?
>
> **(전역) 스코프 매니저**: 응. 공식적으로 선언되어 있는 소스 참조야. 여기 있어.

렉시컬 스코프의 중요한 특징 중 하나는 현재 스코프에서 식별자 참조를 찾을 수 없을 때 해당 스코프를 감싸는 바깥 스코프에서 식별자 참조를 찾는다는 것입니다. 이런 프로세스는 원하는 식별자 참조를 찾거나 더 이상 찾을 만한 스코프가 없을 때까지 계속됩니다.

2.3.1 탐색이 실패할 경우

엔진이 탐색 범위를 확장해가며 모든 렉시컬 스코프를 뒤졌는데도 원하는 식별자를 찾지 못한 경우에는 오류 발생 상태가 조성됩니다. 그런데 프로그램의 모드(엄격 모드인지 아닌지)와 변수의 역할(1장에서 배운 타깃인지 소스인지)에 따라 오류가 달리 처리됩니다.

undefined에 관한 혼란

변수가 소스 역할을 할 때 식별자를 찾지 못하면 해당 변수는 선언되지 않은undeclared(알 수 없는unknown 혹은 누락된missing) 변수로 간주되어 ReferenceError가 발생합니다. 변수가 타깃 역할을 하고 프로그램이 엄격 모드에서 실행되고 있을 때 역시 해당 변수는 선언되지 않은 변수로 간주되어 소스 역할 변수를 못 찾을 때와 유사하게 ReferenceError가 발생하죠.

대부분의 JS 실행 환경에서 선언되지 않은 변수 때문에 발생하는 오류 메시지는 "Reference Error: XYZ is not defined."와 유사합니다. 이 오류 메시지에서 not defined는 '정의되지 않은'이라는 뜻을 가진 undefined와 거의 동일한데 사람이 사용하는 언어인 자연어를 기준으로는 not defined와 undefined의 뜻이 유사합니다. 하지만 JS에서 not defined와 undefined는 전혀 다른 단어입니다. 안타깝게도 이 오류 메시지는 개발자에게 지속적인 혼란을 야기하고 있죠.

접근 가능한 렉시컬 스코프에 식별자에 해당하는 변수 선언declaration이 있는 경우, not defined를 not declared 혹은 undeclared와 치환해서 생각해도 괜찮습니다. 반면 undefined는 변수는 발견되었는데(선언은 되어 있는데) 해당 시점에 값이 없는 경우를 의미합니다.

JS에서 **typeof** 연산자는 선언되지 않은 변수나 값이 없는 변수를 넘겼을 때 똑같이 undefined를 반환하기 때문에 우리의 혼란을 더욱 가중시킵니다.

```
var studentName;
typeof studentName;      // "undefined"

typeof doesntExist;      // "undefined"
```

두 변수 참조는 분명 다른 상태임에도 불구하고 JS는 물을 흐리며 개발자의 혼란을 불러일으킵니다. 용어 때문에 혼란이 발생한다는 사실은 끔찍하게 불행한 일입니다. JS 개발자들은 undefined라는 용어를 만나면 이게 undefined인지 undeclared인지를 혼동하지 않게 세심한 주의를 기울여야 합니다.

전역 변수의 갑작스러운 등장

변수가 타깃 역할을 하고 엄격 모드가 아닐 때는 혼란과 예상치 않은 결과를 불러 일으키는 과거 잔재가 드러나기 시작합니다. 타깃 할당이라는 목적을 달성하기 위해 전역 스코프의 스코프 매니저가 돌발적으로 전역 변수를 만들어버리는데, 이런 스코프 매니저의 갑작스러운 동작은 골칫거리입니다.

예시를 살펴봅시다.

```
function getStudentName() {
    // 변수가 선언되지 않았는데 할당을 했습니다.
    nextStudent = "보라";
}

getStudentName();

console.log(nextStudent);
// 뜬금없이 전역 변수가 생기면서 '보라'가 출력됩니다.
```

예시와 관련된 대화를 살펴봅시다.

엔진: (함수) 스코프 매니저야, 내가 nextStudent에서 쓸 타깃 참조를 가지고 있는데 이거에 대해 들어 본 적 있어?

(함수) 스코프 매니저: 아니, 처음 들어봤어. 바깥 스코프에서 찾아봐.

엔진: (전역) 스코프 매니저야, 내가 nextStudent에서 쓸 타깃 참조를 가지고 있는데 들어본 적 있어?

(전역) 스코프 매니저: 아니, 그런데 지금은 엄격 모드가 아니라서 너의 편의를 위해 그냥 전역에 변수를 하나 만들어줄게. 여기 있어!

이럴 수가!

버그로 이어질 확률이 아주 높은 이런 종류의 사고는 엄격 모드가 필요한 아주 좋은 예입니다. 비엄격 모드에서 작업하는 걸 고집하면 좋지 않은 결과를 초래할 뿐이죠. 엄격 모드였다면 위 상황에서 전역 스코프 매니저가 이렇게 대답했을 겁니다.

(전역) 스코프 매니저: 아니, 금시초문이야. 미안해 지금은 ReferenceError가 발생하게 해야겠다.

선언된 적이 없는 변수에 값을 할당하는 건 오류가 맞으므로 당연히 ReferenceError를 발생 시켜야 합니다.

우발적으로 등장하는 전역 변수에 절대 의존하지 말아야 합니다. 항상 엄격 모드에서 작업하고 변수는 반드시 선언해서 사용하세요. 이렇게 하면 선언되지 않은 변수에 값을 할당하려는 실수 를 할 때 ReferenceError가 나타나기 때문에, 오류의 원인을 정확히 파악할 수 있게 됩니다.

2.3.2 스코프 건물

중첩 스코프 검색 과정은 다음 그림처럼 건물에 비유할 수도 있습니다.

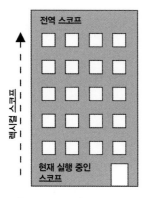

그림 2-2 스코프 건물

건물은 프로그램의 중첩 스코프 모음입니다. 1층은 현재 실행 중인 스코프를 나타내고, 꼭대기 층은 전역 스코프를 나타내죠.

타깃 혹은 소스 역할을 하는 변수 참조를 찾을 때는 지금 있는 층을 먼저 둘러봅니다. 현재 층에서 원하는 변수 참조를 찾지 못하면 엘리베이터를 타고 다음 층(바깥 스코프)으로 가서 변수 참조를 찾습니다. 계속해서 원하는 변수 참조를 찾다가 꼭대기층(전역 스코프)에 도달하면 원하는 변수 참조를 찾든 찾지 못했든 상관없이 탐색이 중단됩니다.

2.4 정리

이쯤 되면 JS 엔진이 어떻게 소스 코드를 읽어 스코프를 결정하고 사용하는지에 대한 멘탈 모델이 충분히 갖춰져야 합니다.

다음 장으로 넘어가기 전에 실제로 여러분이 작업하고 있는 프로젝트를 열어 앞서 우리가 했던 것처럼 대화를 직접 구성해보세요. 진심입니다. 대본을 짜서 소리를 내며 크게 읽어보세요. 동료들과 역할을 분배해 대화해보는 것도 좋습니다. 대화를 나누다가 한 명이라도 헷갈려 하거나 실수를 한다면 이번 장을 조금 더 학습하길 바랍니다.

이어지는 장에서는 프로그램의 렉시컬 스코프가 어떻게 연쇄적으로 연결되는지 살펴보겠습니다.

CHAPTER 3

스코프 체인

1장과 2장에서는 사실에 근거하며 렉시컬 스코프와 부수 개념을 정의하고 비유를 사용해 이해의 토대를 더 단단히 다졌습니다. 3장의 진도를 나가기 전에 주위에 한 사람을 붙들고 글이나 말로 여러분만의 언어를 사용해 렉시컬 스코프란 무엇인지, 렉시컬 스코프를 이해하는 게 왜 중요한지 설명해보길 바랍니다.

'굳이 해야 하나'라는 생각이 들 수 있겠지만 지금까지 배운 내용을 여러분만의 언어로 재구성해 설명하다 보면 큰 도움이 됩니다. 이 과정이 여러분의 이해에 분명 도움을 줄 겁니다!

자, 이제 너트와 볼트 수준으로 정말 자세하게 스코프와 클로저에 대해 알아봅시다. 진도를 나가다 보면 우리가 얼마나 스코프에 대해 무지한지 알게 될 텐데 그래도 포기하지 마세요. 시간을 충분히 들여 책과 책 안에 있는 코드를 살펴보세요.

앞선 장에서 계속 예시로 사용했던 프로그램을 스코프 버블과 함께 다시 보겠습니다.

```
1   var students = [
2       { id: 14, name: "카일" },
3       { id: 73, name: "보라" },
4       { id: 112, name: "지수" },
5       { id: 6, name: "호진" }
6   ];
7
8   function getStudentName(studentID) {
9       for (let student of students) {
10          if (student.id == studentID) {
11              return student.name;
12          }
13      }
14  }
15
16  var nextStudent = getStudentName(73);
17
18  console.log(nextStudent);
19  // 보라
```

그림 3-1 색상 스코프 버블

스코프와 중첩 스코프 사이에 맺어진 연결을 **스코프 체인**scope chain이라고 하는데 변수 접근 시 사용할 경로가 스코프 체인을 통해 결정됩니다. 이때 체인은 변수 탐색 경로가 위 혹은 바깥으로만 향하도록 지시받습니다.

3.1 탐색의 진실

스코프 버블 그림(그림 3-1)에서 for 반복문에 있는 변수 참조 students의 색을 확인해주세요. 정확히 어떤 근거로 students가 빨간색 구슬이라 판단했었죠?

2장에서는 런타임에 변수에 접근하는 과정을 '탐색'이라는 개념에 비유해 알아봤습니다. 탐색 과정 중 엔진은 현재 스코프를 관리하는 스코프 매니저에게 알고 있는 식별자 혹은 변수인지 물어보고, 원하는 식별자 혹은 변수를 찾을 때까지 중첩 스코프를 따라 올라가며 전역 스코프를 만날 때까지 탐색을 이어가다가 스코프 양동이에서 같은 이름을 가진 선언을 발견하면 즉시 탐색을 중단합니다.

이런 탐색 절차 때문에 스코프 체인을 따라 올라가면서 체인 끝에 있는 전역 스코프(빨간색 양동이, 버블 ❶)로 탐색 영역을 넓힐 때까지 일치하는 변수를 찾지 못해서 students는 빨간색 구슬(버블 ❶)이 되었습니다.

if 문에 있는 studentID 역시 비슷한 이유로 파란색 구슬(버블 ❷)이 됩니다.

그런데 지금까지 살펴본 런타임 검색 프로세스는 개념을 이해하는 데는 도움을 주지만 실제 탐색 프로세스와는 다릅니다.

구슬을 담은 양동이의 색(변수가 어떤 스코프에서 왔는지 알려주는 메타 정보)은 **보통 컴파일 과정 초기에 결정**됩니다. 렉시컬 스코프는 컴파일 초기에 확정되므로 구슬 색은 런타임 상황에 영향을 받지 않습니다.

그리고 구슬 색 역시 컴파일레이션 때 확정되고 변하지 않기 때문에 구슬 색에 관한 정보는 AST에 있는 각 변수(혹은 접근 가능한 변수) 정보와 함께 저장됩니다. 구슬 색 정보는 런타임을 구성하는 실행 가능한 명령에 의해 명시적으로 사용됩니다.

정리하자면 이렇습니다. 프로그램이 실행되는 동안 JS 엔진은 변수가 속한 양동이 정보를 이미 알고 있기 때문에 변수가 어떤 양동이에서 왔는지 파악하기 위해 여러 스코프를 탐색할 필요가 없습니다. 런타임에 탐색을 할 필요가 없다는 점은 최적화 관점에서 렉시컬 스코프가 가져다주는 중요한 혜택입니다. 변수 탐색에 시간을 쓰지 않아도 되기 때문에 런타임은 좀 더 효율적으로 작동할 수 있습니다.

그런데 앞서 컴파일 과정 중 구슬 색은 '보통 컴파일 과정 초기에 결정된다'고 언급했습니다. 그렇다면 컴파일 중에 구슬 색이 결정되지 않는 경우는 어떤 경우일까요?

현재 파일에서 접근 가능한 렉시컬 스코프 어디에서도 참조가 불가능한 변수가 있다고 가정해 봅시다(참고로 1부 1장에서는 JS로 작성한 파일 하나하나가 컴파일 관점에서 독립적인 프로그램이라고 이야기한 바 있습니다). 탐색 과정에서 선언을 찾지 못해도 항상 오류가 발생하는 것은 아닙니다. 런타임에 다른 파일(프로그램)이 해당 변수를 전역에 선언할 가능성도 있기 때문입니다.

이런 이유 때문에 접근 가능한 양동이에 원하는 변수가 선언되었는지의 여부는 컴파일 타임이 아닌 런타임에 완전히 확정된다고 할 수 있습니다.

선언하지 않은 변수에 대한 참조는 해당 파일을 컴파일하는 동안에는 색이 지정되지 않습니다. 연관 파일들을 컴파일하고 애플리케이션 실행 직전까지 구슬 색이 지정되지 않죠. 이처럼 탐색이 지연되는 경우는 결국 변수가 발견되는 범위(주로 전역 스코프)를 기준으로 색이 정해집니다.

그런데 이런 검색 프로세스는 변수당 최대 한 번만 일어나고, 변수의 스코프는 결정되면 변경되지 않기 때문에 런타임 중에는 그 어떤 것도 해당 구슬의 색을 변경할 수 없습니다.

변수 참조가 실행되는 순간, 마지막 탐색 과정에서도 여전히 구슬 색을 확정 짓지 못한 경우에 벌어지는 일은 2.3.1절 '탐색이 실패할 경우'에서 살펴봤습니다.

3.2 변수 섀도잉

섀도잉은 신비롭고 추상적인 단어처럼 들리지만 걱정하지 않으셔도 됩니다. 배워두면 아주 쓸모 있는 녀석입니다!

몇 장에 걸쳐 예시로 사용한 프로그램을 보면 각 버블 경계를 기준으로 변수 이름이 각각 다른 것을 확인할 수 있습니다. 이렇게 식별자 이름이 겹치지 않을 때는 구슬 전부를 버블 ❶번에 해당하는 빨간색 양동이에 담아도 괜찮을 수 있습니다.

렉시컬 스코프에 해당하는 양동이를 분류하는 게 중요해지는 시점은 다음과 같습니다. 두 개 이상의 변수가 있고, 각 변수들이 속한 스코프는 다르지만 이름은 같은 경우입니다. 이름이 같은 두 개 이상의 변수가 하나의 스코프에 있으면 안 됩니다. 이렇게 복수 참조가 발생하면 변수가 하나만 있는 것처럼 처리됩니다.

이러한 이유로 이름이 같은 변수를 꼭 두 개 이상 사용해야 한다면 스코프를 반드시 분리(중첩 스코프 등)해야 합니다.

예시를 살펴봅시다.

```
var studentName = "Jimin";

function printStudent(studentName) {
    studentName = studentName.toUpperCase();
    console.log(studentName);
}

printStudent("Bora");
```

```
  // BORA

printStudent(studentName);
// JIMIN

console.log(studentName);
// JIMIN
```

TIP 다음 설명을 읽기 전에 지금까지 배운 내용과 비유를 사용해 예시 코드를 분석해보세요. 코드에서 구슬과 버블 색은 꼭 구분해보길 바랍니다. 아주 좋은 연습이 될 겁니다!

첫 번째 줄에 있는 변수 studentName은 빨간색 구슬, 세 번째 줄에 있는 함수 printStudent() 의 매개변수 studentName은 파란색 구슬이 됩니다.

그렇다면 할당문 studentName = studentName.toUpperCase()에 있는 두 studentName 과 console.log(studentName)에 있는 studentName은 어떤 색 구슬이 될까요? student Name 참조 세 개 모두 파란색 구슬이 됩니다.

우리는 지금까지 '탐색'이라는 개념을 통해 변수 탐색은 현재 스코프부터 시작해서 바깥과 위를 향해 스코프를 점차 넓혀가며 진행되다가 일치하는 변수를 찾으면 중단된다고 배웠습니다. printStudent("Bora");에서 파란색 studentName을 찾으면 바로 탐색이 중단되는 이유가 바로 이 때문입니다. 빨간색 구슬은 탐색 범위에 들어오지도 않습니다.

이런 렉시컬 스코프의 주요 특징을 **섀도잉**shadowing[1]이라고 합니다. 예시에서는 파란색 (매개) 변수 studentName이 만든 그늘에 빨간색 변수 studentName이 가려졌습니다. 매개변수가 전역 변수를 가려버리는 꼴이 된 거죠. 자, '매개변수가 전역 변수를 그늘로 가리고 있다'는 문장에서 '그늘진shadowed'이라는 용어를 확실히 이해해야 하므로 여러 번 입으로 말해봅시다!

이렇듯 함수에 인수를 넘겨 studentName을 재할당re-assignment해도 그 영향이 전역 변수이자 빨간색 구슬인 studentName에는 미치지 못하고 오직 내부 (매개)변수인 파란색 구슬 studentName에만 미치는 것은 섀도잉 때문이라고 할 수 있습니다.

외부 스코프에 존재하는 변수와 같은 이름을 가진 변수를 선언해 변수를 섀도잉하면, 해당 스코프와 그 안쪽/아래쪽(중첩된 범위)에 있는 어떤 구슬도 섀도잉된 변수(예시의 경우 빨간색)

---

1 옮긴이_ 섀도(shadow)는 '그늘을 드리우다'라는 뜻을 가진 영단어입니다. JS에서 섀도잉은 '변수 가리기'로 해석할 수 있습니다.

와 같은 색으로 칠할 수 없습니다. 즉, 모든 `studentName` 식별자 참조는 해당 매개변수의 변수에 대응할 뿐 전역 `studentName` 변수에 대응하지 않습니다. `printStudent()` 함수 내부 (또는 중첩 스코프)에서 전역 `studentName`을 참조하는 것은 렉시컬적으로 불가능합니다.

3.2.1 전역 언섀도잉

지금부터 다룰 내용은 좋은 프랙티스practice[2]가 아니고 유용성 측면에서도 한계가 있으며 코드를 읽게 될 사람을 혼란에 빠트려 버그를 만들 확률을 높이기 때문에 조심해서 사용하길 바랍니다. 이러한 단점에도 불구하고 이 방법을 소개하는 이유는 여러분이 보게 될 코드에서 이러한 꼼수를 사용하고 있을 수 있기 때문입니다. 코드가 작성된 맥락을 이해하면 코드에 걸려 넘어지지 않습니다. 그러니 꼼수를 이해하는 게 중요합니다.

지금까지 배운 것과 달리, 전역 변수를 가린 변수가 있는 스코프에서 전역 변수에 접근할 수 있는 방법이 있습니다. 전형적인 렉시컬 식별자 참조를 통해서가 아닌 다른 방법을 통하면 가능합니다.

전역 스코프(빨간색 버블 ❶)에서는 `var`로 선언한 변수와 `function` 키워드로 선언한 함수는 전역 객체의 프로퍼티를 통해 접근할 수 있습니다. 전역 객체는 본질적으로 전역 스코프를 객체로 나타낸 것이라 볼 수 있죠. 브라우저에서 실행되는 JS 코드를 작성해본 경험이 있다면 `window`가 전역 객체라는 것을 알고 계실 겁니다. 그런데 이 정보가 완전히 참은 아닙니다. 하지만 `window`와 전역 객체를 설명하기에는 여기서 다루려는 범위를 넘어서기 때문에 다음 장 전역 스코프와 객체를 설명하며 따로 살펴보겠습니다.

브라우저에서 단독으로 실행 가능한 JS 파일을 살펴봅시다.

```
var studentName = "보라";

function printStudent(studentName) {
    console.log(studentName);
    console.log(window.studentName);
}

printStudent("지수");
```

---

2 옮긴이_ 정보 통신 용어로 작업 산출물이나 프로세스 능력을 개선하는 소프트웨어 공학 활동이나 관리 활동을 의미합니다.

```
// 지수
// 보라
```

window.studentName 참조가 보이나요? 해당 표현식은 전역 변수 studentName을 window (이번 장에서는 전역 객체와 동일한 객체로 취급)에 있는 프로퍼티처럼 접근하고 있습니다. 그늘을 만든 변수가 있는 스코프에서 그늘로 가려진 변수에 접근할 수 있는 방법은 바로 이렇게 전역 객체를 통하는 방법뿐입니다.

window.studentName은 전역 변수 studentName을 거울에 비친 값이지 복제본이 아닙니다. 따라서 코드 한쪽에서 값을 변경하면 다른 쪽 코드에도 변경 사항이 반영됩니다. window.studentName을 실제 변수 studentName에 접근하게 해주는 게터^{getter}나 세터^{setter}라고 생각하는 분이 있을 수 있습니다. 그런데 사실은 전역 객체에 프로퍼티를 만들거나 값을 설정하면 전역 스코프에 변수 추가가 가능합니다.

> **WARNING_** 가능하다고 해서 무조건 해야 하는 건 아니라는 점을 꼭 기억하길 바랍니다. 구현상 반드시 접근해야 할 전역 변수를 섀도잉하거나, 역으로 가려진 전역 변수를 꼼수를 사용해 접근하지 마세요. 그리고 전역 변수를 공식적인 방법[3]으로 선언하는 대신, window에 프로퍼티를 추가하는 방식을 사용해 코드 읽는 사람을 헷갈리게 하지 마세요!

지금까지 소개한 귀여운 '꼼수'는 (중첩 스코프 안에 있어서 가려진 변수가 아닌) 전역 스코프 변수에 접근할 때만 작동하고, 여기에 더해 var나 function으로 선언했을 때만 작동합니다.

전역 스코프에서 다른 방법으로 선언한 것들은 전역 객체 프로퍼티에 거울 효과를 내지 못합니다.

```
var one = 1;
let notOne = 2;
const notTwo = 3;
class notThree {}

console.log(window.one);        // 1
console.log(window.notOne);     // undefined
console.log(window.notTwo);     // undefined
console.log(window.notThree);   // undefined
```

---

3 옮긴이_ 일반 변수 선언 방법을 사용하는 것을 말합니다.

전역 스코프가 아닌 스코프에 존재하는 변수는 어떻게 선언했는지와는 상관없이 그림자에 가려진 스코프에서 접근할 수 없습니다.

```
var special = 42;

function lookingFor(special) {
    // 함수 lookingFor 스코프 안의 식별자(매개변수) special은 함수 keepLooking
    // 안에서 그림자에 가려지기 때문에 keepLooking에서 접근할 수 없습니다.

    function keepLooking() {
        var special = 3.141592;
        console.log(special);
        console.log(window.special);
    }

    keepLooking();
}

lookingFor(112358132134);
// 3.141592
// 42
```

전역(빨간색 버블 ❶)에 있는 빨간색 구슬 special은 함수 lookingFor 스코프(파란색 버블 ❷) 안의 파란색 구슬 special(매개변수)에 의해 가려지고, 파란색 구슬 special은 keepLooking() 안(초록색 버블 ❸)에 있는 초록색 구슬 special에 의해 가려집니다. window.special을 사용하면 빨간색 구슬 special에 접근할 수 있습니다. 하지만 112358132134라는 값이 담긴 파란색 구슬 special을 keepLooking()에서 접근할 수 있는 방법은 없습니다.

3.2.2 복사는 접근과 다릅니다

저는 지금부터 소개할 질문을 수십 번은 넘게 들어봤습니다. 예시를 먼저 봅시다.

```
var special = 42;

function lookingFor(special) {
    var another = {
```

```
        special: special
    };

    function keepLooking() {
        var special = 3.141592;
        console.log(special);
        console.log(another.special);   // 오우, 꼼수를 사용했네요!
        console.log(window.special);
    }

    keepLooking();
}

lookingFor(112358132134);
// 3.141592
// 112358132134
// 42
```

"어! 예시처럼 another 객체를 사용하면 매개변수 special은 keepLooking() 안에서 절대 접근 불가능하다는 주장이 틀린데요?"라는 질문이죠. 아니요. 제 주장은 여전히 옳습니다.

special: special은 매개변수 special의 값을 또 다른 컨테이너(같은 이름을 가진 프로퍼티)에 복사해 전달합니다. 별개의 컨테이너에 값을 넣게 되면 (another도 가려지지 않는 이상) 당연히 섀도잉이 효과를 발휘하지 못합니다. 그런데 섀도잉이 효과가 없다는 말이 우리가 매개변수 special에 접근 가능하다는 말은 아닙니다. 이 말은 우리가 매개변수 special에 접근할 때는 객체 프로퍼티라는 **별개의 컨테이너**를 통해 컨테이너에 복사된 값에 접근한다는 뜻입니다. keepLooking() 안에서 파란색 구슬(버블 ❷)인 매개변수 special에 값을 재할당할 수는 없습니다.

이쯤 되면 "숫자(112358132134 등) 대신 객체나 배열 같은 걸 쓰면 되지 않을까요?"라는 질문을 하는 분도 있을 것 같네요. 원싯값의 복사본 대신 객체 참조를 사용하면 접근 불가능하다는 문제를 고칠 수 있을까요?

고칠 수 없습니다. 참조 복사본을 통해 객체의 내용을 수정하는 건 렉시컬 환경을 고려해 변수 자체에 접근하는 게 아니기 때문입니다. 객체 참조를 사용한다고 해도 여전히 파란색 구슬 special에 값을 재할당할 수 없습니다.

3.2.3 금지된 섀도잉

모든 선언 조합이 섀도잉을 만들어내는 것은 아닙니다. let은 var를 가릴 수 있지만 var는 let을 가릴 수 없습니다.

```
function something() {
    var special = "자바스크립트";
    {
        let special = 42;    // 이 조합은 괜찮습니다.
        // ...
    }
}

function another() {
    // ...
    {
        let special = "자바스크립트";
        {
            var special = "자바스크립트";
            // ^^^ SyntaxError(구문 오류 발생)
            // ...
        }
    }
}
```

another() 함수 안의 var special은 함수 스코프에 선언을 시도하는데, something() 함수에서 볼 수 있는 것처럼 그 자체로는 문제가 없습니다.

예시의 구문 오류는 special이 이미 선언되어 있기 때문에 발생했습니다(오류 메시지 자체에는 약간 오해의 소지가 있긴 합니다). 섀도잉은 일반적으로 잘 허용되기 때문에 something()에서는 구문 오류가 발행하지 않았습니다.

SyntaxError가 발생한 진짜 이유는 var가 같은 이름을 사용해 let으로 선언한 변수의 경계를 가로지르려고(뛰어넘으려고) 했기 때문입니다. 이는 허용되지 않은 행위입니다.

그런데 경계 뛰어넘기 금지는 함수 경계를 만났을 때는 효과를 발휘하지 못하기 때문에 다음 예시는 정상적으로 작동합니다.

```
function another() {
    // ...
    {
        let special = "자바스크립트";

        ajax("https://some.url", function callback() {
            // 허용된 섀도잉
            var special = "자바스크립트";
            // ...
        });
    }
}
```

요약하면 이렇습니다. 내부 스코프에 있는 **let**은 외부 스코프에 있는 **var**를 언제나 가릴 수 있습니다. 내부 스코프에 있는 **var**는 둘 사이에 함수 경계가 있는 경우에만 외부 스코프에 있는 **let**을 가릴 수 있습니다.

3.3 함수 이름 스코프

아시다시피 함수 선언문function declaration은 다음과 같이 생겼습니다.

```
function askQuestion() {
    // ...
}
```

1장과 2장에서 설명한 것처럼 함수 선언문은 함수를 둘러싸는 스코프(위 예시에서는 전역 스코프)에 **askQuestion**이라는 식별자를 생성합니다.

그렇다면 다음 예시는 어떨까요?

```
var askQuestion = function(){
    // ...
};
```

예시에서도 마찬가지로 변수 **askQuestion**이 만들어집니다. 하지만 예시는 함수 표현식^{function} expression[4]이기 때문에 함수 자체가 호이스팅(5장에서 살펴봄)되지 않습니다.

함수 선언문과 함수 표현식의 두드러지는 차이점은 함수 이름 식별자 작동 방식입니다. 기명 함수 표현식 예시를 살펴봅시다.

```
var askQuestion = function ofTheTeacher(){
    // ...
};
```

우리는 **askQuestion**이 외부 스코프에 그친다는 것을 이미 알고 있습니다. 그렇다면 식별자 **ofTheTeacher**는 어떨까요? 일반적인 함수 선언문이었다면 이름 식별자는 외부 혹은 둘러싸는 스코프에 그칠 것이고 기명 함수 표현식도 같지 않을까 생각하기 쉽습니다. 하지만 **ofTheTeacher**는 **함수 안에 식별자 그 자체**로 선언됩니다.

```
var askQuestion = function ofTheTeacher() {
    console.log(ofTheTeacher);
};

askQuestion();
// function ofTheTeacher()...

console.log(ofTheTeacher);
// ReferenceError: ofTheTeacher is not defined
```

> **NOTE_** 사실 **ofTheTeacher**는 함수 스코프 안에 있지 않습니다. 자세한 내용은 부록 A.1절 '암시적 스코프'에서 설명하겠습니다.

ofTheTeacher는 함수 밖이 아닌 안에 선언되는 것뿐만 아니라 읽기 전용으로 선언됩니다.

```
var askQuestion = function ofTheTeacher() {
    "use strict";
    ofTheTeacher = 42;    // TypeError
```

---

4 함수 정의 방법 중 하나로, 함수를 단독으로 선언하는 대신 변수를 사용해 함수를 정의하는 방법입니다.

```
    // ...
};

askQuestion();
// TypeError
```

예시는 엄격 모드가 적용되었기 때문에 할당 실패 시 **TypeError**가 발생합니다. 비엄격 모드였다면 별도의 오류 없이 그냥 할당에 실패합니다.

이번에는 이름 식별자 없이 함수 표현식을 사용할 때를 알아봅시다.

```
var askQuestion = function() {
    // ...
};
```

이름 식별자가 있는 함수 표현식은 '기명 함수 표현식'이라 부르는데, 예시처럼 이름 식별자가 없는 경우에는 '익명 함수 표현식'이라 합니다. 익명 함수 표현식은 보다시피 스코프에 영향을 미치는 이름 식별자가 없습니다.

> **NOTE_** 기명, 익명 함수 표현식의 차이와 둘 중 하나를 택하는 기준에 대해서는 부록 A.2절 '익명 함수 vs. 기명 함수'에서 자세히 살펴봅니다.

3.4 화살표 함수

ES6에서는 언어 차원에서 함수 표현식을 만들 수 있는 새로운 방법인 **화살표 함수**arrow function가 도입되었습니다.

```
var askQuestion = () => {
    // ...
};
```

화살표 함수를 사용하면 함수를 정의할 때 **function** 코드를 쓸 필요가 없습니다. 매개변수 리스트를 감싸는 ()도 때에 따라 생략 가능합니다. 마찬가지로 함수 본문을 감싸는 {} 역시 경우에 따라 생략 가능하죠. {}를 생략한 경우에는 return 키워드 없이도 값을 반환합니다.

> **NOTE_** 화살표 함수는 짧아서 쓰기 좋다거나 짧기 때문에 가독성이 더 좋다고 주장하는 사람들이 있습니다. 최대한 긍정적으로 생각해도 이런 주장은 '좋지 않다' 정도로밖에 표현이 안 됩니다. 이 주장은 완전히 잘못되었습니다. 다양한 함수 형태의 가독성에 대한 설명은 부록 A.2절에서 자세히 살펴보겠습니다.

화살표 함수는 렉시컬 스코프 관점에서 익명으로 취급됩니다. 화살표 함수는 함수를 참조하는 연관 식별자와 직접 연결되어 있지 않습니다. askQuestion에 할당을 하면 다음 예시처럼 askQuestion라는 이름이 자체적으로 추론[5]되긴 하지만 기명 함수와 똑같이 작동하는 것은 아닙니다.

```
var askQuestion = () => {
    // ...
};

askQuestion.name;    // askQuestion
```

화살표 함수는 개발자에게 다양한 형태나 조건에 대한 유추를 비용으로 떠넘기면서 그 간결성을 유지합니다.

```
() => 42;

id => id.toUpperCase();

(id, name) => ({ id, name });

(...args) => {
    return args[args.length - 1];
};
```

이번 장에서 필자가 화살표 함수를 굳이 언급한 이유는 function을 사용해 선언하는 일반 함수와 화살표 함수가 렉시컬 스코프 측면에서 다르게 작동한다는 통념이 틀렸다는 걸 주장하기

---

5 옮긴이_ 1부의 부록 A를 참고하세요.

위해서입니다.

다시 한번 강조하지만 이 주장은 틀렸습니다.

화살표 함수는 익명이라는 특성 (그리고 명확한 형식이 없다는 특성) 이외에는 `function`을 사용해 선언한 함수와 동일한 렉시컬 스코프 규칙을 적용받습니다. 함수 본문을 감싸는 대괄호가 있든 없든 화살표 함수는 별도의 내부 중첩 스코프를 형성하는데, 이 중첩 스코프에 선언된 변수는 일반 함수의 본문 내에 선언한 변수 스코프와 동일하게 작동합니다.

3.5 정리

선언을 하든 표현식을 쓰든, 함수를 정의하면 새로운 스코프가 만들어집니다. 스코프 중첩을 어떻게 만들었는지에 따라 스코프 계층 관계가 만들어지는데, 이를 **스코프 체인**이라 부릅니다. 스코프 체인은 변수를 위 혹은 바깥쪽 방향으로만 접근 가능하도록 통제합니다.

새 스코프가 생기면 변수를 넣을 새로운 공간이 만들어집니다. 스코프 체인 내, 다른 계층에 있는 스코프에 이름이 같은 변수가 있으면 섀도잉 때문에 바깥 스코프에 있는 변수에 접근할 수 없게 됩니다.

이러한 세부적인 내용에서 한 걸음 물러나 다음 장에서는 모든 JS 프로그램의 기본 스코프인 전역 스코프를 살펴보겠습니다.

CHAPTER 4

전역 스코프

3장에서 전역 스코프에 대해 몇 번 언급하긴 했지만, 최신 JS에서 프로그램 가장 바깥에 있는 전역 스코프가 왜 그렇게 중요한지에 대한 의문은 여전히 있을 겁니다. 최신 JS에서는 대다수의 코드를 전역에 한 번에 작성하는 게 아니라 함수와 모듈 안에 작성합니다.

그럼 "전역 스코프를 사용하지 말라고 하면 되지 않나요?"라고 이야기할 수 있는데, 이 주장만으로 과연 충분할까요?

JS 프로그램에서 전역 스코프는 여러분이 생각하는 것보다 훨씬 더 많은 유용한 기능을 제공하면서 여타 스코프와는 다른 미묘한 차이가 있는 주제입니다. 이번 장에서는 오늘날 JS를 사용함에 있어 전역 스코프가 어떤 점에서 여전히 유용한지, 프로그램 작성과 어떤 연관이 있는지 살펴보고, 이어서 여러 JS 호스트 환경에서 전역 스코프는 어디에 있고 **어떻게 전역 스코프에 접근**하는지 알아보겠습니다.

렉시컬 스코프를 사용해 원하는 대로 프로그램 구조를 짜려면 전역 스코프를 온전히 이해하는 게 아주 중요합니다. 지금부터 차근차근 전역 스코프를 배워봅시다.

4.1 전역 스코프를 배워야 하는 이유

JS 파일 여러 개가 모여 애플리케이션이 만들어진다는 사실은 여러분도 익히 알고 있을 거라 생각합니다. 그렇다면 JS 엔진은 분리된 여러 개의 파일을 실행 시점에 어떻게 하나로 연결시키는 걸까요?

브라우저에서 실행되는 애플리케이션은 주로 세 가지 방법을 사용해 파일을 하나로 모으고 실행합니다.

첫째, (별도의 모듈 번들러를 사용하지 않고) ES 모듈을 바로 사용하는 경우에는 파일을 각자 하나씩 로딩합니다. 로딩 후에는 `import` 문에 있는 다른 모듈을 참조합니다. 이때 각 모듈은 서로의 스코프를 공유하지 않고 배타적으로 협력합니다.

둘째, 구축 과정에 번들러bundler가 관여하는 경우에는 파일 전체가 합쳐져서 브라우저와 JS 엔진에 전달됩니다. 따라서 브라우저, JS 엔진은 하나의 커다란 파일만 처리합니다. 그런데 이렇게 애플리케이션 하나가 단일 파일에 모여 있는 경우라도 파일 내 코드 조각 일부에서 다른 코드 조각을 참조할 때 사용할 이름을 등록한다든가 타 코드 조각에 접근할 때 적용할 메커니즘이 필요합니다.

번들러는 다양한 빌드 환경을 설정할 수 있도록 하는데, 그중 일부는 파일 내용 전체를 래퍼 함수wrapper function나 유니버설 모듈universal module (UMD, 부록 A.7.3절 참고) 등을 사용해 하나의 스코프 안에 묶도록 해줍니다. 이때 각 코드 조각은 다음 예시처럼 다른 코드 조각에서 자신을 접근할 수 있도록 하는 지역 변수를 공유 스코프 안에 스스로 등록합니다.

```
(function wrappingOuterScope() {
    var moduleOne = (function one() {
        // ...
    })();
    var moduleTwo = (function two() {
        // ...
        function callModuleOne() {
            moduleOne.someMethod();
        }
        // ...
    })();
})();
```

보다시피 함수 `wrappingOuterScope()` 스코프 안에 지역 변수로 선언된 `moduleOne`과 `moduleTwo`는 두 코드 조각끼리 협력할 목적으로 선언되었습니다.

wrappingOuterScope()의 스코프는 환경 전체를 아우르는 전역 스코프가 아닌 함수 스코프이긴 하지만 애플리케이션 전체를 아우르는 스코프처럼 작동합니다. 진짜 전역 스코프가 아니지만 wrappingOuterScope()의 스코프에는 모든 최상위 레벨의 식별자가 저장되죠. wrappingOuterScope()의 스코프는 전역 스코프의 대들보 역할을 한다고 볼 수 있습니다.

마지막 세 번째 방법은 전역 스코프를 활용하는 방법입니다. 번들러를 사용하든, 아니면 (ES 모듈이 아닌) 파일을 <script> 태그를 사용하거나 동적으로 리소스를 로딩해 단순히 브라우저에 개별적으로 불러오든 상관없이 모든 코드 조각을 아우르는 하나의 스코프가 없는 경우라면 코드 조각들이 협업할 수 있는 유일한 방법은 **전역 스코프**를 통해서뿐입니다.

세 번째 방법을 활용할 때의 번들링 결과 코드는 대개 다음과 같습니다.

```
var moduleOne = (function one() {
    // ...
})();
var moduleTwo = (function two() {
    // ...
    function callModuleOne() {
        moduleOne.someMethod();
    }
    // ...
})();
```

moduleOne과 moduleTwo는 전역 스코프로 던져지고 이 둘을 감싸는 함수 스코프는 없는 것을 확인할 수 있습니다. 그런데 이 상황은 다음 예시처럼 파일이 두 개 있고, 프로그램 실행을 위해 파일을 각각 로딩해야 하는 상황과 같습니다.

module1.js의 코드는 다음과 같습니다.

```
var moduleOne = (function one(){
    // ...
})();
```

module2.js의 코드는 다음과 같습니다.

```
var moduleTwo = (function two(){
    // ...
```

```
    function callModuleOne() {
        moduleOne.someMethod();
    }
    // ...
})();
```

브라우저 환경에서 독립된 .js 파일 여러 개를 불러와야 하는 상황입니다. 이 경우, 개별 파일이 공유하는 유일한 리소스는 **전역 스코프**이므로 각 파일의 최상위 스코프에 선언된 변수들은 전역 스코프의 전역 변수가 됩니다.

전역 스코프는 런타임에 프로그램을 구성하는 코드 조각들이 어디에 있는지, 그리고 각 코드 조각이 어떤 방식으로 다른 코드 조각에 접근해 협력하는지에 관여하는 것뿐만 아니라 다음의 경우에도 사용합니다.

- **JS 내장 기능을 사용할 때**
  - 원싯값: undefined, null, Infinity, NaN
  - 네이티브 객체: Date(), Object(), String() 등
  - 전역 함수: eval(), parseInt() 등
  - 네임스페이스: Math, Atomics, JSON
  - JS와 협력 관계인 기술: Intl, WebAssembly
- **특정 호스팅 환경에서 제공하는 내장 기능을 사용할 때**
  - console과 연관 메서드
  - DOM(window, document 등)
  - 타이머(setTimeout() 등)
  - 웹 API: navigator, history, 지오로케이션geolocation, WebRTC 등

여기에 언급하지는 않았지만, 전역에는 프로그램을 풍성하게 만드는 다양한 기능이 있습니다.

> **NOTE_** Node.js에서도 require(), __dirname, module, URL 같은 몇 가지 기능을 전역에서 쓸 수 있지만 실제 이 기능들이 전역 스코프에 등록되어 있는 건 아닙니다.

변수를 전역에 때려 넣으면 안 된다는 주장에 거의 모든 개발자가 동의할 겁니다. 변수 전체를 전역 스코프에 선언하는 건 버그가 발생하길 기도하는 것과 다름없습니다. 하지만 모든 JS

프로그램이 전역 스코프를 '접착제' 삼아 파일을 모으고 실행한다는 사실은 부인할 수 없습니다.

4.2 전역 스코프의 위치

전역 스코프는 함수나 블록 안이 아닌 파일 가장 바깥쪽에 위치한다고 생각할 수 있는데, 실상은 그리 간단하지 않습니다.

호스팅 환경에 따라 발생하는 차이로 생기는 문제 때문에 JS 자체를 오해하곤 합니다. 꽤 흔한일이죠.

4.2.1 브라우저의 창, window 객체

전역 스코프가 처리되는 환경 중 가장 **순수**pure한 환경은 브라우저에서 단독으로 .js 파일을 로드할 때 관찰할 수 있습니다. 파일을 로드할 때 브라우저가 자동으로 추가하는 게 없어서 '순수'라는 단어를 사용한 것은 아닙니다. 파일 로드 시 많은 것이 추가될 수 있습니다. 하지만 브라우저는 코드 침입을 최소화하고 전역 스코프가 작동할 때 간섭도 최대한 하지 않습니다.

다음 .js 파일을 먼저 읽어봅시다.

```
var studentName = "카일";

function hello() {
    console.log(`${ studentName } 님, 안녕하세요!`);
}

hello();
// 카일 님, 안녕하세요!
```

<script> 태그 안에 코드를 넣거나, 마크업 안에 <script src=...>로 코드를 연결, 혹은 <script> 태그에 대응하는 DOM 요소를 동적으로 생성하면 이 JS 코드를 브라우저(웹 페이지) 환경에 불러올 수 있습니다. 세 경우 모두 식별자 studentName과 hello가 전역 스코프에 선언됩니다.

식별자가 전역 스코프에 선언된다는 말은 전역 객체(브라우저에서 대개 window 객체)의 프로퍼티를 통해 해당 식별자에 접근할 수 있다는 말과 같습니다.

```javascript
var studentName = "카일";

function hello() {
    console.log(`${ studentName } 님, 안녕하세요!`);
}

window.hello();
// 카일 님, 안녕하세요!
```

JS 명세서를 읽어보면 예시에서 외부 스코프가 글로벌 스코프이고 studentName은 전역 변수가 된다는 사실이 당연하다는 걸 알 수 있습니다.

'순수'라는 단어를 쓴 것은 바로 이런 이유 때문입니다. 그런데 불행하게도 이런 작동 방식이 모든 JS 호스트 환경에서 보장되는 게 아닙니다. JS 개발자들이 예상치 않은 결과에 종종 놀라는 이유가 바로 여기에 있습니다.

전역을 가리는 전역

3장에서 살펴본 섀도잉과 전역 언섀도잉을 다시 떠올려봅시다. 안쪽 스코프에 선언된 변수는 바깥쪽 스코프에 선언된 이름이 같은 변수를 가리고 접근을 막습니다.

그런데 전역 변수와 이와 이름이 같은 전역 프로퍼티는 섀도잉과 다른 방식으로 작동합니다. 전역 스코프에서는 다음 예시처럼 전역 객체의 프로퍼티가 전역 변수에 의해 가려집니다.

```javascript
window.something = 42;

let something = "카일";

console.log(something);
// 카일

console.log(window.something);
// 42
```

let으로 변수 something을 선언하면 전역 변수가 추가되지만 전역 객체의 프로퍼티가 추가되지는 않습니다(3장 참고). 그 영향으로 something 렉시컬 식별자가 something 전역 객체 프로퍼티를 가리게 됩니다.

전역 객체에 있는 프로퍼티와 전역 스코프에 등록된 식별자가 다르게 작동하도록 코드를 작성하는 건 좋지 않습니다. 나중에 코드를 읽게 될 사람이 분명 실수하게 될 겁니다.

전역에 무언가를 선언할 때 실수를 막을 수 있는 좋은 방법은 전역에서는 항상 var를 쓰는 것입니다. let과 const는 블록 스코프(6장에서 자세히 살펴봅니다)에서만 쓰고 말이죠.[1]

DOM 전역 변수

앞서 저는 다양한 JS 호스트 환경 중 브라우저가 전역 스코프 처리 관점에서 가장 순수한 환경이라고 주장했습니다. 그런데 사실 브라우저는 완전히 순수한 환경은 아닙니다.

브라우저에서 돌아가는 JS 프로그램을 다뤄보면 알 수 있겠지만, DOM 요소에 id 속성[attribute]을 추가하면 전역 변수가 자동으로 생기고, 이 변수를 통해 해당 DOM 요소에 접근할 수 있습니다.

먼저 예시로 사용할 마크업 파일을 살펴봅시다.

```
<ul id="my-todo-list">
    <li id="first">책 쓰기</li>
    // ...
</ul>
```

그리고 다음 JS 파일을 페이지에 연동했다고 가정합니다.

```
first;
// <li id="first">...</li>

window["my-todo-list"];
// <ul id="my-todo-list">...</ul>
```

---

1 옮긴이_ 근래에 작성된 JS 서적이나 자료에서는 let, const를 주로 사용하고, var는 사용하지 말라고 적혀 있는 경우가 많아 저자의 이런 주장이 와닿지 않을 겁니다. 저자에게 이런 의견을 내비친 결과 '각자가 다른 철학을 가지고 JS를 바라본다'라는 대답을 들었습니다. 저자가 var를 어떻게 다루는지는 다음 저장소에서 확인할 수 있습니다. https://github.com/getify/youperiod.app/blob/main/web/js/main.js

DOM id 속성값이 (first처럼) 유효한 렉시컬 이름인 경우에는 새로운 렉시컬 변수가 생성되면서 전역 변수를 통해 해당 DOM에 접근할 수 있습니다. id 속성값이 (my-todo-list처럼) 유효하지 않은 렉시컬 이름이면, 오직 전역 객체(window[...])를 통해서만 DOM 요소에 접근할 수 있습니다.

이런 식으로 id 속성이 있는 DOM 요소에 대응하는 변수를 자동으로 전역에 등록하는 것은 브라우저 환경에서 오래전부터 지원하던 기능입니다. 레거시를 개선할 수 있겠지만, 여전히 이 레거시 기능을 지원하는 이유는 만들어진 지 오래된 사이트 중 자동 변수 등록에 의존하는 경우가 많기 때문입니다. 여러분은 자동으로 등록된 전역 변수는 되도록 사용하지 않길 바랍니다.

window.name의 정체

브라우저에서 전역 스코프가 특이하게 작동하는 사례를 하나 더 살펴봅시다.

```
var name = 42;

console.log(name, typeof name);
// "42" string
```

예시와는 별개로 window.name[2]은 브라우저가 전역에 미리 정의해놓은 전역 객체의 프로퍼티인데, 언뜻 보면 이 프로퍼티는 전역 변수처럼 작동한다고 생각할 수 있습니다. 하지만 '일반' 전역 변수와는 다르게 작동합니다.

예시처럼 var를 사용해서 전역에 변수를 선언하면 이미 선언되어 있는 전역 객체 프로퍼티 name을 가리지는 않습니다. 전역 스코프에 name이라는 이름을 가진 프로퍼티가 있기 때문에 그냥 var 선언이 무시되고 숫자 42는 window.name의 값이 됩니다. 참고로 앞서 논의했듯이 let name으로 변수를 선언했다면 별도의 전역 변수 name이 생기면서 window.name이 가려졌을 겁니다.

그런데 분명 name에 숫자 42를 할당했음에도 값을 읽으면 문자열 "42"가 튀어나오네요! 이렇게 브라우저가 이상하게 작동하는 이유는 name 프로퍼티는 window 객체에 사전에 정의된

---

2 옮긴이_ https://developer.mozilla.org/ko/docs/Web/API/Window/name

getter이자 setter이기 때문입니다. 그리고 setter에는 어떤 값을 넣든 문자열로 변환시킨다는 규칙이 있고요.

브라우저에서 번들러를 거쳐 독립된 파일 형태로 실행되는 JS는 지금까지 살펴본 DOM 전역 변수, window.name과 같은 드문 케이스를 제외하곤 전역 스코프에서 가장 순수하게 작동합니다.

4.2.2 웹 워커

웹 워커web worker는 브라우저에서 돌아가는 JS의 작동 방식을 바꿔주는 웹 플랫폼 확장 기능으로 JS 파일을 JS 프로그램이 돌아가고 있는 스레드가 아닌 (운영체제가 알아서 만드는) 별도의 스레드에서 돌아갈 수 있게 해줍니다.

웹 워커를 사용하는 프로그램은 별도의 스레드에서 실행되기 때문에 레이스 컨디션race condition 이나 기타 경쟁 상태를 막거나 피하려는 목적으로 메인 애플리케이션 스레드와 통신이 제한됩니다. 예를 들어 웹 워커를 사용해 실행되는 코드는 DOM에 접근할 수 없습니다. navigator 같은 일부 웹 API는 예외이긴 하지만요.

웹 워커는 완전히 별개의 프로그램으로 취급되므로 메인 JS 프로그램과 전역 스코프를 공유하지 않습니다. 하지만 코드를 실행하는 건 브라우저의 JS 엔진이기 때문에 '웹 워커에도 순수 전역 스코프 메커니즘이 적용되지 않을까'라는 기대를 해볼 수 있습니다. 그런데 웹 워커에서는 DOM에 접근할 수 없으므로 전역 스코프에 접근할 수 있게 하는 window는 사용하지 못합니다.

웹 워커에서 전역 객체를 참조하려면 일반적으로 self를 사용합니다.

```javascript
var studentName = "카일";
let studentID = 42;

function hello() {
    console.log(`${ self.studentName } 님, 안녕하세요!`);
}

self.hello();
// 카일 님, 안녕하세요!
```

```
self.studentID;
// undefined
```

메인 JS 프로그램과 마찬가지로 var와 function 선언은 self처럼 전역 객체에 미러링 프로퍼티를 생성하지만, let을 비롯한 그 이외의 선언은 미러링 프로퍼티를 생성하지 않습니다.

웹 워커 예시에서 전역 스코프는 일반 JS 프로그램의 전역 스코프와 작동 방식이 거의 같습니다. DOM과 엮일 일이 없기 때문에 훨씬 더 순수하게 작동한다고 표현할 수도 있겠네요.

4.2.3 개발자 도구와 콘솔, REPL

1부 1장에서 개발자 도구는 JS 환경을 완전히 재현하지 않는다고 배웠습니다. 개발자 도구는 JS 코드를 처리하긴 하지만 DX라 부르는 개발자 경험developer experience을 향상하기 위해 UX가 설계되었습니다.

DX를 중시하며 일반 JS 프로그램을 처리할 때보다 덜 엄격하게 JS 코드 조각을 처리하다 보면 눈에 띄는 차이가 생길 수 있습니다. 일반 JS 프로그램이었다면 오류가 났을 코드인데 개발자 도구에 입력했을 때는 오류가 나지 않는 식으로 말이죠.

이러한 차이 중 스코프와 연관된 사례는 다음과 같습니다.

- 전역 스코프의 작동 방식
- 호이스팅(5장 참고)
- 가장 바깥 스코프에서(let과 const로) 블록 스코프 선언을 할 때(6.3절 '블록으로 스코프 지정' 참고)

콘솔이나 REPL을 사용해 가장 바깥 스코프에 문을 입력했을 때, 해당 문이 실제 전역 스코프에서 처리되는 것처럼 보일 수 있지만 실제로는 그렇지 않습니다. 콘솔, REPL은 전역 스코프 작동 방식을 유사하게 모방하며 입력받은 문을 처리합니다. 그런데 이들은 에뮬레이터[3]일 뿐이라서 JS 엔진에서 전역 스코프가 작동하는 방식을 완벽하게 모방하지는 못합니다. 개발자 도구와 콘솔, REPL은 개발자 편의를 우선시합니다. 이 말은 (현재 하고 있는 스코프 관련 논의처럼) JS 명세서와는 다르게 프로그램이 작동할 수 있다는 것을 의미합니다.

---

3 옮긴이_ 한 컴퓨터의 시스템이 다른 시스템과 동일하게 작동하도록 모방하는 장치 또는 프로그램입니다.

개발자 도구는 개발자 편의를 위해 만든 도구이기 때문에 개발자 활동에 최적화되어 있긴 하지만 실제 JS 프로그램 컨텍스트를 결정 혹은 검증하려는 목적으로 쓰기에는 JS의 미묘한 동작을 재현할 수 없어 적합하지 않다는 점을 알아두길 바랍니다.

4.2.4 ES 모듈

모듈 패턴은 ES6에서 공식 지원하기 시작했습니다(8장에서 자세히 살펴보겠습니다). ES 모듈ES Module의 두드러지는 특징은 파일 내 최상위 레벨 스코프 작동 방식입니다.

앞서 사용했던 예시를 다시 살펴봅시다. 이전 예시와는 다르게 맨 아래 export 키워드를 사용해 ES 모듈 형식을 적용했습니다.

```
var studentName = "카일";

function hello() {
    console.log(`${ studentName } 님, 안녕하세요!`);
}

hello();
// 카일 님, 안녕하세요!

export hello;
```

import를 사용해 예시 코드를 ES 모듈 형태로 불러와 사용하는 경우에도 그냥 단독 파일을 실행하는 것과 동일하게 실행됩니다. 하지만 전체 애플리케이션 관점에서 관찰되는 현상은 두 경우가 다릅니다.

studentName과 hello는 모듈 내에서는 최상위 레벨인 가장 바깥 스코프에서 선언되었지만 전역 변수가 되지 않습니다. 대신 **모듈 범위**module-wide 스코프의 변수가 됩니다. 참고로 모듈 범위 스코프는 **모듈 전역**module-global 스코프라고 표현하기도 합니다.

그런데 모듈에서는 (모듈이 아닌 JS 파일의 최상위 레벨에 선언을 할 때처럼) 최상위 레벨의 선언을 프로퍼티로 추가할 수 있는 모듈 범위 스코프 객체를 지원하지 않습니다. 그렇다고 해서 모듈로 구성된 프로그램에 전역 변수가 없다거나 전역 변수에 접근할 수 없다는 뜻이 아닙니다. 다만 모듈 내 최상위 레벨에서 변수를 선언하면 전역 변수가 생성되지 않는다는 의미입니다.

모듈 최상위 레벨 스코프에서는 모듈 내 모든 콘텐츠가 함수에 래핑된 것처럼 묶여서 처리되고, 이 묶음은 전역 스코프의 하위 스코프가 됩니다. 따라서 전역 스코프 내 모든 변수는 (전역 객체에 프로퍼티로 추가되었든 아니든 상관없이) 모듈 스코프 내에서 렉시컬 식별자를 통해 접근 가능합니다.

ES 모듈 패턴에서는 현재 모듈을 작동시키는 데 필요한 모든 모듈을 임포트하는 전역 스코프에 대한 의존도를 최소화하라고 권장합니다. 따라서 ES 모듈 패턴을 사용하면 전역 스코프나 전역 스코프 객체를 사용하는 빈도가 줄어들 수밖에 없습니다.

하지만 앞서 언급했듯이, 여러분이 인지하든 인지하지 못하든 프로그램을 만들다 보면 알게 모르게 다른 JS 파일이나 window의 location, navigator 같은 웹 API를 사용해야 해서 전역 스코프를 사용하는 게 불가피하므로 이에 대한 내용은 알아두는 게 좋습니다.

4.2.5 Node.js

Node.js에는 개발자를 당황하게 만드는 몇 가지 특징이 있습니다. 엔트리 파일을 포함해 모든 JS 파일을 모듈(ES 모듈 혹은 CommonJS 모듈, 8장 참고)로 처리한다는 특징이 그중 하나입니다. 이런 특징은 브라우저에서 모듈이 아닌 파일을 로드할 때와 다르게 각 JS 파일이 자체 스코프를 갖도록 합니다.

필자가 이 책을 집필하는 시점에 Node.js는 ES 모듈을 지원한다고 발표하긴 했는데, 사실 Node.js는 태생부터 CommonJS라는 모듈 형식을 지원했었습니다.

```js
var studentName = "카일";

function hello() {
    console.log(`${ studentName } 님, 안녕하세요!`);
}
hello();
// 카일 님, 안녕하세요!

module.exports.hello = hello;
```

코드를 함수로 감싸는데, 이는 var 및 function 선언이 전역 변수로 취급되는 걸 방지하고 선언들을 함수 스코프에 포함시키기 위해서입니다.

앞선 예시 코드를 Node.js에서 실행했다고 가정해봅시다. 그럼 다음처럼 코드가 실행됩니다 (실제가 아닌 가상의 코드입니다).

```javascript
function Module(module, require, __dirname, ...) {
    var studentName = "카일";

    function hello() {
        console.log(`${ studentName } 님, 안녕하세요!`);
    }

    hello();
    // 카일 님, 안녕하세요!

    module.exports.hello = hello;
}
```

Node.js는 추가 함수 Module()[4]을 호출해 모듈을 실행합니다. 예시를 보면 Node.js에서 var 및 function 선언문이 왜 전역이 아니고 모듈 스코프인지 명쾌해질 겁니다.

이런 API의 식별자들은 전역에 있지 않습니다(전역 객체의 속성도 아니고요). 이 API들은 예시에서 함수 Module()에 있는 매개변수처럼 모든 모듈의 스코프에 자동으로 주입됩니다.

그렇다면 Node.js에서 진짜 전역 변수는 어떻게 정의할까요? Node.js 내장 전역 프로퍼티인 global에 프로퍼티를 추가하는 방법이 유일합니다. global은 진짜 전역 스코프 객체에 접근할 수 있게 해주는 참좃값으로, 브라우저 환경의 window와 유사합니다.

예시를 살펴봅시다.

```javascript
global.studentName = "카일";

function hello() {
    console.log(`${ studentName } 님, 안녕하세요!`);
}
```

----

4 옮긴이_ Module() 함수는 Node.js 내부에서 모듈을 로드하고 실행하는 메커니즘을 설명하기 위한 개념적인 표현입니다. 실제 Node.js 코드에서 Module() 함수를 직접 보거나 사용하는 일은 거의 없습니다.

```
hello();
// 카일 님, 안녕하세요!

module.exports.hello = hello;
```

studentName을 객체 global의 프로퍼티로 추가하고, console.log() 문 안에서 studentName 을 일반 전역 변수를 사용하는 것처럼 접근했습니다.

식별자 global은 JS가 아니고 Node.js에 정의되었다는 사실을 꼭 기억하세요.

4.3 globalThis

지금까지 여러 JS 호스팅 환경을 살펴봤는데, 호스팅 환경마다 차이를 보이는 특징을 정리하면 다음과 같습니다.

- 최상위 레벨 스코프에 var, function 또는 let, const, class를 사용해 전역 변수를 선언할 수 있는데 두 방식에는 차이가 있습니다.
- var 또는 function을 사용해 선언하는 경우 해당 선언은 전역 객체의 프로퍼티로 추가됩니다.
- 전역 스코프 객체(전역 변수를 추가하거나 검색할 때 프로퍼티로 사용)는 window, self, gloabal로 참조합니다.

지금까지 살펴본 바와 같이, 전역 스코프 접근과 작동 방식은 대부분의 개발자가 생각하는 것보다 훨씬 복잡합니다. 그렇지만 전역 스코프 객체에 접근할 수 있게 하는 참조를 확정 짓는 것은 그렇게 복잡하지 않습니다.

전역 스코프 객체 참조를 얻을 수 있는 꼼수를 하나 살펴봅시다.

```
const theGlobalScopeObject = (new Function("return this"))();
```

NOTE_ eval()과 유사하게 Function() 생성자를 사용하면 문자열에 해당하는 코드로부터 동적으로 함수를 만들 수 있는데(1.5절 '런타임에 스코프 변경하기' 참고) 이렇게 생성한 함수는 (레거시상의 이유로) 비엄격 모드에서 자동으로 실행됩니다. 그런데 비엄격 모드에서 함수 내부의 this는 전역 객체를 가리키므로 (new Function("return this"))();는 전역 객체를 반환합니다. this 바인딩을 결정하는 방법에 대한 자세한 내용은 이어지는 시리즈의 '객체와 클래스' 편을 참조하세요.

window, self, global에 이어 못생긴 new Function()을 사용한 꼼수까지 살펴봤습니다. 이외에도 전역 객체를 참조할 때 쓸 수 있는 방법은 수없이 많으며, 각각 장단점이 있습니다.

방법은 많지만 여기서 모든 방법을 설명하지 않는 이유는 다음과 같습니다.

ES2020에서 마침내 전역 스코프 객체 참조가 globalThis로 표준화되었기 때문입니다. 코드를 실행하는 JS 엔진 상태에 따라 다를 수 있지만 요즘에는 globalThis를 사용하면 전역 스코프 객체를 참조할 수 있고, 다른 방법 대다수를 대체할 수 있으므로 모든 방법을 다 소개하지 않았습니다.

JS 환경이 globalThis를 지원하지 않는다면 다음과 같은 폴리필을 사용해 호스트 환경에 상관없이 안전한 방식으로 전역 스코프 객체를 참조할 수 있습니다.

```
const theGlobalScopeObject =
    (typeof globalThis != "undefined") ? globalThis :
    (typeof global != "undefined") ? global :
    (typeof window != "undefined") ? window :
    (typeof self != "undefined") ? self :
    (new Function("return this"))();
```

휴! 그다지 이상적인 코드는 아닌 것 같네요. 하지만 이 방법을 사용하면 믿을 수 있는 전역 스코프 객체 참조를 얻을 수 있습니다.

NOTE_ globalThis라는 이름이 제안되고 명세서에 추가되기까지 상당한 논란이 있었습니다. 필자를 포함한 많은 사람이 이 객체를 참조하는 이유는 전역 스코프에 액세스하기 위한 것이지, 일종의 전역/디폴트 **this** 바인딩에 액세스하기 위한 것이 아니기 때문에 이름에 포함된 'this'가 오해의 소지가 있다고 생각했습니다. 다양한 이름이 후보에 올랐지만 여러 가지 이유로 끝내 채택되지 않았습니다. 안타깝게도 처음 제시된 **globalThis**가 최후의 수단이 되었죠. 너무 길어서 웃음이 나오긴 하지만 여러분의 프로그램에서 전역 스코프 객체를 참조할 일이 있다면 앞선 코드처럼 **theGlobalScopeObject**라는 이름을 쓰는 걸 강력히 권합니다.

4.4 정리

코드를 모듈 단위로 쪼개는 개발 방식이 자리 잡으면서 전역 네임스페이스에 식별자를 저장하는 방식을 지금은 많이 쓰지 않습니다. 그럼에도 불구하고 전역 스코프는 모든 JS 프로그램에 존재하고 중요한 역할을 합니다.

여러분이 작성한 코드가 브라우저를 넘어 점차 그 영역을 확대해 감에 따라 호스트 환경별로 전역 스코프와 전역 스코프 객체가 어떤 차이를 보이는지 확실히 아는 것이 중요해졌습니다.

지금까지는 전역 스코프를 중심으로 큰 그림을 그려봤습니다. 다음 장부터는 범위를 좁혀 렉시컬 스코프와 변수를 언제, 어떻게 사용할 수 있는지 자세히 살펴보겠습니다.

CHAPTER 5

변수의 비밀 생명주기

이제 전역 스코프부터 시작해 아래로 내려오는 스코프 중첩, 스코프 체인이 어떻게 작동하는지 어느 정도 이해하셨을 겁니다.

그런데 변수가 어떤 스코프에서 왔는지 알고 있는 것만으로는 변수가 프로그램에 어떤 영향을 미치는지 전부 이해하기 어렵습니다. 변수가 스코프 시작이 아닌 그 아래쪽에서 선언되었는데 선언보다 위쪽에서 해당 변수를 참조하려는 경우를 상상해보세요. 하나의 스코프에서 이름이 같은 변수를 두 번 선언하는 경우 역시 상상해봅시다. 무슨 일이 생길까요?

이 질문에 답하려면 JS의 렉시컬 스코프 규칙 중 변수 선언 위치에 따른 작동 방식의 차이와 사용 여부에 대해 알아야 합니다.

5.1 변수 사용 가능 시점

변수는 자신이 속한 스코프 안에서 언제부터 사용할 수 있게 될까요? 변수가 선언 혹은 생성된 후라고 답하는 분들이 있을 겁니다. 진짜 그럴까요? 정확히는 아닙니다.

예시를 살펴봅시다.

```
greeting();
// 안녕하세요!
```

```
function greeting() {
    console.log("안녕하세요!");
}
```

예시는 문제없이 잘 작동합니다. 비슷한 코드를 보거나 직접 써본 경험이 있을 수도 있겠네요. 그런데 이 코드가 어떻게, 왜 작동하는지 여러분은 생각해본 적이 있나요? greeting()이라는 함수 선언은 아래 줄에 있는데, 어떻게 첫 번째 줄에서 식별자 greeting에 접근할 수 있었던 걸까요?

1장에서 모든 식별자는 컴파일 타임 때 각자의 스코프에 등록된다는 걸 배웠습니다. 그리고 모든 식별자는 자신이 속한 스코프가 생성될 때 해당 스코프의 시작 부분에서 생성된다는 것 역시 배웠습니다.

이렇게 선언은 스코프 아래에 있더라도 스코프 시작 부분에서 변수의 가시성visibility이 확보되는 걸 **호이스팅**hoisting이라고 합니다.

그런데 호이스팅만으로는 우리의 의문점을 완전히 해결할 수 없습니다. 스코프 시작 부분에서 식별자 greeting을 볼 수 있다는 것까진 이해할 수 있지만, 선언이 되기도 전에 왜 함수 greeting()을 호출할 수 있는지는 아직 다루지 않았기 때문입니다.

스코프 내 코드가 실행되기 시작하는 순간, 변수 greeting에 어떻게 값(함수 참조)이 할당된 걸까요? 그 이유는 함수 선언문의 고유한 특성인 함수 호이스팅 때문입니다. 함수 선언문으로 함수를 선언하면 함수 이름에 해당하는 식별자가 스코프 최상단에 등록되고 함수 참조로 그 값이 자동으로 초기화됩니다. 함수 선언문은 이렇듯 함수 호이스팅 때문에 스코프 내 어디서든 호출할 수 있죠.

참고로 함수 호이스팅과 var를 사용해 선언한 변수의 호이스팅 모두에서 이름 식별자가 블록 스코프가 아닌 가장 가까운 함수 스코프에 등록됩니다(가장 가까운 함수 스코프가 없으면 전역 스코프에 등록됩니다).

> **NOTE_** let과 const로 변수를 선언해도 당연히 호이스팅이 일어납니다(자세한 내용은 5.4절에서 살펴보겠습니다). 하지만 let과 const로 선언한 변수는 var로 선언한 변수와 함수 선언문과 다르게 식별자가 함수 스코프가 아닌 블록 스코프에 등록됩니다. 자세한 내용은 6.3절에서 확인하세요.

5.1.1 선언문과 표현식에서의 호이스팅 차이

함수 호이스팅은 일반적인 함수 선언문에만 적용되고(특히 블록 외부에 나타나는 선언, 6.4절 '블록 내 함수 선언' 참고) 함수 표현식에는 적용되지 않습니다. 예시를 봅시다.

```
greeting();
// TypeError

var greeting = function greeting() {
    console.log("안녕하세요!");
};
```

첫 번째 줄 greeting();에서 바로 오류가 발생하는데, 오류 종류를 눈여겨보세요. TypeError 는 허용되지 않은 값을 가지고 무언가를 하려고 할 때 발생하는 오류입니다. 예시를 실행하는 호스트 환경에 따라 오류 메시지가 "'undefined' is not a function."이거나 "'greeting' is not a function."일 수도 있습니다.

이상한 점은 ReferenceError가 아니라는 것입니다. 스코프 내 greeting이라는 식별자를 찾지 못했다는 걸 나타내기 위해 ReferenceError가 발생했어야 하는데 그렇지 않고 JS 엔진은 greeting은 찾았지만, 그 순간에 greeting에 함수 참조가 없다고 이야기합니다. 호출 가능한 것은 함수뿐인데 함수가 아닌 값을 호출하려 해서 오류가 발생한 거죠.

식별자 greeting에 함수 참조가 할당된 게 아니라면 그럼 greeting에는 뭐가 있는 걸까요?

var로 선언한 변수는 호이스팅도 되고 여기에 더해 스코프(가장 가까운 함수 스코프 혹은 전역 스코프)가 시작될 때 undefined로 자동 초기화됩니다. 초기화가 된 이후에는 스코프 전체에서 이 변수를 사용할 수 있습니다(할당, 참조 등).

이런 이유 때문에 네 번째 줄에 있는 함수 참조 할당이 실행되기 전까지, 첫 번째 줄에 있는 greeting은 기본값인 undefined로 남아 있는 겁니다.

선언문과 표현식에서 주의해야 할 차이점을 정리하면 다음과 같습니다. 함수 선언문은 호이스팅되고 해당 함숫값으로 초기화됩니다(이를 함수 호이스팅이라고 함). 반면 var로 선언한 변수는 호이스팅되긴 하지만 undefined로 초기화됩니다. 그리고 함수 표현식에서 실제 할당은 런타임에 해당 코드가 실행되기 전까지는 일어나지 않습니다.

선언문과 표현식 모두에서 이름 식별자는 호이스팅된다는 공통점이 있긴 합니다. 하지만 초기화 시(스코프가 시작될 때) 함수 선언문이 아닌 경우에는 함수 참조 관련 작업이 처리되지 않습니다.

5.1.2 변수 호이스팅

변수 호이스팅과 관련된 예시를 하나 더 살펴봅시다.

```
greeting = "안녕하세요!";
console.log(greeting);
// 안녕하세요!

var greeting = "안녕!";
```

네 번째 줄에서 greeting을 선언했음에도 불구하고, 첫 번째 줄에서부터 greeting에 값을 할당할 수 있습니다. 왜 그런 걸까요?

그 이유는 다음과 같습니다.

- 식별자가 호이스팅됨

- 스코프 최상단에서 식별자가 undefined로 자동 초기화됨

> **NOTE_** 앞서 살펴본 예시처럼 변수 호이스팅을 사용하는 게 부자연스럽다고 느끼는 개발자가 많을 수 있습니다. 이런 식으로 코딩하는 것을 피하려는 개발자도 있을 거고요. 그럼 함수 호이스팅을 포함한 모든 호이스팅을 피하면서 코드를 작성해야 하는 걸까요? 호이스팅에 대한 다양한 관점은 부록 A에서 자세히 다뤄보겠습니다.

5.2 호이스팅: 비유일 뿐입니다

2장에서 다양한 비유를 사용해 렉시컬 스코프를 이해해봤습니다. 여기서는 호이스팅을 비유로 살펴보겠습니다. 그 전에 호이스팅은 자바스크립트 엔진이 실행되는 과정 중의 일부 단계가 아닌 프로그램이 실행되기 전 JS가 수행하는 여러 행동을 시각화하는 도구라는 말씀을 드리며 비유에 대한 설명으로 넘어갑시다.

사람들은 무거운 물건을 위로 들어 올리는 리프팅^{lifting}처럼 호이스팅을 거치면 모든 식별자가 스코프 맨 위쪽으로 올라간다고 생각합니다. 그래서 앞선 예시를 JS 엔진에게 전달하면 JS 엔진이 다음처럼 코드를 재작성해서 실행할 거라 주장하죠.

```
var greeting;              // 호이스팅된 선언
greeting = "안녕하세요!";    // 원래 코드의 첫 번째 줄
console.log(greeting);     // 안녕하세요!
greeting = "잘 지내시죠?";   // `var`가 사라졌습니다!
```

이런 비유(리프팅)를 적용하면 호이스팅을 거친 코드는 JS 엔진에 의해 전처리되고, 그 과정에서 모든 선언이 재정렬을 거쳐 실행 전에 해당 스코프의 최상단으로 이동하게 됩니다. 물론 이런 비유는 함수 선언문에도 적용됩니다. 예시를 살펴보죠.

```
studentName = "보라";
greeting();
// 보라 님, 안녕하세요!

function greeting() {
    console.log(`${ studentName } 님, 안녕하세요!`);
}
var studentName;
```

리프팅에 비유한 호이스팅에서는 함수 선언문 모두를 먼저 호이스팅하고 그다음 변수를 호이스팅한다는 규칙이 있습니다. 그러므로 앞선 예시는 재배열을 통해 다음과 같이 변한다고 생각할 수 있습니다.

```
function greeting() {
    console.log(`${ studentName } 님, 안녕하세요!`);
}
```

```
var studentName;

studentName = "보라";
greeting();
// 보라 님, 안녕하세요!
```

이렇게 비유를 사용해 호이스팅을 이해하면 코드를 쉽게 이해할 수 있습니다. 스코프 깊숙이 묻힌 선언을 찾아내 코드를 맨 위로 이동(호이스팅)시키는 '마법 같은 선행 처리 과정'을 적용하면 우리는 코드를 그냥 위에서 아래서 읽으면 되니까요. JS 엔진도 그냥 위에서부터 아래로, 단일 패스single pass로 프로그램을 실행한다고 생각하면 되고요.

2부의 1.3.1절에서 JS 엔진이 두 단계(파싱, 컴파일)를 거쳐 프로그램을 처리한다는 설명보다 이 비유가 더 간단해 보이기도 하고요.

그런데 호이스팅을 코드 재정렬 매커니즘이라고 생각하는 게 이해에는 도움을 주지만 정확하진 않습니다. JS 엔진은 실제 코드를 재정렬하지 않으니까요. JS 엔진은 마법처럼 앞을 내다보고 선언문을 찾지 못합니다. 프로그램의 모든 스코프 경계와 선언문을 정확히 찾을 수 있는 유일한 방법은 코드를 파싱하는 것뿐입니다.

파싱 없이 프로그램을 실행할 방법은 그 어디에도 없습니다.

그럼 우리는 부정확한 비유를 연상시키는 호이스팅이라는 용어를 어떻게 해야 할까요? 필자는 이 용어가 유용하지 않다고 생각하지 않습니다. TC39 위원들도 여전히 호이스팅이라는 용어를 사용하고 있고요. 다만 호이스팅을 소스 코드 재배열이라고 주장해서는 안 된다고 생각합니다.

> **WARNING_** 잘못되거나 불완전한 멘탈 모델도 우연히 정답을 맞힐 수 있으므로 리프팅에 비유한 멘탈 모델이 맞다고 생각할 수 있습니다. 하지만 실제 JS 엔진이 작동하는 방식과 다른 멘탈 모델을 갖게 되면 장기적으로 결과를 정확하게 분석하고 예측하기 어려워집니다.

필자는 호이스팅을 런타임에 일어나는 동작이 아닌 컴파일 타임에 일어나는 작업의 일부로 바라봐야 한다고 주장합니다.

이렇게 기존 관점에서 벗어나 호이스팅을 컴파일 시간의 작업이라 재해석하는 건 미묘하지만 중요한 변화를 불러일으킵니다.

5.3 중복 선언 처리하기

동일한 스코프에서 변수가 두 번 이상 선언되면 어떻게 될까요? 앞선 예시와 이어지는 코드를
살펴봅시다.

```
var studentName = "보라";
console.log(studentName);
// 보라

var studentName;
console.log(studentName); // ???
```

두 번째 var studentName에서 변수가 다시 선언, 리셋되면서 undefined가 출력된다고 예상
하는 분들이 많을 겁니다.

그런데 동일한 스코프에서 변수가 '재선언re-declaration'되는 경우가 있을까요? 아닙니다.

호이스팅에 관한 기존 비유를 적용해 재배열한 코드를 살펴봅시다.

```
var studentName;
var studentName; // 아무 의미가 없는 작업입니다.

studentName = "보라";
console.log(studentName);
// 보라

console.log(studentName);
// 보라
```

호이스팅은 스코프의 시작 부분에 변수를 등록하는 방식이므로 두 번째 줄(스코프 중간 부분)
에 있는 var studentName;은 아무런 역할을 하지 못합니다. 스코프 내에서 이미 선언된 변수
를 중간 부분에서 다시 선언한다고 해서 실제로 어떤 작업이 수행되지 않죠.

TIP 2.2절에서 설명한 'JS 엔진 구성원 간의 대화' 형식을 빌리자면 컴파일러는 두 번째 var로 선언한 구문을 찾
아내고, 스코프 매니저에게 studentName 식별자를 본 적이 있는지 물어봅니다. 이미 봤다는 대답을 들은 경
우에는 컴파일러가 더 이상 할 수 있는 일이 없습니다.

중복 변수 선언에 관한 예시에서 대부분의 사람들이 var studentName;이 var studentName

= undefined;과 같다고 생각하는데 그렇지 않다는 점도 짚고 넘어가야 할 점입니다. 앞선 예시를 조금 변형해 실제 이 둘이 다르다는 것을 증명해봅시다.

```
var studentName = "보라";
console.log(studentName); // 보라

var studentName;
console.log(studentName); // 보라 ← 여전히 보라입니다!

// 명시적으로 초기화를 진행합니다.
var studentName = undefined;
console.log(studentName); // undefined ← 보세요!
```

명시적으로 = undefined으로 초기화한 경우와 이를 생략했을 때 결과가 어떻게 다른지 보셨나요? 변수 선언 시 초기화에 대한 자세한 내용은 곧 다시 다루겠습니다.

지금까지 살펴본 것과 같이 스코프에서 동일한 식별자를 사용해 var로 새로운 변수를 선언하는 것은 아무런 역할을 하지 않습니다. 그럼 함수는 어떨까요? 예시를 살펴봅시다.

```
var greeting;

function greeting() {
    console.log("안녕하세요!");
}

// 의미 없는 작업이 됩니다.
var greeting;

typeof greeting; // "function"

var greeting = "안녕하세요!";

typeof greeting; // "문자열"
```

첫 줄은 greeting 식별자를 스코프에 등록하는데, var를 사용했기 때문에 undefined로 자동 초기화가 됩니다. greeting 함수 선언에서는 greeting을 다시 스코프에 등록하지는 않지만 함수 호이스팅이 일어나고, 함수 호이스팅은 변수 호이스팅보다 우선순위가 높기 때문에 greeting을 함수 참조로 초기화시킵니다. 두 번째 var greeting은 greeting이 이미 식별

자로 등록되어 있고 함수 호이스팅이 더 우선순위가 높기 때문에 아무 작업도 수행하지 않습니다.

마지막 var greeting = "안녕하세요!";에서는 greeting 변수에 "안녕하세요!"라는 문자열을 할당합니다. 여기서 var는 아무런 역할을 하지 않습니다.

그렇다면 동일 스코프에서 let이나 const로 중복 선언을 하는 경우는 어떨까요?

```
let studentName = "보라";

console.log(studentName);

let studentName = "지수";
```

이 프로그램은 실행되지 않고 즉시 SyntaxError가 발생합니다. JS 환경에 따라 다르겠지만, 'studentName은 이미 선언되었다'고 오류 메시지가 표시됩니다. 즉, let이나 const를 사용한 '재선언'은 명시적으로 허용되지 않습니다.

이 오류는 같은 이름을 가진 변수를 둘 다 let으로 선언하는 경우에만 발생하지 않습니다. 두 선언 중 하나가 let이고 나머지 선언이 var인 경우에는 오류가 발생합니다. 첫 번째 예시를 봅시다.

```
var studentName = "보라";

let studentName = "지수";
```

두 번째 예시입니다. 여기에서도 SyntaxError가 발생합니다.

```
let studentName = "보라";

var studentName = "지수";
```

두 경우 모두 두 번째 선언에서 SyntaxError가 발생합니다. 즉, 변수를 재선언하는 유일한 방법은 선언에 모두 var를 사용하는 것뿐이죠.

그럼 왜 let과 var를 섞어서 재선언하면 안 되는 걸까요? var를 사용한 재선언은 이전부터 지금까지 허용되어왔기 때문에 기술적인 문제가 있는 건 아닙니다. let도 기술적으로는 재선언이 가능합니다.

사실 이건 기술보다는 사회 공학 문제에 가깝습니다. TC39 위원을 비롯한 업계 관계자는 변수를 재선언하는 습관을 버그를 일으키는 나쁜 습관으로 여깁니다. 그래서 ES6에서 let을 추가할 때 오류와 함께 재선언을 방지하기로 했습니다.

> NOTE_ let, const로 선언한 변수의 재선언 방지는 기술적 주장이 아닌 스타일에 관한 의견입니다. 다만 많은 개발자가 이 의견에 동의하기 때문에 TC39에서 변수 재선언 시 오류를 발생시키도록 했을 겁니다. 물론 이런 현재 상황에 이견이 있을 수 있습니다. let, const에서도 var의 선례를 일관되게 따르고 린터 같은 옵트인opt-in도구를 사용해 개발자들의 의견을 반영하는 게 합리적인 주장일 수도 있습니다. 부록 A.4절에서는 모던 JS에서도 언제 var가 유용한지 살펴봅니다.

컴파일러가 스코프 매니저에 선언에 대한 정보를 요청할 때, 이미 해당 식별자가 선언되어 있고 그중 하나 이상이 let으로 선언된 경우 오류가 발생합니다. 이 오류는 개발자에게 '무심코 선언을 반복하는 것을 그만두세요!'라고 경고하는 거라 생각하면 됩니다.

5.3.1 const 재선언

const 키워드는 let보다 제약 조건이 더 많습니다. const 역시 let과 마찬가지로 동일한 스코프 내에 동일한 식별자를 사용할 수 없습니다. 그런데 let은 문체상의 이유로 '재선언'을 허용하지 않지만, const가 '재선언'을 허용하지 않는 데에는 기술적 이유가 있습니다.

const 키워드를 사용하려면 기본적으로 변수를 초기화해야 하므로 const로 변수를 초기화할 때 할당을 생략하면 SyntaxError가 발생합니다.

```
const empty; // SyntaxError
```

그리고 다음 예시에서 확인할 수 있듯이 const로 변수를 선언하면 재할당이 불가능한 변수가 생성됩니다.

```
const studentName = "보라";
console.log(studentName);
// 보라

studentName = "지수"; // TypeError
```

변수 studentName은 const로 선언했으므로 재할당이 불가능합니다.

> **WARNING_** studentName에 재할당할 때 발생하는 오류는 SyntaxError가 아닌 TypeError입
> 니다. 이 미묘한 차이가 사실 매우 중요하지만, 안타깝게도 우리는 이 차이를 너무 쉽게 간과하곤 합니다.
> SyntaxError는 프로그램이 실행되기 전에 발생하는 오류로, 프로그램을 실행조차 하지 못하게 만듭니다.
> 반면 TypeError는 프로그램 실행 중에 발생하는 오류로, 프로그램이 이미 실행 중인 상태에서 오류가 발생
> 합니다.

const로 선언된 변수를 다시 선언하는 것은 해당 변수를 재할당하는 것과 같습니다. 그런
데 const 선언은 재할당할 수 없으며 항상 할당이 필요합니다. 따라서 이런 기술적인 이유로
const를 사용한 재선언은 허용되지 않습니다.

```
const studentName = "보라";

// 분명히 오류가 발생할 겁니다.
const studentName = "지수";
```

const 재선언은 기술적인 이유로 허용되지 않아야 하므로 TC39는 일관성 유지를 위해 let
재선언도 허용하지 않는 게 좋다고 결정했을 겁니다. 이 결론이 최선인지에 대해서는 논란의
여지가 있겠지만 적어도 우리는 이 결정의 배경과 이유는 알게 되었네요.

5.3.2 반복문

지금까지 논의를 통해 JS에서는 동일한 스코프 내에서 변수를 다시 선언하는 것을 추천하지 않
는다는 점을 분명히 했습니다. 그런데 이 논의는 반복문 안에서 선언을 반복적으로 실행하는
게 무엇을 의미하는지 생각해보기 전에는 단순한 훈계처럼 보일 여지가 있습니다. 먼저 코드를
봅시다.

```
var keepGoing = true;
while (keepGoing) {
    let value = Math.random();
    if (value > 0.5) {
        keepGoing = false;
    }
}
```

이렇게 프로그램을 작성하면 value가 반복적으로 재선언될까요? 오류가 발생할까요? 그렇지 않습니다.

스코프 규칙(let으로 생성한 변수 재선언 포함)은 각 스코프 인스턴스마다 적용됩니다. 이는 실행 중에 각 스코프가 시작될 때마다 모든 것이 초기화된다는 말입니다.

반복문에서는 새로운 반복이 시작될 때마다 자체적인 새 스코프가 생성됩니다. 이때 value는 새 스코프 내에서 단 한 번만 선언됩니다. 따라서 '재선언' 시도 자체가 없었으므로 예시에서는 오류가 발생하지 않습니다. 그럼 이번에는 while 말고 다른 형태의 반복문 예시를 살펴봅시다. 그런데 그 전에 잠깐 let 선언을 var로 바꾸면 어떤 일이 발생할지 살펴보고 넘어갑시다.

```
var keepGoing = true;
while (keepGoing) {
    var value = Math.random();
    if (value > 0.5) {
        keepGoing = false;
    }
}
```

여기서는 var를 사용했는데, value가 재선언될까요? 그렇지 않습니다. var는 블록 스코프 선언으로 취급되지 않고(6.3절 '블록으로 스코프 지정' 참고) 전역 스코프에 연결됩니다. 따라서 여기서 반복문 안의 var 선언은 무시되고 value는 keepGoing과 동일한 전역 스코프에 존재하게 됩니다.

변수 선언에 사용되는 var, let, const 키워드는 코드가 실행되기 전에 컴파일러에 의해 처리되기 때문에 사실상 지워진 채로 실행된다고 생각하면 조금 더 쉽게 이 상황을 이해할 수 있을 겁니다.

선언 키워드를 머리속에서 지운 다음, 코드를 해석해보면 변수의 (재)선언이 언제, 어떻게 발생하는지를 이해하는 데 도움이 될 겁니다.

이번에는 for 반복문에서 재선언 여부를 알아봅시다.

```
for (let i = 0; i < 3; i++) {
    let value = i * 10;
    console.log(`${ i }: ${ value }`);
}
// 0: 0
// 1: 10
// 2: 20
```

콘솔 결과를 통해 루프가 반복되어도 value는 새로 선언되지 않고 스코프 인스턴스 내에서 단한 번만 선언된다는 점을 명확히 확인할 수 있습니다. 그렇다면 i는 어떨까요? 재선언되는 걸까요?

먼저, i가 어떤 스코프에 속해 있는지 생각해봅시다. 가장 바깥 스코프(이 경우에는 전역 스코프)에 속한 것 같지만, 사실은 그렇지 않습니다. value의 스코프와 마찬가지로 i도 for 반복문 스코프 안에 있습니다. 이 반복문을 조금 더 장황하게 표현해보면 다음과 같습니다.

```
{
    // 설명을 위한 가상의 변수
    let $$i = 0;

    for ( /* 여기에 아무것도 없음 */; $$i < 3; $$i++) {
        // 다음은 실제 반복문 `i`입니다.
        let i = $$i;

        let value = i * 10;
        console.log(`${ i }: ${ value }`);
    }
    // 0: 0
    // 1: 10
    // 2: 20
}
```

이제 for 반복문에서 변수 i와 value는 **각 스코프 인스턴스마다** 정확히 한 번만 선언된다는 점이 명확해졌을 겁니다. 재선언이 일어나지 않는 거죠.

그럼 다른 형태의 for 반복문은 어떨까요?

```
for (let index in students) {
    // for...in 반복문 안에서 변수를 선언해도 괜찮습니다.
}

for (let student of students) {
    // 역시 마찬가지입니다.
}
```

for...in과 for...of 반복문에서도 마찬가지입니다. 선언한 변수는 반복문 본문 스코프에 속한 변수로 취급되므로 반복이 일어날 때마다(인스턴스 스코프가 생성되고) 해당 스코프 내에서 처리됩니다. 그리고 역시 재선언은 일어나지 않습니다.

이쯤 되면 제가 고장난 레코드판처럼 말을 반복한다고 생각할 것 같네요. 하지만 다시 반복문 사례를 봅시다. 이번에는 const가 반복문 구조에 어떤 영향을 미치는지 보겠습니다.

```
var keepGoing = true;
while (keepGoing) {
    // 빛나는 상수가 여기 있습니다!
    const value = Math.random();
    if (value > 0.5) {
        keepGoing = false;
    }
}
```

앞서 let을 사용해 작성했던 while 반복문 예시와 마찬가지로 const는 반복문이 이터레이션 될 때마다 정확히 한 번 실행되기 때문에 재선언 문제에서 안전합니다. 그런데 for 반복문에서는 문제가 좀 복잡해집니다.

for...in과 for...of는 const와 함께 사용해도 괜찮습니다.

```
for (const index in students) {
    // 괜찮습니다.
}
```

```
for (const student of students) {
    // 이 역시 괜찮습니다.
}
```

하지만 일반적인 for 반복문에서는 const를 사용하는 게 안전하지 않습니다.

```
for (const i = 0; i < 3; i++) {
    // 첫 번째 이터레이션 이후 타입 오류가 발생하며 실패합니다.
}
```

무슨 일이 벌어진 걸까요? 일반 for 반복문에서도 let을 사용했었고, 각 반복문의 이터레이션 스코프마다 새로운 i가 생성된다고 했기 때문에 재선언 문제는 아닌 것 같네요.

원인 파악을 위해 앞서 했던 것처럼 반복문을 다음과 같이 확장해봅시다.

```
{
    // 설명을 위한 가상의 변수
    const $$i = 0;

    for ( ; $$i < 3; $$i++) {
        // 다음은 실제 반복문 `i`입니다.
        const i = $$i;
        // ...
    }
}
```

원인을 찾았나요? 일단 알고 있어야 할 점은 i가 반복문 내에서 한 번만 생성된다는 것입니다. 그런데 문제는 그게 아닙니다. 문제는 $$i를 const로 선언했지만 반복문 내에서 $$i 값을 증가시킨다는 데 있습니다. 아시다시피 const 변수는 재할당이 허용되지 않습니다. 예시에서는 재선언이 아닌 **재할당**이 일어나서 오류가 발행한 거죠.

참고로 이렇게 코드를 '확장' 변형하는 것은 문제의 원인을 직관적으로 파악하는 데 도움을 주는 개념적 모델일 뿐입니다. 실제로 이렇게 변형되지 않습니다. 그런데 이처럼 일반 for 문의 초기식에서 const를 사용한 경우, JS가 알아서 전역에 const $$i = 0 대신에 let $ii = 0을 사용하면 되지 않겠냐는 의문이 들 겁니다. JS가 알아서 이런 사례를 처리해주면 클래식한 for 문에서도 const가 작동할 수 있을 텐데 말이죠. 물론 가능은 하지만 이렇게 하면 예상치 않은

시맨틱 예외 사항이 생겨버립니다.

물론 엄격한 const 규칙을 완화하고 for 루프 헤더에서 재할당을 허용하는 것이 경우에 따라 유용할 때도 있긴 합니다. 하지만 for 문 증감식에서는 i++를 허용(재할당)하면서 루프 내에서 i에 대한 재할당을 허용하지 않으면 혼란을 야기할 뿐입니다.

결론은 명확합니다. 일반 for 문에서 const를 사용하면 재할당이 필요하기 때문에 사용하면 안 됩니다.

흥미로운 예시를 하나 봅시다. 이렇게 재할당을 하지 않으면 오류가 나지 않습니다.

```javascript
var keepGoing = true;

for (const i = 0; keepGoing; /* 여기에 아무것도 없음 */ ) {
    keepGoing = (Math.random() > 0.5);
    // ...
}
```

예시는 작동은 하지만 무의미한 코드입니다. const로 변수 i를 선언한 목적은 반복 횟수를 계산하기 위한 것이기 때문입니다. 그냥 앞으로는 while 반복문이나 let을 조합한 반복문을 사용하세요.

5.4 초기화되지 않은 변수와 TDZ

var로 선언한 변수는 해당 스코프의 맨 위로 올라가는데, undefined으로 자동 초기화되므로 스코프 전체에서 사용할 수 있습니다.

그런데 let과 const로 선언한 변수는 작동 방식이 조금 다릅니다. 다음 코드를 살펴봅시다.

```javascript
console.log(studentName);
// ReferenceError

let studentName = "지수";
```

프로그램을 실행하면 첫 번째 줄에서 ReferenceError가 발생합니다. 간혹 JS 환경에 따라 'Cannot access studentName before initialization(초기화하기 전에는 studentName 에 접근할 수 없습니다)'라는 오류 메시지가 표시될 수 있습니다.

> **NOTE_** 예전에는 이보다 훨씬 더 모호하거나 오해의 소지가 있는 오류 메시지가 표시되곤 했습니다. 다행히 커뮤니티 구성원들이 JS 엔진에서 출력되는 오류 메시지를 개선하도록 압력을 가했고, 더 정확한 오류 메시지를 표시하도록 하는 데 성공했습니다.

오류 메시지 자체만으로 무엇이 잘못되었는지 잘 드러나네요. 첫 번째 줄에 studentName이 있지만, 초기화되지 않아 사용할 수 없다는 걸 잘 나타냅니다. 그럼 코드를 이렇게 바꿔봅시다.

```
studentName = "지수"; // 초기화를 시도해봅시다!
// ReferenceError

console.log(studentName);

let studentName;
```

이런, 원하는 대로 작동하지 않네요. 첫 번째 줄에서 초기화되지 않은 변수 studentName에 할당(일명 초기화!)을 시도했지만 여전히 ReferenceError가 발생합니다. 무슨 일이 벌어진 걸까요?

여기서 우리가 생각해봐야 할 진짜 문제는 초기화되지 않은 변수를 어떻게 초기화할 수 있는지입니다. let/const로 변수를 선언할 때는 선언문에 할당을 덧붙이는 것만이 유일한 방법입니다. 할당만으로는 부족합니다! 코드를 살펴봅시다.

```
let studentName = "지수";
console.log(studentName); // 지수
```

이번에는 할당과 let 선언문을 조합해 studentName을 초기화했습니다(여기서는 undefined가 아닌 **"지수"**로 초기화).

다음처럼 해도 괜찮습니다.

```
// ...

let studentName;
// 또는 let studentName = undefined;
// ...

studentName = "지수";

console.log(studentName);
// 지수
```

> **NOTE_** 흥미롭네요! 앞서 `var studentName;`과 `var studentName = undefined;`가 동일하지 않다고 언급했는데, 여기서는 `let`을 사용하면 두 경우가 동일하게 작동한다고 설명하고 있습니다. 이는 `var`로 선언한 변수는 스코프 맨 위에서 자동으로 `undefined`로 초기화되지만, `let`으로 선언한 변수는 초기화되지 않으며 초깃값이 없는 상태로 선언되기 때문입니다.

지금까지 컴파일러는 `var/let/const` 선언자를 제거하고 각 스코프 최상단에 해당 식별자를 등록하도록 명령한다는 점을 몇 번이나 강조한 바 있습니다.

이 내용을 조금 더 자세히 분석하면 다음과 같습니다. 컴파일러는 프로그램 중간, `student Name`이 선언된 지점에서 해당 선언을 자동으로 초기화하는 명령도 내립니다. 그렇기 때문에 우리는 이 초기화가 발생하기 전까지는 변수를 사용할 수 없습니다. `const`로 선언한 변수도 예외는 없습니다.

스코프에 진입한 후, 변수 자동 초기화가 일어나기까지의 시간을 지칭하기 위해 TC39 위원회는 **TDZ**temporal dead zone[1]라는 새로운 용어를 만들었습니다.

TDZ란 변수는 존재하지만 초기화되지 않아 어떤 방식으로도 해당 변수에 접근할 수 없는 시간대를 의미합니다. 변수의 초기화는 컴파일러가 원래 선언 지점에 남긴 명령을 실행할 때만 발생합니다. 초기화가 이뤄진 이후에 TDZ는 종료되고, 스코프 내에서 변수를 자유롭게 사용할 수 있게 됩니다.

엄밀히 말하자면 `var`에도 TDZ가 있지만 길이가 0이므로 프로그램 내에서 `var`로 선언한 변수

---

1   옮긴이_ temporal은 '시간의, 시간의 제약을 받는'이라는 뜻을 가진 영단어입니다.

는 TDZ를 관찰할 수 없습니다. let과 const에서만 TDZ를 관찰할 수 있습니다.

TDZ는 위치^{zone}라기보다는 시간대라고 해석하는 게 낫습니다. 코드를 살펴봅시다.

```
askQuestion();
// ReferenceError

let studentName = "지수";

function askQuestion() {
    console.log(`${ studentName } 님, 질문해도 될까요?`);
}
```

위치상으로는 학생 이름을 참조하는 console.log()가 let studentName 선언 뒤에 오지만, 타이밍상으로는 studentName이 아직 TDZ에 있는 동안 let 문을 만나기 전에 askQuestion() 함수가 호출되었기 때문에 오류가 발생합니다.

변수 선언과 초기화에 대한 흔한 오해 중 하나는 TDZ 때문에 const와 let은 호이스팅되지 않는다는 점입니다. 하지만 const와 let도 호이스팅됩니다.

let/const 선언은 var처럼 스코프 시작 부분에서 자동으로 초기화되지 않는다는 차이가 있을 뿐입니다. 이쯤 되면 자동 초기화가 호이스팅의 일부인지 아닌지에 대한 의문이 생길 수 있겠네요. 저는 변수가 스코프의 맨 위에서 자동으로 등록되는 것(제가 '호이스팅'이라고 부르는 것)과 스코프의 맨 위에서 변수가 자동으로 초기화되는 것(기본적으로 undefined으로)은 별개의 작업이라고 생각하며 이 둘을 '호이스팅'이라는 단일 용어 아래 묶어서는 안 된다고 생각합니다.

let과 const는 스코프 최상단에서 자동으로 초기화되지 않는다는 점을 이미 살펴봤습니다. 이번에는 3장에서 살펴본 '섀도잉'의 도움으로 let과 const가 호이스팅(스코프의 최상단에 자동으로 등록됨)된다는 점을 증명해봅시다.

```
var studentName = "카일";

{
    console.log(studentName);
    // ???
    // ...
```

```
    let studentName = "지수";

    console.log(studentName);
    // 지수
}
```

첫 번째 console.log() 문은 어떻게 될까요? let studentName이 스코프 맨 위로 올라가지 않았다면 첫 번째 console.log()는 **카일**을 출력해야 하겠죠? 이때는 바깥 스코프에 있는 studentName만 존재하는 것처럼 보이므로 console.log()가 접근해야 할 변수는 외부 변수여야 하니까요.

하지만 예상과는 다르게 내부 스코프에 있는 **studentName**이 호이스팅되면서(내부 스코프 최상단에 자동 등록) 첫 번째 console.log()에서는 TDZ 오류가 발생합니다. 내부 스코프의 **studentName**이 호이스팅은 되었지만, 자동 초기화가 일어나지 않아 TDZ 위배가 발생했기 때문이죠.

요약하자면 이렇습니다. let/const 선언은 선언을 스코프의 맨 위에 올려놓지만, var와 달리 변수의 자동 초기화가 원래 선언이 나타난 코드가 처리될 때까지 연기되기 때문에 TDZ 오류가 발생합니다. 이때 (임시적으로) 변수 초기화가 연기되는 시간은 그 길이에 상관없이 TDZ가 존재하는 기간 동안입니다.

그럼 TDZ 오류를 피하기 위해 무엇을 해야 할까요?

제 조언은 'let과 const 선언은 스코프 맨 위에 둬라'입니다. 이런 식으로 하면 TDZ 길이를 0(또는 0에 가까운)으로 줄일 수 있기 때문에 문제가 없을 겁니다.

그런데 TDZ는 왜 존재하는 걸까요? TC39가 왜 var처럼 let/const도 자동 초기화되도록 정하지 않은 걸까요? 부록 A.5절에서 이 이야기를 좀 더 해보겠습니다. 조금만 기다려주세요.

5.5 정리

변수는 여러분이 생각하는 것보다 훨씬 미묘한 뉘앙스를 알아야 잘 다룰 수 있습니다. 개발자는 호이스팅, (재)선언, TDZ로 인해 혼동을 겪곤 합니다. 특히 다른 언어를 다루다가 JS를 다루기 시작한 경우라면 더 어려워합니다. 그러니 다음 글을 읽기 전에 JS 스코프와 변수에 관한 멘탈 모델을 완전히 세우고 이해했는지 점검하세요.

호이스팅은 일반적으로 JS 엔진에서 일어나는 명시적인 동작이라고 알려져 있지만, 실제로는 컴파일 중에 JS가 변수 선언을 처리하는 다양한 방식을 설명하기 위한 비유에 가깝습니다. 그런데 비유이긴 하지만 호이스팅은 변수의 생명주기(생성, 사용 가능, 소멸)를 이해하는 데 도움을 줍니다.

변수 선언과 재선언은 런타임에 관련된 작업이라고 생각하면 혼란을 야기하기 쉽습니다. 하지만 컴파일 타임 작업이라고 사고를 전환하면 단점이 사라지고 보이지 않던 것들이 보이게 됩니다.

TDZ 오류는 우리를 당황스럽게 합니다. 하지만 스코프 맨 위에 let/const를 선언하면 비교적 간단하게 TDZ 오류를 피할 수 있습니다.

이제 어느 정도 변수 스코프에 대해 이해했으니 이어지는 장에서는 다양한 스코프, 특히 중첩 블록을 만들고 선언할 때 스코프에 영향을 미치는 요소에 대해 알아보겠습니다.

CHAPTER 6

스코프 노출 제한

지금까지는 스코프와 변수의 작동 메커니즘을 설명하는 데 집중했습니다. 이제 기초를 탄탄히 다졌으니 더 높은 수준의 사고, 즉 프로그램 전체에 적용되는 결정 사항의 패턴을 알아봅시다.

우선, 어떻게 그리고 왜 함수와 블록을 사용해 프로그램 내 변수를 다양한 스코프로 구성해야 하는지를 '스코프 과다 노출 제한' 관점에서 알아보겠습니다.

6.1 최소 노출의 원칙(POLE)

함수의 전용 스코프를 생성한다는 건 이치에 맞는 일입니다. 그런데 블록은 왜 스코프가 필요한 걸까요?

소프트웨어 공학, 특히 정보 보안 분야에는 **최소 권한의 원칙**principle of least privilege **(POLP)**이라는 규율이 존재합니다.[1] 이 원칙을 약간 변형한 **최소 노출의 원칙**principle of least exposure **(POLE)**을 현재 논의 중인 내용에 적용해봅시다.

POLP는 시스템 구성 요소에는 최소한의 권한을 부여하고 접근도 최소화하며 노출 역시 최소화해야 한다는 설계 원칙으로, 방어적인 아키텍처 설계를 대변합니다. POLP를 기반으로 아키텍처를 설계해 각 구성 요소가 필요한 최소한의 기능으로 연결되면, 한 구성 요소의 손상이나

---

1 위키백과 참고: https://en.wikipedia.org/wiki/Principle_of_least_privilege

장애가 나머지 시스템에 미치는 영향이 최소화되므로 시스템 전체 보안이 더 강력해진다는 장점이 있습니다.

POLP가 시스템 수준의 컴포넌트 설계에 집중한다면 POLP의 변형인 POLE은 조금 더 낮은 수준의 설계에 집중합니다. 우리는 이 방식을 스코프가 상호작용하는 방식에 적용해보겠습니다.

POLE을 따른다고 했을 때 노출을 최소화하고 싶은 항목은 무엇이 될까요? 결론부터 말하자면 스코프마다 등록된 변수의 노출입니다.

이렇게 생각해봅시다. 프로그램의 모든 변수를 전역 스코프에 배치하면 안 되는 이유는 뭘까요? 당연히 그래야 한다고 하겠지만 그 이유를 찬찬히 생각해볼 필요가 있습니다. 프로그램의 한 부분에서 사용할 변수를 스코프를 통해 다른 스코프에 노출시키면 다음과 같은 세 가지 위험한 상황이 발생합니다.

- **이름 충돌**: 프로그램의 여러 부분에서 범용적인 이름을 가진 변수/함수를 사용하는데, 이 함수/변수의 식별자가 전역 스코프 같은 공유 스코프에서 나온 경우 이름 충돌이 발생합니다. 이런 경우는 예상치 못한 방식으로 변수나 함수를 사용할 수 있어 버그가 발생할 확률이 매우 높습니다. 모든 반복문에서 하나의 전역 인덱스용 변수 i를 사용한다고 가정해봅시다. 이 경우 A라는 함수의 반복문이 B라는 함수의 반복문과 동시에 실행되는 경우, 공유된 변수 i가 예상치 못한 값으로 변경될 수 있습니다.

- **예기치 않은 작동**: 비공개private 변수/함수를 프로그램 내부에 노출하면, 다른 개발자가 의도하지 않은 방식으로 변수나 함수를 사용할 수 있습니다. 이렇게 하면 의도하지 않은 작동이 발생하고 버그가 발생합니다. 숫자만 관리하는 배열이 따로 있고, 숫자를 사용하고 싶을 때는 이 배열에 접근해서 숫자를 얻어온다고 가정해봅시다. 어디선가 이 배열에 불리언이나 문자열을 추가할 수 있다면 여러분의 코드는 예기치 않게 오작동할 수 있습니다. 개인 정보를 담고 있는 변수나 함수가 노출되면 악의를 가진 이들이 여러분이 설정한 제한을 우회해 도용할 수 있다는 위험도 생깁니다.

- **의도하지 않은 종속성**: 변수나 함수가 불필요하게 노출되면 다른 개발자가 비공개로 처리된 변수/함수를 사용하고 여기에 의존하기까지 할 수 있습니다. 이런 행동이 당장 프로그램을 손상하지는 않지만, 향후 리팩터링 시 좋지 않습니다. 여러분이 제어할 수 없는 비공개 변수/함수를 건드리지 않고는 리팩터링을 쉽게 할 수 없기 때문입니다. 비공개 숫자 배열에 의존하는 코드를 작성했다고 해봅시다. 나중에 배열 대신 다른 자료구조로 리팩터링을 진행할 때 의존성 때문에 해당 코드뿐만 아니라 다른 부분도 수정해야 할 수 있습니다.

POLE은 변수/함수 스코프 지정 시 기본적으로 필요한 최소한의 것만 노출하고 나머지는 가능한 한 비공개로 유지하도록 제안합니다. 모든 것을 전역(또는 외부 함수) 스코프에 담기보다

가능한 한 작고 깊게 중첩된 스코프에 변수를 선언하는 식으로 말이죠.

이 기준으로 소프트웨어를 설계한다면 앞선 세 가지 위험을 피하거나 위험을 최소화할 수 있습니다. 다음 코드를 살펴봅시다.

```
function diff(x, y) {
    if (x > y) {
        let tmp = x;
        x = y;
        y = tmp;
    }
    return y - x;
}

diff(3,7);      // 4
diff(7,5);      // 2
```

diff() 함수에서 반환값(y - x)이 0보다 크거나 같게 하려면 y가 x보다 크거나 같아야 합니다. x가 y보다 더 크면 반환값이 음수가 되므로 이를 방지하기 위해 tmp 변수를 사용해 x와 y를 바꿔 차를 구합니다.

이처럼 간단한 예시에서 tmp가 if 블록 안에 있든 함수 수준에 속해 있는 게 중요하지 않아 보일 수 있지만, tmp는 전역 변수가 되어서는 안 됩니다. tmp는 POLE에 따라 스코프 내에 최대한 숨겨져 있어야 합니다. 이렇게 if 블록 안에서 let을 사용해 tmp를 선언하면 tmp의 스코프를 블록으로 차단할 수 있습니다.

6.2 일반(함수) 스코프에 숨기기

가능한 한 가장 낮은 스코프(가장 깊은 중첩 스코프)에 변수와 함수 선언을 숨기는 게 왜 중요한지 알아봤습니다. 그럼 이를 어떻게 실천할 수 있을까요?

블록 스코프 선언자 let과 const에 대해서는 이미 알아봤는데 곧 다시 자세히 살펴보겠습니다. 그 전에 먼저 스코프 내에 var나 함수 선언을 숨기는 방식은 어떨지 생각해봅시다. 함수 스코프로 이들을 감싼다면 충분히 숨기는 게 가능하겠네요.

함수 스코프 지정이 유용한 경우는 다음과 같습니다.

계승factorial(느낌표(!)로 표기함)은 1에서 n까지의 모든 정수를 곱하는 것입니다. 수학 연산으로 1은 곱하면 아무 소용이 없기 때문에 계승에서는 한 번 계산된 정수의 계승을 다시 계산할 필요가 없습니다. 6!의 결과는 6×5!와 같고, 이는 다시 6×5×4!와 같기 때문입니다.

한 번 6!을 계산한 이후에 7!을 계산해야 하는 경우, 아무런 생각 없이 코드를 짠다면 2부터 6까지 모든 정수를 다시 곱하게 될 수 있습니다. 하지만 각 정수의 계승을 계산하고 그 결과를 캐시에 저장하게 되면 메모리를 희생하긴 하지만 대신 계산 낭비를 없애 속도를 높일 수 있습니다.

```
var cache = {};

function factorial(x) {
    if (x < 2) return 1;
    if (!(x in cache)) {
        cache[x] = x * factorial(x - 1);
    }
    return cache[x];
}

factorial(6);
// 720

cache;
// {
//     "2": 2,
//     "3": 6,
//     "4": 24,
//     "5": 120,
//     "6": 720
// }

factorial(7);
// 5040
```

이렇게 코드를 작성하면 이전에 계산한 결과가 cache에 저장되므로 factorial()을 여러 번 호출해도 처음부터 계산을 다 하지 않아도 됩니다. 그런데 여기서 주목해야 할 점은 cache 변수는 factorial()의 작동 방식을 나타내는 비공개 변수라는 점입니다. 외부 스코프, 특히 전역 스코프에 있는 변수가 아니므로 노출되면 안 되는 비밀스러운 변수죠.

그런데 cache 변수를 factorial() 함수 내부로 숨기는 것으로는 문제를 해결할 수 없습니다. cache 변수는 호출이 여러 번 일어나는 경우에도 유지되어야 하므로 함수 외부 스코프에 있어야 합니다. 그럼 어떻게 코드를 수정해야 할까요?

다음과 같이 외부/전역 스코프와 내부 factorial() 사이에 cache가 위치할 중간 스코프를 정의하면 됩니다.

```
// 외부/전역 스코프

function hideTheCache() {
    // cache를 숨길 중간 스코프
    var cache = {};

    return factorial;
    // *********************
    function factorial(x) {
        // inner scope
        if (x < 2) return 1;
        if (!(x in cache)) {
            cache[x] = x * factorial(x - 1);
        }
        return cache[x];
    }
}

var factorial = hideTheCache();

factorial(6);
// 720

factorial(7);
// 5040
```

hideTheCache() 함수는 factorial()을 여러 번 호출하는 동안 cache를 지속시킬 스코프를 만드는 것 외에는 용도가 없습니다. 그런데 factorial()이 cache에 접근할 수 있게 하려면 동일한 스코프에 factorial()을 정의해야 합니다. 그다음 hideTheCache()에서 factorial 함수를 반환하도록 하고 이 함수 참조를 외부 스코프인 factorial에 저장합니다. 이렇게 하면 factorial()을 여러 번 호출할 때, factorial 내부에서만 숨겨진 cache를 접근할 수 있게 됩니다.

좋네요. 아, 그런데 변수나 함수를 숨겨야 할 때마다 hideTheCache()처럼 새 함수와 스코프를 만드는 건 귀찮은 일입니다. 다른 변수나 함수와 겹치지 않게 이름을 짓는 것도 성가시고요.

> **NOTE_** 앞선 예시에서처럼 함수의 계산된 출력값을 캐시로 저장하는 방법을 사용하면 동일한 입력값을 반복적으로 호출해야 할 때 성능을 최적화할 수 있습니다. 함수형 프로그래밍(FP)에서는 아주 보편적인 방법이며 이를 메모이제이션memoization이라고 부릅니다. 캐시는 클로저에 의존하죠(7장 참조). 부록 B.2.1절에서 살펴보겠지만 메모리 사용량에 대한 문제도 있습니다. 함수형 프로그래밍 라이브러리는 함수 메모이제이션을 위한 최적화되고 검증된 유틸리티를 제공합니다. 이 유틸리티는 여기서 살펴본 **hideTheCache()**를 대신할 수도 있죠. 메모이제이션은 이 책에서 다루는 범위를 벗어납니다. 더 자세히 알아보고 싶다면 제가 집필한 『Functional-Light JavaScript』 책을 참조하세요.

변수나 함수를 숨겨야 하는 상황이 생기면 특이한 이름을 가진 함수를 정의하는 것보다 함수 표현식을 사용하는 게 더 나은 해결책이 될 수 있습니다.

```
var factorial = (function hideTheCache() {
    var cache = {};

    function factorial(x) {
        if (x < 2) return 1;
        if (!(x in cache)) {
            cache[x] = x * factorial(x - 1);
        }
        return cache[x];
    }

    return factorial;
})();

factorial(6);
```

```
// 720

factorial(7);
// 5040
```

잠깐만요! 여전히 hideTheCache라는 이름을 가진 함수를 만들어 cache를 숨기는 스코프를 만들었는데 문제를 해결했다고 말할 수 있는 걸까요?

hideTheCache는 함수 선언이 아닌 함수 표현식으로 정의했으므로 이름은 외부/전역 스코프가 아닌 자체 스코프(cache와 같은 스코프)에 존재하게 됩니다.

이렇게 하면 함수 표현식에 동일한 이름을 지정할 수 있고 충돌이 발생하지 않습니다. 더 나아가 숨기려는 것에 따라 이름을 적절히 지어 지정할 수도 있습니다. 어떤 이름이든 프로그램 내부의 다른 함수 표현식과 충돌하지 않을까 걱정하지 않아도 됩니다.

사실은 이름을 완전히 생략하고 **익명 함수 표현식**으로 정의할 수도 있긴 합니다. 이에 대해서는 부록 A.2절에서 스코프 전용 함수에서의 이름의 중요성을 중심으로 더 이야기 나눠보겠습니다.

6.2.1 함수 표현식 즉시 호출하기

이전 계승 재귀 프로그램에서 놓치기 쉬운 중요한 부분이 있는데, 바로 function 표현식 마지막 줄에 있는 })();입니다.

예시에서 function 표현식 전체를 ()로 감싸고, 마지막에 부분에 두 번째 ()를 추가했습니다. 두 번째 ()는 방금 정의한 function 표현식을 호출하는 역할을 합니다. 첫 번째로 함수 표현식을 둘러싼 ()는 엄밀히 말하자면 필수는 아닙니다. 여기서는 가독성을 위해 사용했습니다.

정리하자면 이렇습니다. 예시는 즉시 호출되는 함수 표현식을 사용했는데, 이 패턴은 IIFE[imm ediately invoked function expression](즉시 실행 함수 표현식)라는 이름으로 불립니다. 매우 독창적인 이름이죠!

IIFE는 변수나 함수를 숨기는 스코프를 만들고 싶을 때 유용합니다. 표현식이므로 JS 프로그램에서 표현식이 허용되는 곳이라면 어디서나 사용할 수 있습니다. IIFE는 hideTheCache()와 같이 이름을 붙일 수 있고, 익명으로 지정할 수 있습니다(익명이 훨씬 흔합니다). 이 함수는 독립적일 수도 있고, 다른 구문의 일부가 될 수도 있습니다. `hideTheCache()`는 `factorial()` 함수 참조를 반환하고, 이 참조는 `=`으로 `factorial` 변수에 할당됩니다.

독립형 IIFE의 예시는 다음과 같습니다.

```
// 외부 스코프

(function(){
    // 내부에 숨겨진 스코프
})();

// 더 많은 외부 스코프
```

이전 예시에서 외부를 감싸고 있던 `()`의 사용이 선택할 수 있는 옵션이었다면, 독립형 IIFE에서는 `()`를 필수로 사용해야 합니다. 독립형 IIFE에서는 함수를 문이 아닌 표현식으로 구분합니다. 다만 일관성을 위해 IIFE의 `function`을 항상 `()`로 묶어야 합니다.

> **NOTE_** IIFE의 `function`을 JS 파서에 의해 함수 표현식으로 취급되도록 하는 방법에 `()`로 감싸는 방식만 있는 것은 아닙니다. 또 다른 옵션은 부록 A.2.6절 'IIFE 변형'에서 살펴보겠습니다.

함수의 경계

스코프를 정의할 목적으로 IIFE를 사용하면 주변 코드에 따라 의도하지 않은 결과가 발생할 수 있으므로 주의해야 합니다. 왜냐하면 IIFE도 온전한 함수이기 때문에 IIFE를 사용하면 함수 경계가 변경되는데 이는 문이나 구조의 동작을 바꿀 수 있기 때문입니다.

코드에 `return` 문이 있다고 가정해봅시다. 이 코드를 IIFE가 둘러싸게 되면 `return`은 IIFE 함수를 참조하게 되어서 해당 코드의 반환값이 IIFE의 반환값이 되어버립니다. 화살표 함수가 아닌 일반 함수 형태의 IIFE를 사용하면 `this`의 바인딩도 바뀝니다(관련 내용은 YDKJSY의 세 번째 시리즈인 '객체와 클래스' 편에서 확인할 수 있습니다). 그리고 `break`나 `continue` 문은 IIFE 경계를 넘어서 작동하지 않으므로 이들로 함수 경계 밖의 제어문을 통제할 수 없다는 점도 주의해야 합니다.

따라서 스코프를 감싸는 코드에 `return`, `this`, `break`, `continue`가 포함된 경우라면 아마도

IIFE가 최선의 접근 방식이 아닐 수 있습니다. 이 경우에는 함수 대신 블록을 사용해 스코프를 만드는 게 좋습니다.

6.3 블록으로 스코프 지정

이쯤 되면 스코프를 만들어 식별자 노출을 제한할 때의 이점을 충분히 느꼈을 겁니다.

지금까지는 function(IIFE) 키워드를 사용해 변수 노출을 제어하는 방법을 알아봤습니다. 이제부터는 중첩 블록 내에서 let 선언을 사용하는 방법을 고려해봅시다.

블록은 let이나 const 같은 블록 스코프 선언을 포함해야 할 필요가 있을 때만 스코프로 작용합니다. 다음 코드를 살펴봅시다.

```
{
    // 아직 스코프가 필요하지 않습니다.

    // ...

    // 이제 블록이 스코프여야 한다는 것을 인지했습니다.
    let thisIsNowAScope = true;

    for (let i = 0; i < 5; i++) {
        // 여기도 스코프인데
        // 이터레이션마다 각각 활성화됩니다.
        if (i % 2 == 0) {
            // 여기는 스코프가 아닌 블록일 뿐입니다.
            console.log(i);
        }
    }
}
// 0 2 4
```

다음 경우와 같이 모든 중괄호 쌍이 항상 블록 스코프를 생성하는 건 아닙니다(스코프가 될 자격은 있습니다).

- 객체 리터럴은 {}를 사용해 키-값 목록을 구분하지만, 이러한 객체값이 스코프는 아닙니다.

- class는 {}를 사용해 본문을 정의하는데, 이는 블록이나 스코프가 아닙니다.
- function은 본문을 감쌀 때 {}를 사용하는데, 엄밀히 말해 이는 블록이 아니라 함수 본문을 나타내는 단일 문이므로 블록 스코프를 형성하지 않습니다. 이때 중괄호는 함수 스코프를 생성합니다.
- case 절 주변의 switch 구문에 사용된 {}로는 블록이나 스코프를 정의할 수 없습니다.

앞서 본 중괄호 쌍이 실제 블록이 아니라는 것을 설명하는 예시 말고도 중괄호 쌍은 다양한 방식으로 사용할 수 있습니다. 중괄호 쌍을 if나 for 문과 함께 사용할 수도 있죠. 이 경우는 중괄호 내의 코드가 해당 문의 블록으로 간주되어 문의 일부로 취급됩니다. 중괄호를 단독으로 사용할 수도 있습니다. 바로 앞 예시에서 가장 바깥쪽 중괄호 쌍을 보세요. 다만 이렇게 명시적으로 블록을 만드는 게 의미적인 신호가 될 순 있지만 블록 내부에 선언이 없다면 중괄호 쌍은 스코프를 만들지 않고 실행 동작에도 영향을 끼치지 않습니다.

참고로 중괄호를 단독으로 쓰는 방식은 유효한 JS 문법이었으나 ES6에서 let/const가 추가되기 전에는 스코프를 형성할 수 없어서 잘 사용하지 않았습니다. ES6 이후에 조금씩 사용하는 사람들이 생기기 시작했습니다.

블록 스코프를 지원하는 대부분의 프로그래밍 언어에서 명시적으로 블록 스코프를 만드는 건 변수의 범위를 좁히는 일반적인 패턴입니다. 따라서 저도 POLE에 따라 JS에서도 이런 패턴이 보편화되어야 한다고 생각해야 합니다. 식별자가 노출될 수 있는 범위를 최소한으로 줄이려면 (명시적) 블록 스코프를 사용하세요.

명시적 블록 스코프는 (외부 블록이 스코프인지 여부에 관계없이) 다른 블록 안에서도 유용할 수 있습니다.

예시를 살펴봅시다.

```
if (somethingHappened) {
    // 이것은 블록이지만, 스코프는 아닙니다.

    {
        // 이것은 블록이면서 명시적 스코프입니다.
        let msg = somethingHappened.message();
        notifyOthers(msg);
    }

    // ...
```

```
        recoverFromSomething();
    }
```

여기서 if 문 내부의 {} 중괄호는 작은 명시적인 내부 블록 스코프를 나타내며, msg 변수는 전체 if 블록에서 필요하지 않기 때문에 해당 블록 스코프로 제한했습니다. 그런데 많은 개발자가 이런 경우, msg를 if 블록에 선언하곤 합니다. 코드가 짧을 경우에는 어디에 변수를 선언하는지가 그리 중요하지 않을 수 있습니다. 그러나 코드가 길어지면 과도한 노출 문제가 더욱 부각됩니다.

그럼 추가적인 {}와 들여쓰기를 사용해 명시적인 내부 블록 스코프를 정의하는 것은 괜찮은 걸까요? 네, 저는 POLE을 따르기 위해 항상 (합리적인 사고를 바탕으로!) 각 변수에 대해 가장 작은 블록을 정의하는 것이 좋다고 생각합니다.

5.4절에서 TDZ 오류에 대해 설명한 내용을 다시 떠올려봅시다. let/const로 선언할 때 TDZ 오류가 발생할 위험을 최소화하려면 항상 스코프 최상단에 let/const를 배치하라고 제안했습니다.

스코프 중간에 let 선언이 있으면 '앗, 안 돼! TDZ 경보 발동!'이라는 생각이 자동으로 들 것입니다. let으로 변수를 선언할 때 블록 상단에 선언할 필요가 없다는 생각이 들면 내부 명시적 블록 스코프를 사용해 변수의 노출 범위를 좁히세요.

명시적 블록 스코프를 사용한 또 다른 예시를 살펴봅시다.

```
function getNextMonthStart(dateStr) {
    var nextMonth, year;

    {
        let curMonth;
        [ , year, curMonth ] = dateStr.match(
                /(\d{4})-(\d{2})-\d{2}/
            ) || [];
        nextMonth = (Number(curMonth) % 12) + 1;
    }

    if (nextMonth == 1) {
        year++;
    }
```

```
      return `${ year }-${
            string(nextMonth).padStart(2,"0")
      }-01`;
  }
  getNextMonthStart("2019-12-25");    // 2020-01-01
```

먼저 스코프와 스코프별 식별자를 알아봅시다.

1. 외부/전역 스코프에는 하나의 식별자, getNextMonthStart() 함수가 있습니다.

2. getNextMonthStart() 함수 스코프에는 dateStr(매개변수), nextMonth, year 세 식별자가 있습니다.

3. {}는 curMonth 변수를 포함하는 내부 블록 스코프를 정의합니다.

curMonth를 최상위 함수 스코프 안의 nextMonth와 year 옆에 배치하는 대신 명시적 블록 스코프에 추가한 이유를 생각해봅시다. curMonth는 위쪽 두 문에만 필요하기 때문입니다. 함수 스코프 수준에 정의하게 되면 전체 함수를 기준으로는 과도하게 노출되죠.

이 예시는 규모가 작기 때문에 curMonth를 과도하게 노출할 경우 발생하는 위험이 매우 제한적입니다. 하지만 코딩할 때 기본 마인드셋으로 최소 노출의 원칙을 지키다 보면 POLE의 이점을 가장 잘 누릴 수 있습니다. 아주 작은 코드에서부터 이 원칙을 한결같이 지키면 프로그램이 커질 때 그 이점을 잘 실감할 수 있습니다.

이번에는 조금 더 실질적인 예시를 살펴봅시다.

```
  function sortNamesByLength(names) {
      var buckets = [];

      for (let firstName of names) {
          if (buckets[firstName.length] == null) {
              buckets[firstName.length] = [];
          }
          buckets[firstName.length].push(firstName);
      }

      // 스코프를 좁히는 블록
      {
          let sortedNames = [];

          for (let bucket of buckets) {
```

```
            if (bucket) {
                // 각 bucket을 알파벳순으로 정렬
                bucket.sort();

                // 정렬된 이름을 실행 목록에 추가
                sortedNames = [
                    ...sortedNames,
                    ...bucket
                ];
            }
        }

        return sortedNames;
    }
}

sortNamesByLength([
    "Sally",
    "Suzy",
    "Frank",
    "John",
    "Jennifer",
    "Scott"
]);
// [ "John", "Suzy", "Frank", "Sally", "Scott", "Jennifer" ]
```

총 다섯 개의 스코프[2]에 여섯 개의 식별자가 선언되어 있네요. 변수 모두를 하나의 외부/전역 스코프에 선언하는 게 기술적으로 불가능하진 않습니다. 변수들의 이름이 달라 이름 충돌이 없기 때문이죠. 그러나 이렇게 모든 변수를 하나의 스코프에서 선언하면 코드 구조가 혼란스러워지고, 향후 버그 유발 가능성이 커집니다.

그래서 예시에서는 변수를 각각의 내부 중첩 스코프에 적절하게 분할했습니다. 그리고 생각한 로직대로 프로그램이 작동할 수 있게 각 변수를 최대한 안쪽 스코프에 정의했습니다.

sortedNames를 최상위 함수 스코프에서 정의할 수 있지만, 이 변수는 함수의 후반부에서만

---

2 옮긴이_ 다섯 스코프는 다음과 같습니다.

    1. sortNamesByLength 함수 내부 스코프

    2. for (let firstName of names) 루프 내부의 스코프

    3. if (buckets[firstName.length] == null) 조건문 블록 내부의 스코프

    4. for (let bucket of buckets) 루프 내부의 스코프

    5. 블록 스코프 내부의 스코프(sortedNames 변수에 대한 스코프)

필요합니다. 따라서 변수가 상위 레벨 스코프에 과도하게 노출되지 않도록 POLE에 따라 내부 명시적 블록 스코프에 블록 스코프를 지정했습니다.

6.3.1 var와 let

이번에는 앞선 예시의 var buckets 선언에 관해 이야기해봅시다. buckets은 마지막 return 문을 제외하고 함수 전체에서 사용되는 변수입니다. 이렇게 함수 전체(또는 대부분)에 걸쳐 필요한 변수는 그 용도가 분명하도록 선언해야 합니다.

> **NOTE_** 매개변수 name은 함수 전체에서 사용되지는 않지만 매개변수의 범위를 제한할 방법이 없으므로 함수 전체 선언으로 작동합니다.

그런데 buckets 변수를 선언할 때 let 대신 var를 사용했네요. 그 이유가 뭘까요? var를 사용하는 데는 의미론적, 기술적 이유가 있습니다.

JS의 초장기부터 var는 '전체 함수에 속한 변수'를 의미했습니다. 1.6절 '렉시컬 스코프'에서 주장한 것처럼 var는 사용된 위치와 상관없이 가장 가깝게 감싼 함수 스코프에 붙습니다. 이는 var가 블록 안에 나타나는 경우에도 마찬가지입니다.

```
function diff(x, y) {
    if (x > y) {
        var tmp = x;    // tmp는 함수 스코프입니다.
        x = y;
        y = tmp;
    }

    return y - x;
}
```

선언은 블록 스코프가 아닌 함수 스코프(diff()까지)에서 이뤄집니다.

예시처럼 var를 블록 내에서 선언할 수 있지만(여전히 함수 스코프 변수임), 몇 가지 특별한 경우(부록 A.4절 'var에 대한 변론' 참고)를 제외하고는 이렇게 하지 않는 게 좋습니다. 예외 상황을 제외하곤 함수의 최상위 스코프에서 var를 사용하는 게 좋습니다.

위치는 그렇다 치고 그러면 왜 let 대신 var를 사용한 걸까요? var는 let과 시각적으로 구분되므로 var를 쓰면 '이 변수는 함수 스코프'라는 신호를 명확하게 전달할 수 있기 때문입니다. 특히 블록의 다른 모든 선언이 let을 사용하는 와중에 함수의 처음 몇 줄이 아닌 최상위 스코프에서 var를 사용하면 이 변수는 함수 스코프 선언이라는 걸 시각적으로 명확히 할 수 있습니다.

저는 var가 let보다 효과적으로 함수 스코프라는 걸 알릴 수 있다고 생각합니다. 반면 let은 블록 스코프 전달에 더 효과적이라고 생각합니다. 프로그램에 함수 스코프 변수와 블록 스코프 변수 모두가 필요하다면, 가장 합리적이고 가독성이 높은 방식은 var와 let을 각각의 목적에 맞게 함께 사용하는 것입니다.

물론 이외에도 상황에 맞게 var 또는 let을 선택해야 하는 요인이 있습니다. 이에 대해선 부록 A.4절에서 자세히 살펴보겠습니다.

> **WARNING_** var와 let을 모두 사용하라는 저의 제안은 논란의 여지가 있고, 다수의 의견과 대립됩니다. 우리는 'var는 구식이니 let을 쓰세요', '절대로 var을 사용하지 마세요, 대체품 let을 쓰세요'라는 주장을 자주 접합니다. 이런 주장도 타당하지만 저의 제안처럼 단지 의견일 뿐입니다. var는 결함이 있거나 지원이 중단된 게 아닙니다. JS 초창기부터 var를 사용했고 JS가 존재하는 한 var는 계속 작동할 겁니다.

6.3.2 let의 위치

최상위 함수 스코프에서만 var를 사용하라는 조언을 따르다 보면 다른 선언문에서는 let을 사용해야만 합니다. 그런데 우리는 여전히 let을 프로그램 어디에 선언해야 할지에 대한 답은 얻지 못했습니다.

POLE을 따르면 그 답을 얻을 수 있지만 조금 더 명시적으로 let의 위치에 관해 설명하자면 이렇습니다. 선언 키워드는 의사 결정에 영향을 미치지 않습니다. 가장 좋은 방법은 스스로 '이 변수를 최소한으로 노출시키면서 요구 사항을 충족하는 스코프는 어디인가?'라는 질문을 해보는 겁니다.

질문에 대한 답을 찾으면 변수를 블록 스코프에 위치시킬지, 함수 스코프에 위치시킬지 바로 판단할 수 있습니다. 그런데 처음에 변수를 블록 스코프에 위치시켰는데 나중에 함수 스코프로 올려야 한다는 사실을 알게 되는 경우가 있을 수 있습니다. 그때는 해당 변수의 선언 위치뿐만 아니라 사용된 선언자 키워드도 변경하면 됩니다. 이런 식으로 의사 결정하기를 추천합니다.

선언이 블록 스코프에 속해 있다면 let을 사용하고, 함수 스코프에 있다면 var를 사용하세요 (강조하지만 저의 의견입니다).

이런 의사 결정 과정을 시각화하는 방법으로는 ES6 이전 문법으로 코딩해보는 겁니다. 앞서 살펴본 diff() 예시 코드를 다시 살펴봅시다.

```
function diff(x, y) {
    var tmp;

    if (x > y) {
        tmp = x;
        x = y;
        y = tmp;
    }

    return y - x;
}
```

코드에서 tmp는 명확히 함수 스코프 안에 선언되었습니다. 그런데 이게 적절한 스코프일까요? 저는 그렇지 않다고 생각합니다. tmp는 몇몇 문에서만 사용되고 있고, return 문에서는 필요조차 없습니다. 따라서 tmp의 스코프는 블록 스코프여야 합니다.

ES6 이전에는 let이 없었으므로 사실상 블록 스코프를 사용할 수 없었습니다. 하지만 차선책으로 다음과 같이 의도를 알리는 방법을 사용했습니다.

```
function diff(x, y) {
    if (x > y) {
        // 여기에 tmp를 선언함으로써
        // 의미상 블록 스코프임을 나타냅니다.
        var tmp = x;
        x = y;
        y = tmp;
    }
```

```
        return y - x;
    }
```

if 문에 var를 사용해 tmp를 선언하면 tmp가 해당 블록에 속해 있다는 의도를 나타낼 수 있습니다. JS가 이를 강제로 함수 스코프로 설정하지는 않지만, 의미론적 신호를 주는 것만으로도 코드를 읽는 사람에게 도움을 줄 수 있습니다.

이런 관점을 유지하며 블록 내에 있는 var를 찾아 let으로 변경하면 전달하고자 하는 의미를 강화할 수 있습니다. 이게 필자가 생각하는 let의 올바른 사용법입니다.

과거에는 var를 사용해 스코프를 표시했지만, 요즘에는 let을 사용해야만 하는 다른 예시를 살펴봅시다.

```
for (var i = 0; i < 5; i++) {
    // 무언가를 하는 코드
}
```

for 반복문에서는 반복문이 어디에 정의되었든지 상관없이 기본적으로 i는 항상 반복문 안에서만 사용해야 합니다. 그렇기 때문에 POLE에 따라 var 대신 let으로 i를 선언해야 합니다.

```
for (let i = 0; i < 5; i++) {
    // 무언가를 하는 코드
}
```

이런 식으로 var를 let으로 전환할 때 코드가 '중단'되는 거의 유일한 경우는 반복문 외부나 아래쪽에서 반복자(i)에 접근하는 경우입니다.

```
for (var i = 0; i < 5; i++) {
    if (checkValue(i)) {
        break;
    }
}

if (i < 5) {
    console.log("루프가 일찍 멈췄습니다!");
}
```

이런 패턴이 그리 드물진 않지만 이렇게 코드를 작성하면 구조에 대한 지적을 받을 수 있습니다. 목적을 달성하려면 다른 외부 스코프를 사용하는 게 낫습니다.

```javascript
var lastI;

for (let i = 0; i < 5; i++) {
    lastI = i;
    if (checkValue(i)) {
        break;
    }
}

if (lastI < 5) {
    console.log("루프가 일찍 멈췄습니다!");
}
```

lastI는 스코프 전체에서 사용하므로 var로 선언했습니다. i는 반복문에서만 필요하므로 let으로 선언하면 됩니다.

6.3.3 catch와 스코프

지금까지 var와 매개변수는 함수 스코프이고, let/const는 블록 스코프임을 나타낸다고 배웠습니다. 그런데 한 가지 알아두어야 할 작은 예외가 있습니다. 바로 catch 절입니다.

1999년, ES3에 try...catch가 도입된 이후, catch 절에서 선언된 변수는 (잘 알려지지 않은 기능이지만) catch 절 밖에서는 사용할 수 없었습니다.

```javascript
try {
    doesntExist();
}
catch (err) {
    console.log(err);
    // ReferenceError: 'doesntExist' is not defined
    // 예외가 발생한 곳을 알려주는 메시지

    let onlyHere = true;
    var outerVariable = true;
}
```

```
console.log(outerVariable);        // true

console.log(err);
// ReferenceError: 'err' is not defined
// 또 다른 (발견되지 않은) 예외
```

catch 절로 선언한 err 변수는 해당 블록으로 블록 스코프가 지정됩니다. 이 catch 절 블록은 let을 통해 다른 블록 스코프 선언을 포함할 수 있습니다. 그러나 이 블록 내부의 var 선언은 여전히 외부 함수/글로벌 스코프에 연결됩니다.

ES2019(이 글을 쓰는 시점의 최신 명세서) 이전에는 catch 절에서 오류 객체를 사용하려면 catch 뒤에 매개변수를 반드시 추가했어야 했는데 ES2019에서는 선택 사항으로 바뀌었습니다.[3] 그런데 catch 블록을 오류 객체 변수 선언 없이 사용하면 catch 블록은 스코프를 형성하지 않고 그냥 블록으로 처리됩니다.

그러니 정상 복구를 위해 예외 처리를 해야 하지만 오룻값 자체는 신경 쓰지 않아도 된다면 catch에 오류 객체 변수 선언을 생략하세요.

```
try {
    doOptionOne();
}
catch {    // 오류 객체 선언 생략
    doOptionTwoInstead();
}
```

catch에서 오류 객체 변수를 생략하는 패턴은 작은 변화지만 많이 쓰이는 효율적인 단순화 패턴입니다. 이 패턴을 사용하면 불필요한 스코프를 줄여서 약간의 성능 향상을 꾀할 수도 있습니다.

----

3 옮긴이_ optional catch binding입니다.

6.4 블록 내 함수 선언

지금까지 let 또는 const를 사용하는 선언은 블록 스코프, var 선언은 함수 스코프가 지정된다는 것을 살펴봤습니다. 그렇다면 블록 안에 직접 함수 선언 방식으로 함수를 정의하면 어떤 일이 생길까요? 블록 내 함수 선언function declarations in blocks, FiB에 대해 알아봅시다.

함수 선언을 var 선언과 동일하다고 생각하는 사람들이 많습니다. 그럼 함수 선언도 var 변수와 같은 스코프 메커니즘을 따를까요?

맞기도 하고, 아니기도 합니다. 혼란스러우니 코드를 보며 이해해봅시다.

```
if (false) {
    function ask() {
        console.log("여기가 실행될까요?");
    }
}
ask();
```

이 프로그램을 실행했을 때 어떤 결과를 기대할 수 있을까요? 가능한 결과는 세 가지입니다.

1. ask 식별자의 스코프가 if 블록 스코프로 지정되어 외부/전역 스코프에서는 사용할 수 없어 ask() 호출 시 ReferenceError 예외와 함께 호출에 실패

2. ask 식별자가 존재하긴 하지만 if 구문이 실행되지 않아 정의가 이뤄지지 않았기 때문에 ask는 호출 가능한 함수가 아니어서 호출 시 TypeError와 함께 호출 실패

3. 문제없이 호출되어 '여기가 실행될까요?' 출력

코드를 어떤 JS 환경에서 실행하는지에 따라 결과가 달라진다니 여전히 혼란스럽네요.

JS 명세서에 따르면 블록 내부에 함수 선언을 하면 블록 스코프가 적용되어 1번처럼 작동해야 합니다. 하지만 브라우저 기반 JS 엔진 대부분이(V8 엔진을 사용하는 Node.js도 포함) 2번처럼 작동합니다. 식별자는 if 블록 외부 스코프로 지정되지만 함숫값이 자동으로 초기화되지 않아 undefined 상태로 남기 때문입니다.

브라우저에서 돌아가는 JS 엔진은 왜 명세서에 반하는 작동을 허용하는 걸까요? ES6에서 블록 스코프가 도입되기 전에 이미 이러한 엔진들은 FiB와 관련된 동작을 지원하고 있는데, ES6 이후 명세서를 준수하기 위해 엔진 동작을 변경하면 기존 웹사이트에서 돌아가는 JS 코드에 문제

가 발생할 수 있다는 우려가 있었기 때문입니다. 이런 이유로 브라우저 JS 엔진에 한해 예외를 허용하게 된 거죠(JS 명세서의 부록 B 참고).

> **NOTE_** Node.js는 주로 서버에서 실행되므로 브라우저 JS 환경으로 분류하지 않습니다. 하지만 Node.js 에서 쓰는 V8 엔진은 크롬(및 엣지) 브라우저에서 사용 중이고, 태생이 브라우저를 위해 만들어진 엔진이기 때문에 JS 명세서의 부록 B에서 언급하고 있는 예외 사항을 허용합니다. 그러다 보니 브라우저를 위한 예외 사항이 Node.js에도 확장되었습니다.

블록 안에 `function`을 선언하는 가장 일반적인 사례는 `if...else` 문에서처럼 환경에 따라 함수를 조건부로 정의하는 경우입니다. 예시를 살펴봅시다.

```
if (typeof Array.isArray != "undefined") {
    function isArray(a) {
        return Array.isArray(a);
    }
}
else {
    function isArray(a) {
        return Object.prototype.toString.call(a)
            == "[object Array]";
    }
}
```

`isArray()`를 하나만 정의하고 그 안에 `if` 구문을 넣으면 함수를 호출할 때마다 조건을 검사하지 않아도 `typeof Array.isArray`를 한 번만 체크하면 되기 때문에 이렇게 코드를 작성하고 싶다는 유혹에 빠질 수 있습니다.

> **WARNING_** FiB 패턴으로 코드를 작성하면 브라우저 환경에 따라 결과가 달라 혼동을 준다는 문제 외에도 디버깅이 어려워진다는 문제가 생깁니다. 함수 **isArray()**에 버그가 발생하면 먼저 어떤 **isArray()**가 실행되고 있는지 확인해야 하는데 가끔은 조건부 검사에 문제가 생겨 원하지 않은 함수가 호출되는 경우가 있을 수 있습니다. 여러 버전의 함수를 정의하면 어떤 함수인지 추론하거나 유지 보수하기가 어렵습니다.

앞서 소개한 예시 외에도 FiB에 관한 코너 케이스는 다양합니다. 브라우저 종류에 따라 결과가 달라질 수도 있고 브라우저와 비브라우저 간의 차이도 역시 있습니다. 예시를 살펴봅시다.

```
if (true) {
    function ask() {
        console.log("제가 호출되었나요?");
    }
}

if (true) {
    function ask() {
        console.log("아니면 저일까요?");
    }
}

for (let i = 0; i < 5; i++) {
    function ask() {
        console.log("아니면 설마 저일까요?");
    }
}

ask();

function ask() {
    console.log("잠깐만요, 설마 저를 호출한 걸까요?");
}
```

5.1절 '변수 사용 가능 시점'에서 설명한 대로 예시 코드에서 마지막 ask()가 ask();위쪽으로 호이스팅될 거라 예상할 수 있습니다. 그리고 이 함수는 같은 이름을 가진 함수 중 선언 위치가 가장 아래 쪽에 있기 때문에 '우선권'을 갖게 될거라 예상할 수 있죠. 하지만 안타깝게도 우리의 예상은 틀립니다.

이런 식의 코너 케이스를 모두 문서화해서 정리하거나 왜 이런 케이스가 다른 방식으로 작동하는지에 대한 이유는 설명하지는 않겠습니다. 지금은 쓸모없는 상식에 불과하다고 생각하기 때문입니다.

블록 안에 함수를 정의하는 패턴에 대한 저의 관심사는 모든 상황에서 예측한 대로 프로그램이 작동하도록 하려면 어떻게 코드를 작성하는 게 좋은지에 대한 것입니다. 그리고 어떻게 여러분께 조언을 드릴지도요.

저의 조언은 이렇습니다. FiB는 변덕스러우니 FiB를 완전히 피해야 실용적으로 코드를 작성할 수 있습니다. 블록 안에서 함수 선언을 절대 하지 마세요. 함수 선언은 함수의 최상위 스코프

(또는 전역 스코프)에 하세요.

그러니 성능은 약간 떨어질 수 있어도 앞선 if...else 예시도 다음처럼 작성하기를 추천합니다.

```javascript
function isArray(a) {
    if (typeof Array.isArray != "undefined") {
        return Array.isArray(a);
    }
    else {
        return Object.prototype.toString.call(a)
            == "[object Array]";
    }
}
```

성능 저하가 프로그램 실행에 병목이 된다면 다음 접근 방식을 고려하는 것도 좋습니다.

```javascript
var isArray = function isArray(a) {
    return Array.isArray(a);
};

// 필요하다면 정의를 오버라이드합니다.
if (typeof Array.isArray == "undefined") {
    isArray = function isArray(a) {
        return Object.prototype.toString.call(a)
            == "[object Array]";
    };
}
```

여기서는 함수 선언이 아닌 함수 표현식을 if 문 안에 배치한다는 것이 중요합니다. 함수 표현식을 블록 안에 배치하는 것은 문제가 되지 않습니다. FiB는 블록에서 함수 선언문을 피하자는 거지 표현식을 피하자는 말이 아닙니다.

FiB 스타일을 적용해 프로그램을 만들고, 테스트를 했을 때 테스트를 통과한다 하더라도 FiB를 사용함으로써 얻는 위험이 이점보다 훨씬 큽니다. FiB는 개발자에게 혼동을 불러일으키고 JS 실행 환경마다 작동 방식이 달라지는 위험한 패턴입니다.

그러니 FiB를 피해서 코드를 작성하세요.

6.5 정리

프로그래밍 언어에서 렉시컬 스코프 규칙의 핵심은 우리가 렉시컬 스코프 규칙에 맞게 코드를 작성하면 프로그램의 변수를 운영 목적과 의미에 맞게 체계화할 수 있다는 점입니다.

변수를 정리하는 데 있어서 가장 중요한 것은 변수를 불필요한 범위에 과도하게 노출되지 않도록 하는 것(POLE)입니다. 이 정도면 블록 스코프에 대한 이해도가 높아졌을거라 생각합니다.

이제 렉시컬 스코프 이해를 통해 기초를 다졌으니 이를 바탕으로 다음 장부터는 '클로저'에 대해 이야기해봅시다.

CHAPTER 7

클로저 사용법

지금까지는 렉시컬 스코프에 집중해 렉시컬 스코프가 프로그램에서 변수를 구성하고 사용하는 데 어떤 영향을 미치는지 알아봤습니다.

이제 조금 더 추상적인 개념이자 다소 어려운 주제로 꼽히는 주제인 클로저를 다뤄보겠습니다. 걱정은 하지 않으셔도 됩니다. 컴퓨터 공학 학위가 없어도 클로저를 이해할 수 있습니다. 이 책의 목표는 스코프를 단순히 이해하는 게 아니라, 프로그램 구조를 설계하는 데 스코프를 효과적으로 사용할 줄 아는 사람으로 여러분을 성장시키는 데 있습니다. 그리고 클로저는 그 핵심에 있습니다.

6.1절 '최소 노출의 원칙(POLE)'에서 블록과 함수 스코프를 사용하면 변수의 스코프 노출을 최소화할 수 있다는 주요 결론을 내린 바 있습니다. 이렇게 하면 코드를 이해하거나 유지 보수하기 쉬우며, 스코프 함정 문제(이름 충돌 등)를 피할 수 있습니다.

클로저 또한 POLE을 기반으로 합니다. 변수를 오랫동안 유지해야 하는 경우, 클로저를 사용하면 변수를 외부 스코프에 두는 대신 더 제한된 스코프로 캡슐화할 수 있습니다. 이렇게 하면 함수 내부에서 함수 밖 해당 변수에 계속 접근할 수 있어 변수를 더 넓은 범위에서 사용할 수 있는 이점이 있습니다. 이는 함수가 클로저를 통해 참조된 스코프 변수를 기억하기 때문입니다.

우리는 이미 6장에서 factorial() 함수를 통해 클로저를 접했고, 알게 모르게 프로그램 내에서 사용해본 경험이 있을 겁니다. 자체 스코프 밖에 있는 변수에 접근하는 콜백을 작성해본 적이 있다면, 그게 바로 클로저였던 거죠!

클로저는 프로그래밍에서 가장 중요한 언어 특성입니다. 클로저는 함수형 프로그래밍, 모듈, 심지어는 클래스 지향 설계를 비롯한 주요 프로그래밍 패러다임의 근간을 이룹니다. JS를 마스터하고 중요한 디자인 패턴을 코드 전반에 걸쳐 효과적으로 활용하려면 클로저에 익숙해지는 게 중요합니다.

이번 장에서는 클로저의 모든 측면을 살펴보기 위해 수많은 논의와 코드를 살펴보겠습니다. 기존과 마찬가지로 다음 절로 넘어가기 전에 항상 시간을 들여 앞선 내용을 이해했는지 확인하세요.

7.1 클로저 관찰하기

클로저는 람다 대수^{lambda calculus}에서 유래한 수학적 개념입니다. 하지만 여기서 수학 공식을 나열하거나 수학에서 쓰이는 표기법, 전문용어를 사용해 클로저를 정의하지는 않겠습니다.

대신 실용적인 관점에서 클로저를 알아봅시다. 먼저 JS에 클로저가 존재하지 않을 때와 존재할 때를 비교하며 클로저가 있으면 프로그램에 어떤 변화가 생기는지 살펴보며 클로저를 정의해보겠습니다. 7장 후반부에서는 이와는 다른 관점으로 클로저를 살펴봅니다.

클로저는 함수에서만 일어나는 함수의 동작입니다. 함수를 다루지 않는다면 클로저는 적용되지 않습니다. 객체는 클로저를 가질 수 없고 클래스도 클로저를 가질 수 없습니다. 오직 함수에만 클로저가 있습니다.

클로저를 관찰하려면 함수를 반드시 호출해야 합니다. 그리고 호출된 함수는 해당 함수를 정의한 스코프 체인이 아닌 다른 분기^{branch}에서 호출되어야 합니다. 함수가 정의된 스코프와 동일한 스코프에서 함수를 실행할 경우에는 클로저가 있든 없든 상관없이 동작이 눈에 띄게 달라지지는 않습니다. 왜냐하면 클로저가 아니기 때문입니다.

2.1절에서 설명한 스코프 양동이의 색을 주석으로 표시한 코드를 살펴봅시다.

```
// 외부/전역 스코프: 빨간색 버블 ❶

function lookupStudent(studentID) {
    // 함수 스코프: 파란색 버블 ❷
```

```
var students = [
    { id: 14, name: "카일" },
    { id: 73, name: "보라" },
    { id: 112, name: "지수" },
    { id: 6, name: "호진" }
];

return function greetStudent(greeting){
    // 함수 스코프: 초록색 버블 ❸

    var student = students.find(
        student => student.id == studentID
    );

    return `${ greeting }, ${ student.name } 님!`;
};
}

var chosenStudents = [
    lookupStudent(6),
    lookupStudent(112)
];

// 함수 이름에 접근합니다.
chosenStudents[0].name;
// greetStudent

chosenStudents[0]("안녕하세요");
// 안녕하세요, 호진 님!

chosenStudents[1]("잘 지내시죠");
// 잘 지내시죠, 지수 님!
```

코드에서 가장 먼저 눈에 띄는 부분은 외부 함수 lookupStudent()가 내부 함수 greet
Student()를 만들고 반환하는 부분입니다. lookupStudent()가 두 번 호출되면 내부 함수
greetStudent()가 두 개의 개별 인스턴스를 생성하고, 두 인스턴스는 chosenStudents 배
열에 저장됩니다.

그리고 실제 반환된 함수(greetStudent)가 배열에 잘 저장했는지를 chosenStudents[0]의
.name 프로퍼티를 통해 확인했습니다.

예시에서는 lookupStudent()를 두 번 호출하는데, 각 호출이 종료될 때마다 함수 내부의 변수들이 가비지 컬렉션의 대상이 되어 메모리에서 사라질 거라 생각할 수 있습니다. 유일하게 반환 및 보존되는 것이 내부 함수일 거라 착각하기 쉽죠. 하지면 관찰 결과가 예상과는 다릅니다.

greetStudent()는 greeting이라는 매개변수를 단일 인수로 받지만, 함수 본문에서는 lookupStudent()를 감싸는 스코프에 있는 식별자(students와 studentID)를 다수 참조합니다. 이렇게 내부 함수가 외부 스코프에 있는 변수를 참조하는 것을 **클로저**^{closure}라고 부릅니다. 학문적으로 보면 함수를 호출할 때 생기는 greetStudent() 인스턴스 각각이 외부 변수인 students와 studentID를 감싸고 있다^{close over}고 표현할 수 있습니다.

여전히 헷갈리네요. 학문적인 관점보다 구체적인 클로저의 역할, 클로저가 어떤 동작을 발생하는지에 대한 관점으로 클로저를 설명해보겠습니다.

클로저는 외부 스코프가 종료된 후에도(lookupStudent()의 각 호출이 완료된 후) greetStudent()가 외부 변수에 계속 접근할 수 있게 해줍니다. 즉, lookupStudent()의 각 호출이 완료된 후에도 students와 studentID의 인스턴스가 가비지 컬렉터의 대상이 되지 않고 메모리에 유지된다는 말입니다. greetStudent() 함수의 인스턴스가 여러 개인데, 그중 하나가 호출될 때에도 클로저 때문에 해당 변수는 리셋되지 않고 현잿값을 유지한 채 그대로 남아 있습니다.

만약 JS 함수에 클로저가 없었다면, lookupStudent() 호출이 완료될 때마다 해당 스코프는 파괴되고 students와 studentID 변수는 가비지 컬렉터의 대상이 되어 메모리에서 제거되었을 겁니다. 만약 이런 경우라면 greetStudent() 함수 중 하나를 나중에 호출할 때 어떻게 동작이 바뀔지 상상해봅시다.

greetStudent()가 파란색 버블 ❷에 있는 구슬에 접근하려 하지만, 구슬이 (더 이상) 존재하지 않아 ReferenceError가 발생할 것이라 추측할 수 있습니다.

하지만 오류는 발생하지 않습니다. chosenStudents[0]("안녕하세요")를 실행했을 때 "**안녕하세요, 호진 님!**"이라는 메시지가 반환된다는 사실은 students와 studentID 변수에 여전히 접근할 수 있었다는 의미입니다. 여러분은 방금 클로저를 직접 관찰한 겁니다!

7.1.1 화살표 함수의 스코프

사실, 앞선 논의에서 많은 독자가 간과했을 것 같은 부분이 있습니다.

화살표 함수는 문법이 매우 간결하기 때문에 화살표 함수에도 스코프가 있다는 사실을 잊기 쉽습니다(3.4절 '화살표 함수' 참고). 예시에서 쓰인 화살표 함수 `student => student.id == studentID`는 `greetStudent()` 함수 스코프 안에 또 다른 스코프 버블을 만듭니다.

2장에서 스코프를 설명할 때 사용한 버블 비유를 여기에도 적용해봅시다. 가장 안쪽 중첩된 레벨에 새로운 색이 필요하겠네요. 네 번째 스코프를 주황색 버블 ❹로 표시해봅시다.

```
var student = students.find(
    student =>
        // 함수 스코프: 주황색 버블 ❹
        student.id == studentID
);
```

파란색 버블 ❷에 있는 `studentID`를 참조하는 코드는 `greetStudent()` 스코프에 해당하는 초록색 버블 ❸이 아니고 주황색 버블 ❹ 스코프 안에 있는 걸 확인할 수 있습니다. 화살표 함수의 매개변수 `student`는 주황색 버블 ❹에 있으므로 초록색 버블 ❸에 있는 변수 `student`를 섀도잉하는 것 역시 확인할 수 있습니다.

그 결과 배열의 `find()` 메서드에 콜백으로 전달된 화살표 함수는 `greetingStudent()` 함수가 아닌 자체적으로 `studentID`에 대한 클로저를 갖게 됩니다. 사소해 보이지만 여기서 중요한 점은 작은 화살표 함수조차 클로저를 형성할 수 있다는 점입니다.

7.1.2 추가되는 클로저

클로저와 함께 자주 인용되는 대표적인 예를 살펴봅시다.

```
function adder(num1) {
    return function addTo(num2){
        return num1 + num2;
    };
}
```

```
var addTo10 = adder(10);
var addTo42 = adder(42);

addTo10(15);    // 25
addTo42(9);     // 51
```

인수(10, 42)와 함께 adder()를 호출할 때 생성되는 addTo 인스턴스는 클로저를 통해 자신만의 num1 변수를 기억합니다. 따라서 함수 호출이 끝난 이후에도 num1은 사라지지 않습니다. 그렇기 때문에 addTo10(15)처럼 함수 호출이 끝나고 나서 addTo 인스턴스 중 하나를 실행하는 경우에도 num1은 여전히 10이기 때문에 25(10+15)를 반환받습니다.

바로 이전 문단에서 이미 설명하긴 했지만, 여러분이 간과하고 넘어갈 수 있는 아주 중요한 점을 다시 한번 강조하겠습니다. 클로저는 단순히 함수의 코드에 의해 정의(단일 렉시컬 정의)되는 게 아니라 함수 인스턴스에 따라 다르게 생성됩니다. 예시 코드에는 내부 함수 addTo가 하나만 적혀 있기 때문에 addTo에 대한 클로저는 하나일 거라 생각하기 쉬운데 그렇지 않다는 거죠.

대신 외부 함수 adder()가 실행될 때마다 내부 함수 addTo()의 새로운 인스턴스가 생성되고, 새로운 인스턴스에는 **새로운** 클로저가 생성됩니다. 즉, 각 내부 함수 인스턴스(addTo10(), addTo42()라고 이름 붙임)는 adder()를 실행할 때의 변수와 환경을 기억해 각자 자신만의 독립적인 클로저를 갖게 되는 거죠.

클로저는 렉시컬 스코프에 기반을 두고 있고 컴파일 시 처리되긴 하지만, 실제로 클로저의 동작은 실행 시점에 함수 인스턴스에 따라 달라지는 특성이라 생각하면 됩니다.

7.1.3 스냅숏이 아닌 라이브 링크

앞선 두 예시에서 우리는 클로저를 통해 변수에 있는 값을 읽었는데, 이 때문에 사람들은 클로저를 변수의 순간 상태를 기록한 스냅숏이라고 착각합니다. 아주 흔한 오해 중 하나죠.

클로저는 실시간으로 변수 자체에 언제든 접근할 수 있도록 관계를 맺어주는 라이브 링크^{live} link입니다. 그렇기 때문에 우리는 클로저를 통해 값을 읽는 것뿐만 아니라 수정(재할당)할 수도 있죠! 함수로 변수를 감싸서 가뒀기 때문에 프로그램에서 함수 참조가 존재하는 한 언제든 해당 변수를 읽고 쓰는 게 가능합니다. 클로저가 프로그래밍 분야에서 널리 쓰이는 강력한 기술로 꼽히는 이유가 바로 여기에 있습니다.

[그림 7-1]은 함수 인스턴스와 스코프 간의 살아 있는 관계를 나타냅니다.

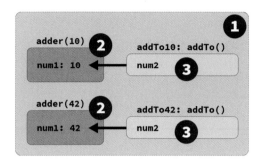

그림 7-1 클로저 시각화

[그림 7-1]처럼 adder()가 호출될 때마다 변수 num1을 포함하는 파란색 버블 ❷번 스코프가 생성되고, 초록색 버블 ❸번 스코프인 addTo()의 인스턴스도 새로 생성됩니다. 여기서 주목해서 봐야 할 부분은 함수 인스턴스인 addTo10()과 addTo42()는 빨간색 버블 ❶번 스코프에 있고 호출도 ❶번 스코프에서 일어난다는 점입니다.

자, 이번에는 클로저로 감싼 변수를 업데이트하는 예시를 살펴봅시다.

```javascript
function makeCounter() {
    var count = 0;

    return function getCurrent() {
        count = count + 1;
        return count;
    };
}

var hits = makeCounter();

// 내부 함수 호출이 끝나고 잠시 후

hits();     // 1

// 또 잠시 후
```

```
hits();      // 2
hits();      // 3
```

변수 count는 내부 함수 getCurrent() 함수에 의해 클로저로 유지되어 가비지 컬렉션의 대상이 되지 않습니다. hits() 함수를 호출하면 count에 접근해 변수를 업데이트하게 되므로 함수를 호출할 때마다 반환값이 1씩 증가하는 것을 확인할 수 있습니다.

한편, 클로저의 외부 스코프는 일반적으로 함수에서 유래하지만, 반드시 함수 스코프일 필요는 없습니다. 내부 함수를 감싸는 외부 스코프가 존재하기만 해도 클로저가 됩니다.

```
var hits;
{   // 외부 스코프(함수는 아님)
    let count = 0;
    hits = function getCurrent(){
        count = count + 1;
        return count;
    };
}

hits();      // 1
hits();      // 2
hits();      // 3
```

NOTE_ 예시에서 getCurrent()를 정의할 때 일부러 함수 선언문 대신 함수 표현식을 사용했습니다. FiB 패턴은 되도록이면 쓰지 않는 게 좋습니다(6장 참조).

클로저를 변수가 아닌 값과 연관되어 있는 개념이라고 착각하는 개발자가 많습니다. 이런 경우 클로저를 사용하면 특정 시점의 값을 보존할 수 있다고 착각하게 되는데 이는 원치 않는 작동을 유발합니다. 예시를 봅시다.

```
var studentName = "보라";

var greeting = function hello() {
    // "보라"가 아닌 studentName이 보존됩니다.
    console.log(
        `안녕하세요, ${ studentName } 님!`
```

```
    );
}

// 함수 선언 후

studentName = "지수";

// 클로저로 보존된 변수에 값 재할당 후

greeting();
// 안녕하세요, 지수 님!
```

studentName에 **"보라"**가 저장되어 있을 때(**"지수"**를 재할당하기 전), greeting()(즉, hello())을 정의하면, 클로저가 **"보라"**라는 정보를 보존하고 있을 거라 잘못 생각하는 경우가 많습니다. 하지만 greeting()은 값이 아닌 studentName이라는 변수를 감싸고 있으므로, greeting()을 호출할 때 변수의 현잿값인 **"지수"**가 출력됩니다.

반복문 안에 함수를 정의하는 것도 이런 오해에서 비롯한 대표적 실수입니다.

```
var keeps = [];

for (var i = 0; i < 3; i++) {
    keeps[i] = function keepI(){
        // i를 감쌈
        return i;
    };
}

keeps[0]();   // 3 ← 예상과는 다른 결과가 나왔네요! 왜일까요?
keeps[1]();   // 3
keeps[2]();   // 3
```

> **NOTE_** 이런 종류의 클로저 관련 예시에서는 일반적으로 반복문 내에 **setTimeout()**을 사용하거나 이벤트 핸들러event handler와 같은 콜백을 사용합니다. 이번 예시에서는 함수 참조를 배열로 저장하는 방식으로 예시를 단순화했으므로 코드를 분석할 때 비동기 타이밍을 고려할 필요가 없습니다. 비동기 타이밍을 고려해야 하든 아니든 클로저의 원리는 동일합니다.

대부분의 사람들은 keeps[0]()을 호출하면 keeps[0]은 반복문의 i가 0일 때, 즉 첫 번째 이터레이션에서 생성된 함수이기 때문에 0이 반환될 것이라 예상합니다. 하지만 다시 말하지만, 이 가정은 클로저를 변수 지향이 아닌 값 지향적 관점에서 이해한 데서 비롯합니다.

for 문의 구조상 각 이터레이션마다 새로운 변수 i가 생긴다고 생각하기 쉽지만, 이 프로그램에서는 i를 var로 선언했기 때문에 i가 하나만 존재합니다.

모든 반복이 끝날 즈음에는 프로그램 내 단일 변수인 i에 3이 할당되므로 배열에 저장된 각 함수는 3을 반환합니다. 배열 keeps에 있는 세 함수가 각각 개별 클로저를 갖지만, 모두 동일한 변수 i에 둘러싸이게 되는 거죠.

변수는 한 순간에 하나의 값만 가질 수 있습니다. 따라서 여러 개의 값을 보존하고 싶다면 각각 다른 변수가 필요합니다.

그럼 어떻게 코드를 수정해야 원하는 대로 0, 1, 2가 출력되게 할 수 있을까요? 각 반복마다 새로운 변수를 만들면 됩니다.

```
var keeps = [];

for (var i = 0; i < 3; i++) {
    // 이터레이션마다 현재 `i`의 값을 복사해 새로운 `j`를 만듭니다.
    let j = i;

    // 여기서 i는 함수 내에서 클로저로 사용되지 않았기 때문에
    // 반복 당시 i의 값을 사용해도 괜찮습니다.
    keeps[i] = function keepEachJ(){
        // 변수 j가 클로저에 의해 참조되고 있습니다.
        return j;
    };
}
keeps[0]();    // 0
keeps[1]();    // 1
keeps[2]();    // 2
```

반복마다 생성된 함수 각각은 새로운 변수인 j에 대해 클로저를 형성합니다. 비록 모든 변수가 j라는 이름을 갖고 있지만, 각 j는 반복문을 순회할 시점마다 i의 값을 복사받습니다. 이렇게 만들어진 j는 재할당이 되지 않습니다. 따라서 세 함수는 모두 예상했던 값을 반환합니다.

다시 한번 말하지만, 예시 코드의 keepEachJ를 setTimeout()이나 이벤트 핸들러에 전달하는 등의 비동기 작업이 있었더라도 클로저의 동작이 바뀌지 않는다는 점도 기억해두세요.

새로운 변수를 선언하는 것 말고 다른 방법도 있습니다. 5.3.2절 '반복문'에서 배운 내용을 떠올려봅시다. for 루프에서 초깃값을 let으로 선언하면 반복 전체에 대해 변수가 하나 생성되는 게 아니라 반복마다 새로운 변수가 생성된다고 배웠던 기억이 날 겁니다. 이런 지식이 있어야만 반복문과 클로저를 함께 다룰 때 꼼수를 쓸 수 있습니다.

```
var keeps = [];

for (let i = 0; i < 3; i++) {
    // `let i`는 이터레이션마다 새로운 `i`를 자동으로 제공합니다.
    keeps[i] = function keepEachI(){
        return i;
    };
}
keeps[0]();    // 0
keeps[1]();    // 1
keeps[2]();    // 2
```

let을 사용한 덕분에 각 루프에 하나씩, 세 개의 i가 생겼습니다. 따라서 세 개의 클로저는 예상한 대로 작동합니다.

7.1.4 쉽게 관찰할 수 있는 클로저: Ajax와 이벤트

클로저는 콜백을 다룰 때 흔히 관찰할 수 있습니다.

```
function lookupStudentRecord(studentID) {
    ajax(
        `https://some.api/student/${ studentID }`,
        function onRecord(record) {
            console.log(
                `${ record.name } (${ studentID })`
            );
        }
    );
}
```

```
lookupStudentRecord(73);
// 보라 (73)
```

여기서 onRecord() 콜백은 미래의 어느 시점, Ajax 호출로부터 응답을 받은 경우 호출되는
데, 호출 자체는 ajax() 함수 내부에서 처리됩니다. 그런데 onRecord()가 호출되는 시점은
lookupStudentRecord() 호출이 종료된 후 시간이 꽤 지난 후입니다.

이런 비동기적 실행 환경에서도 콜백 함수가 studentID에 접근할 수 있는 이유는 바로 클로저
때문입니다.

이번에는 이벤트 핸들러를 통해 클로저를 관찰해봅시다.

```
function listenForClicks(btn, label) {
    btn.addEventListener("click", function onClick(){
        console.log(
            `${ label } 버튼을 클릭했습니다!`
        );
    });
}

var submitBtn = document.getElementById("submit-btn");

listenForClicks(submitBtn, "Checkout");
```

label 매개변수는 onClick() 이벤트 핸들러 콜백에 의해 클로저로 둘러싸여 있습니다. 따라
서 버튼을 새롭게 클릭해도 label은 여전히 존재하기 때문에 같은 로그가 출력됩니다. 이 역
시 클로저의 한 예인 거죠.

7.1.5 보이지 않으면 어떡하죠?

한 번쯤은 다음과 비슷한 격언을 들어봤을 겁니다.

> 아무도 없는 숲에서 나무 한 그루가 쓰러졌지만,
> 그 누구도 소리를 듣지 못했다면 소리는 난 것인가?

철학적인 이야기를 하려는 것 같네요. 물론 과학적인 관점에서는 음파가 발생합니다. 하지만 여기서 요점은 '소리를 들었는지 여부'입니다.

클로저를 정의할 때 **관찰 가능성**을 계속 강조했습니다. 만약 클로저가 기술적, 구현적, 학문적 관점에서는 존재하지만, 우리가 작성한 프로그램에서 클로저를 관찰할 수 없다면 어떨까요? 괜찮은 걸까요? 아닙니다.

이런 관점을 강조하기 위해 이번에는 클로저에 기반하지 않은 예시 몇 가지를 살펴보겠습니다.

먼저 렉시컬 스코프 탐색을 일으키는 함수를 호출하는 예시를 봅시다.

```javascript
function say(myName) {
    var greeting = "안녕하세요";
    output();

    function output() {
        console.log(
            `${ greeting }, ${ myName } 님!`
        );
    }
}

say("보라");
// 안녕하세요, 보라 님!
```

내부 함수 output()은 자신을 감싸는 스코프에서 변수 greeting과 myName에 접근합니다. 그런데 output()을 호출하는 코드가 위치한 곳은 greeting과 myName을 사용할 수 있는 동일 스코프이기 때문에 우리가 여기서 관찰할 수 있는 것은 클로저가 아니라 렉시컬 스코프입니다.

클로저를 지원하지 않는 언어라 하더라도 렉시컬 스코프를 가진 언어라면 위와 같이 작동합니다.

이번에는 전역 스코프 관련 예시를 봅시다. 사실 전역 스코프 변수는 어디에서나 접근할 수 있다는 본질 때문에 관찰 가능성이라는 측면에서 클로저로 둘러싸일 필요가 없습니다. 모든 함수는 결국 전역 스코프와 연결되므로 어떤 함수든 스코프 체인을 따라가다 보면 최종적으로는 전역 스코프에 도달합니다. 전역 스코프에 속하지 않는 완전히 독립적인 스코프 체인은 존재하지 않습니다.

다음 코드를 살펴봅시다.

```
var students = [
    { id: 14, name: "카일" },
    { id: 73, name: "보라" },
    { id: 112, name: "지수" },
    { id: 6, name: "호진" }
];

function getFirstStudent() {
    return function firstStudent(){
        return students[0].name;
    };
}

var student = getFirstStudent();

student();
// 카일
```

내부 함수 firstStudent()는 자체 스코프 밖에 있는 변수 students를 참조합니다. 그런데 students는 전역 스코프에서 왔기 때문에 프로그램 내 해당 함수가 어디에서 호출되든 상관없이 일반 렉시컬 스코프와 마찬가지로 students에 접근할 수 있습니다.

언어가 클로저를 지원하는지 여부와 상관없이 모든 함수 호출은 전역 변수에 접근할 수 있기 때문에 firstStudent 함수가 students 변수에 접근할 수 있었던 것은 클로저 때문이 아니라 단순히 렉시컬 스코프 법칙 때문이라고 할 수 있죠.

변수가 존재하기만 하고 한 번도 해당 변수에 접근하지 않은 경우에도 클로저를 관찰할 수 없습니다.

```
function lookupStudent(studentID) {
    return function nobody(){
        var msg = "아직 아무도 없습니다.";
        console.log(msg);
    };
}

var student = lookupStudent(112);
```

```
student();
// 아직 아무도 없습니다.
```

내부 함수 nobody()는 외부 변수를 클로저로 둘러싸지 않고 자체 변수 msg만 사용합니다. studentID는 둘러싼 스코프에 존재하지만 nodody()에 의해 참조되지 않습니다. 그래서 JS 엔진은 lookupStudent() 실행이 종료된 후에 studentID를 유지할 필요가 없어 가비지 컬렉션을 통해 메모리를 정리하려고 합니다.

앞선 경우와 마찬가지로 이 경우도 클로저를 형성하지 않기 때문에 JS 함수가 클로저를 지원하는지 여부와 관계없이 프로그램은 동일하게 작동합니다.

함수를 호출하지 않는 경우에도 클로저를 관찰할 수 없습니다.

```
function greetStudent(studentName) {
    return function greeting(){
        console.log(
            `안녕하세요, ${ studentName } 님!`
        );
    };
}

greetStudent("카일");
// 아무 일도 일어나지 않습니다.
```

함수를 분명 호출했는데, 까다롭네요. 하지만 잘 보면 우리가 호출한 건 greetStudent이지 내부 함수 greeting은 호출되지 않은 걸 확인할 수 있습니다. 이론적으로 greeting은 studentName에 대한 클로저를 형성할 수 있었지 실제로는 호출되지 않았기 때문에 클로저가 활용되지 않았습니다. 따라서 반환된 greeting은 사용되지 않아 버려지죠. 프로그램 내에서 클로저는 내부 함수가 실제로 호출되고 외부 스코프의 변수를 사용할 때만 관찰됩니다.

나무가 쓰러졌을 수도 있지만 소리를 듣지 못했으니 신경 쓰지 않는 경우라 할 수 있습니다.

7.1.6 관찰 가능성 관점에서 클로저의 정의

이제 클로저를 정의할 준비가 되었습니다.

클로저는 함수가 외부 스코프의 변수를 사용하면서,
그 변수에 접근 가능하지 않은 다른 스코프에서 실행될 때 관찰됩니다.

이 정의의 핵심은 다음과 같습니다.

- 반드시 함수와 관련되어야 합니다.
- 외부 스코프의 변수를 적어도 하나 이상 참조해야 합니다.
- 참조하려는 변수가 있는 스코프 체인의 다른 분기에서 함수를 호출해야 합니다.

이렇게 관찰 가능성이란 관점으로 클로저를 정의 내린 이유는 클로저가 단순히 학술적이고 간접적인 개념이 아니라 프로그램의 작동에 직접적이고 구체적인 영향을 미치는 개념이라는 데 주안점이 있습니다. 개발할 때 클로저의 존재와 그 효과를 고려하며 설계하는 게 중요합니다.

7.2 클로저 생명주기와 가비지 컬렉션

클로저는 본질적으로 함수의 인스턴스와 연결되므로 이 함수를 참조하는 함수가 있는 한 변수에 대한 클로저는 지속됩니다.

10개의 함수가 한 변수를 감싸 클로저를 형성하는데, 시간이 지남에 따라 이 중 9개의 함수 참조가 버려지더라도 유일하게 남은 함수 참조 때문에 여전히 해당 변수는 보존됩니다. 마지막 함수 참조가 삭제되면 변수에 대한 클로저가 사라지고 변수는 가비지 컬렉션(GC) 처리됩니다.

이런 클로저의 특성은 효율적이고 성능이 뛰어난 프로그램을 구축하는 데 큰 영향을 줍니다. 클로저는 변수의 GC를 예기치 않게 막아 메모리 사용을 급증시키는 요인이 될 수 있습니다. 더 이상 필요하지 않은 함수 참조(그리고 그에 따른 클로저)는 제때 삭제하는 게 중요합니다.

다음 코드를 살펴봅시다.

```
function manageBtnClickEvents(btn) {
    var clickHandlers = [];

    return function listener(cb){
        if (cb) {
            let clickHandler =
                function onClick(evt){
                    console.log("클릭했습니다!");
                    cb(evt);
                };
            clickHandlers.push(clickHandler);
            btn.addEventListener(
                "click",
                clickHandler
            );
        }
        else {
            // 콜백을 인수로 넘기지 않고 listener를 호출해
            // 모든 클릭 핸들러 구독 해제
            for (let handler of clickHandlers) {
                btn.removeEventListener(
                    "click",
                    handler
                );
            }

            clickHandlers = [];
        }
    };
}

// var mySubmitBtn = ...
var onSubmit = manageBtnClickEvents(mySubmitBtn);

onSubmit(function checkout(evt){
    // checkout 처리
});

onSubmit(function trackAction(evt){
    // 분석을 위한 로깅
});

// 모든 핸들러 구독 취소
onSubmit();
```

여기서 내부 함수 onClick()은 전달받은 cb(이벤트 콜백)에 대한 클로저를 유지합니다. 즉, 이벤트 핸들러를 구독하는 한 checkout()과 trackAction() 함수 표현식의 참조는 클로저를 통해 유지됩니다(GC 대상이 될 수 없음).

마지막 줄처럼 인수 없이 onSubmit()을 호출하면 모든 이벤트 핸들러 구독이 취소되고 clickHandlers() 배열이 비워집니다. 클릭 핸들러 함수 참조가 모두 폐기되면 checkout() 및 trackAction()에 대한 cb 참조의 클로저도 폐기됩니다.

프로그램의 전반적인 상태와 효율성을 고려할 때, 이벤트 핸들러가 더 이상 필요하지 않을 때 구독을 취소하는 것이 첫 번째(최초) 구독보다 훨씬 더 중요합니다.

7.2.1 변수 혹은 스코프

클로저를 참조된 외부 변수에만 적용되는 것으로 생각해야 할지, 아니면 전체 스코프 체인과 그 안의 모든 변수를 대상으로 적용된다고 생각해야 할지 고민해봅시다.

앞선 이벤트 구독 예시에서 내부 함수 onClick()은 cb를 클로저로 유지할지, clickHandler, clickHandlers, btn도 유지할지 생각해보세요.

개념만 따졌을 때 클로저는 변수를 기준으로 작동하며 스코프를 기준으로 작동하지는 않습니다. Ajax 콜백, 이벤트 핸들러, 그리고 다른 모든 형태의 함수에 형성되는 클로저는 일반적으로 명시적으로 참조하는 것에 대해서만 형성된다고 가정합니다.

하지만 현실은 개념보다 더 복잡합니다. 다른 프로그램을 살펴봅시다.

```
function manageStudentGrades(studentRecords) {
    var grades = studentRecords.map(getGrade);

    return addGrade;

    // ***********************

    function getGrade(record){
        return record.grade;
    }

    function sortAndTrimGradesList() {
```

```
        // 내림차순으로 성적 정렬
        grades.sort(function desc(g1, g2){
            return g2 - g1;
        });

        // 상위 10개 성적만 저장
        grades = grades.slice(0, 10);
    }

    function addGrade(newGrade) {
        grades.push(newGrade);
        sortAndTrimGradesList();
        return grades;
    }
}

var addNextGrade = manageStudentGrades([
    { id: 14, name: "카일", grade: 86 },
    { id: 73, name: "보라", grade: 87 },
    { id: 112, name: "지수", grade: 75 },
    // 중략
    { id: 6, name: "호진", grade: 91 }
]);

// 추후 함수 호출

addNextGrade(81);
addNextGrade(68);
// [ ..., ..., ... ]
```

외부 함수 manageStudentGrades()는 학생들의 성적 목록을 받아서 addGrade() 함수 참조를 반환하는데, 외부 스코프에서 이 함수 참조를 addNextGrade()로 지정했습니다. addNextGrade()는 새로운 성적을 사용해 호출할 때마다 상위 10개 성적을 내림차순으로 정렬해 최신 목록을 반환합니다(sortAndTrimGradesList() 참조).

manageStudentGrades() 호출이 종료된 후와 여러 addNextGrade()를 호출하는 사이에 grades 변수는 클로저를 통해 addGrade() 내부에 보존됩니다. 이 덕분에 상위권 학생 목록을 유지할 수 있습니다. 이는 변수를 담고 있는 배열이 아닌 grades 변수 자체를 클로저를 통해 기억하기 때문입니다.

그런데 이 예시에서 클로저에 관여하는 건 grades뿐일까요? 클로저로 둘러싸인 다른 변수를 발견했나요?

addGrade()가 sortAndTrimGradesList()를 참조한다는 것을 발견했나요? 이는 addGrade()가 sortAndTrimGradesList() 함수 식별자를 대상으로 클로저를 형성한다는 것을 의미합니다. 두 번째 내부 함수인 sortAndTrimGradesList()와 여기서 호출하는 외부 변수는 addGrade()가 계속 호출할 수 있도록 메모리에 계속 남아 있어야 합니다(sortAndTrimGradesList()가 참조하는 외부 변수는 예시에 없습니다).

또 다른 클로저를 찾아봅시다. 함수에 의해 감싸진 변수를 찾으셨나요? 먼저 변수이자 함수인 getGrade를 봅시다. getGrade는 manageStudentGrades()가 형성하는 외부 스코프에서 .map(getGrade)를 통해 참조됩니다. 하지만 addGrade()나 sortAndTrimGradesList()에서는 참조되지 않습니다. 클로저는 함수가 외부 스코프의 변수를 기억할 때 형성되기 때문에 getGrade는 클로저 관점에서 볼 때 프로그램 후반부의 GC 대상이 될 수 있습니다.

이번에는 studentRecords라는 매개변수를 사용해 전달한, 앞으로 계속 레코드 수가 증가할 확률이 높은 학생 성적 기록을 생각해봅시다. studentRecords는 메모리에 유지될까요? 만약 그렇다면 학생들의 성적 기록을 담은 배열은 절대 GC 처리되지 않아 생각보다 훨씬 많은 메모리를 차지하게 될 겁니다. 그런데 자세히 살펴보면 내부 함수 중 studentRecords를 참조하는 함수는 없습니다.

클로저는 변수를 기준으로 형성된다는 정의를 생각하면 getGrade와 studentRecords를 참조하는 내부 변수가 없으므로 이 두 변수는 클로저를 형성하지 않습니다. 두 변수는 manageStudentGrades() 호출이 완료된 직후 GC 대상이 될 수 있습니다.

최신 JS 엔진, 예를 들면 크롬의 V8에서 이 코드의 addGrade() 함수 안에 중단점[breakpoint]을 사용해 디버깅해보세요. 인스펙터에는 studentRecords 변수가 표시되지 않는 것을 확인할 수 있습니다. 엔진이 클로저를 통해 studentRecords를 메모리에 유지하지 않는다는 증거를 디버깅을 통해 확인할 수 있습니다.

그런데 누군가는 여전히 디버깅을 통해 직접 관찰한 현상에 의문을 가질 수 있습니다. 조금 인위적인 코드지만 다음 예시를 통해 조금 더 생각해봅시다.

```
function storeStudentInfo(id, name, grade) {
    return function getInfo(whichValue){
        // 경고: `eval()`을 사용하는 것은 나쁜 생각입니다.
        var val = eval(whichValue);
        return val;
    };
}

var info = storeStudentInfo(73, "보라", 87);

info("name");
// 보라

info("grade");
// 87
```

내부 함수 getInfo()는 명시적으로는 id, name, grade를 대상으로 클로저를 형성하지 않습니다. 그런데 1.5절에서 배운 eval() 렉시컬 스코프 꼼수를 사용하면 info() 호출 시 세 변수에 접근할 수 있습니다.

내부 함수에서 명시적으로 변수를 참조하지 않았지만 클로저를 통해 모든 변수가 확실히 보존된 것을 확인할 수 있습니다. 그렇다면 이 사례를 통해 클로저가 변수 기준이 아닌 스코프 기준으로 작동한다고 주장할 수 있는 걸까요? 상황에 따라 다릅니다.

현대의 많은 JS 엔진은 명시적으로 참조되지 않는 변수를 클로저 스코프에서 제거하는 최적화 방식을 적용합니다. 그런데 eval()을 사용한 예시처럼 특정 상황에서는 이 최적화를 적용할 수 없어 모든 변수가 클로저 스코프에 남아 있는 경우가 있습니다. 정리하자면 이렇습니다. 클로저는 구현 측면에서 스코프 단위로 이뤄집니다. 클로저는 함수가 정의된 스코프 전체를 포함할 수 있고 이는 함수가 외부 스코프의 모든 변수에 접근할 수 있음을 의미합니다. 그런데 현대 JS 엔진 상당수는 클로저를 최적화해서 실제로 함수 내에서 참조되는 변수만을 클로저에 포함시킵니다. 이 최적화는 클로저가 포함하는 스코프의 크기를 줄이고, 필요하지 않은 변수를 제거해 메모리 사용량을 줄입니다. 이로 인해 최적화 결과가 마치 변수별로 이뤄진 것처럼 보입니다.

불과 몇 년 전까지만 해도 이 최적화를 적용하지 않은 JS 엔진이 많았습니다. 특히 구형이나 저사양 기기에서는 더욱 그렇습니다. 이런 기기에서는 이벤트 핸들러 같은 장기 클로저가 생각보다 훨씬 오랫동안 메모리를 점유할 수 있습니다.

최적화는 명세서에 언급되어 있는 명세가 아닙니다. 최적화는 JS 엔진의 선택 사항입니다. 최적화가 자동으로 될 거라고 과신하면 안 됩니다.

객체나 배열처럼 큰 값을 가진 변수가 있고 해당 변수가 클로저 스코프에 있는 경우, 해당 값이 더 이상 필요하지 않고 메모리도 필요하지 않다면 메모리 사용량 측면에서 수동으로 값을 버리는 쪽이 더 안전합니다. 클로저 최적화나 GC에 의존하지 마세요.

다음은 앞서 살펴본 manageStudentGrades()를 수정해 studentRecords에 있는 잠재적으로 큰 배열이 불필요하게 클로저 스코프에 갇히지 않도록 개선한 코드입니다.

```
function manageStudentGrades(studentRecords) {
    var grades = studentRecords.map(getGrade);

    // 클로저로 인한 불필요한 메모리 차지를 방지하기 위해
    // studentRecords를 해제
    studentRecords = null;

    return addGrade;
    // ...
}
```

studentRecords에 null을 설정한다고 해서 클로저 스코프에서 변수가 제거되지는 않습니다. 클로저 스코프는 우리가 통제할 수 없습니다. 다만 이렇게 하면 studentRecords가 클로저 스코프에 있더라도 더 이상 대용량 배열 데이터를 참조하지 않고 GC의 대상이 될 수 있습니다.

다시 한번 말하자면 JS는 많은 경우 프로그램을 자동으로 최적화하는 경우가 많습니다. 하지만 개발자는 필요 이상으로 메모리를 점유하지 않도록 주의하면서 명시적으로 값을 해제하는 등의 습관을 들이는 게 좋습니다.

사실 .map(getGrade) 호출이 완료된 후에는 기술적으로 getGrade() 함수가 더 이상 필요하지 않습니다. 애플리케이션 프로파일링profiling을 통해 이 영역이 메모리를 과잉 사용하고 있다고 알게 되면, 해당 참조를 해제해 메모리를 추가로 확보할 수 있습니다. 지금까지 살펴본 간단한 예시에서는 이런 수동 최적화가 불필요할 수도 있지만 이는 메모리 공간 최적화에 두루 쓰

이는 일반적인 방법이므로 기억해두면 좋습니다.

프로그램에서 클로저가 어디에 있고 어떤 변수를 포함하는지 파악하는 게 중요합니다. 개발자는 메모리를 낭비하지 않고 최소한으로 필요한 만큼만 사용할 수 있게 클로저를 신중히 관리해야 합니다.

7.3 다른 관점

지금까지 JS에서 함수는 프로그램 내에서 다른 값과 마찬가지로 전달할 수 있는 '일급값first-class value'이라는 특성을 기반으로 클로저는 함수가 어디로 이동하든 해당 함수를 외부 스코프에 있는 변수와 연결해주는 연결 고리, 즉 링크 역할을 한다고 배웠습니다.

앞에서 살펴본 스코프 버블 관련 예시를 다시 떠올려봅시다.

```
// 외부/전역 스코프: 빨간색 버블 ❶

function adder(num1) {
    // 함수 스코프: 파란색 버블 ❷

    return function addTo(num2){
        // 함수 스코프: 초록색 버블 ❸

        return num1 + num2;
    };
}

var addTo10 = adder(10);
var addTo42 = adder(42);

addTo10(15);    // 25
addTo42(9);     // 51
```

현재 관점으로는 함수가 전달 및 호출될 때마다 클로저는 함수가 정의된 원래 스코프에 대한 링크를 제공하기 때문에 함수는 클로저로 둘러싸인 변수에 쉽게 접근할 수 있다는 것을 이해하는 데 무리가 없을 것입니다. 이 관점을 설명하는 [그림 7-1]을 다시 한번 살펴봅시다.

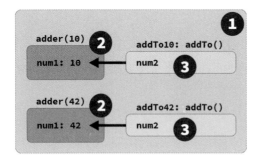

그림 7-1 클로저 시각화

그런데 지금 가지고 있는 관점에 더해 JS에서 함수는 이리저리 전달 가능하다는 본질에 기반한 관점을 추가하면 여러분의 멘탈 모델을 더 탄탄하게 할 수 있습니다.

'일급값으로서의 함수'를 강조하는 대신, JS에서 함수는 (모든 비원싯값과 마찬가지로) 참조에 의해 저장되고 참조/복사를 통해 할당/전달된다는 점을 강조(자세한 관련 내용은 1부의 부록A 참고)하게 되면 여러분의 이해도가 높아질 겁니다.

이 관점을 적용하면 내부 함수 addTo()의 인스턴스가 return 문과 할당을 통해 버블 ❶에 해당하는 외부 스코프로 이동하는 대신, 함수 인스턴스는 스코프 체인을 그대로 유지한 채로 실제 자신의 스코프 환경에 그대로 남아 있다고 새롭게 상상할 수 있습니다.

버블 ❶의 스코프로 전달되는 것은 함수 인스턴스 자체가 아닌, 함수 인스턴스에 대한 참조라고 [그림 7-2]처럼 새롭게 상상해봅시다. 버블 ❶에 addTo10()과 addTo42() 참조가 그대로 남아 있는 걸 확인할 수 있습니다.

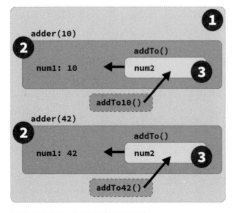

그림 7-2 클로저 시각화(대체 모델)

그런데 [그림 7-2]가 [그림 7-1]과 다른 점은, 초록색 버블 ❸ 인스턴스가 버블 ❷ 밖으로 이동하지 않고 그 자리에 남아 있어서 자연스레 버블 ❷에 중첩된다는 점입니다. addTo10() 및 addTo42() 참조는 버블 ❶로 이동하지만 함수 인스턴스 자체는 이동하지 않았습니다.

addTo10(15)이 호출될 때, 버블 ❷번의 스코프 환경에 여전히 존재하는 addTo() 함수 인스턴스가 호출됩니다. 함수 인스턴스 자체는 절대 이동하지 않았기 때문에, 당연히 addTo() 함수 인스턴스는 여전히 자신의 스코프 체인에 접근할 수 있습니다. addTo42(9)를 호출할 때도 마찬가지입니다. 여기서 렉시컬 스코프 규칙 이외의 규칙은 사용되지 않았습니다.

그렇다면 클로저란 무엇일까요? 함수가 다른 스코프에 이동할 때도 원래 스코프 체인에 대한 연결을 유지하게 해주는 마법이 아니라면 클로저는 무엇인 걸까요? 이 대안 모델에서 함수는 그 자리에 머무르면서 원래 있던 스코프 체인에 접속할 수 있는데 말이죠.

새로운 관점으로 클로저를 정의하면 클로저는 프로그램의 다른 부분에서 해당 함수 인스턴스에 대한 참조가 존재하는 한 함수 인스턴스와 그 전체 스코프 환경 및 스코프 체인을 살아 있게 유지하는 마법이라고 할 수 있습니다.

추가 관점을 기준으로 정의한 클로저가 관찰이 용이하고 익숙한 기존 학계의 관점에 비해 익숙하지 않을 수 있습니다. 하지만 클로저를 참조와 (이동이라는 개념 없이) 함수 인스턴스라는 개념을 조합해 단순히 설명할 수 있어 유용합니다.

[그림 7-1] 모델이 틀렸다는 말은 아닙니다. 기존 모델은 학문적인 관점에서 영향을 받아 만들어진 모델이라고 생각하면 좋습니다. 반면 [그림 7-2] 같은 대안 모델은 실제 JS가 어떻게 작동하는지, 구현에 조금 더 초점을 맞춘 모델입니다.

두 관점 모두 클로저를 이용하는 데 유용합니다. 사람에 따라 어떤 모델이 더 이해하기 쉬운지 다를 겁니다. 어느 쪽을 선택하든 프로그램에서 관찰 가능한 결과는 동일합니다.

> **NOTE_** 이 대안 모델은 동기 콜백을 클로저의 예로 분류할지 여부에 영향을 줍니다. 자세한 내용은 부록 A.6절 '동기 콜백도 여전히 클로저일까?'를 참고하세요.

7.4 클로저를 사용하는 이유

클로저가 무엇이며 어떻게 작동하는지 잘 이해했으니 이제 클로저를 사용해 코드 구조와 체계를 향상하는 방법을 알아봅시다.

페이지에서 버튼이 클릭되면 Ajax 요청을 통해 데이터를 가져와 전송해야 하는 예시를 살펴봅시다. 다음은 클로저를 사용하지 않은 코드입니다.

```javascript
var APIendpoints = {
    studentIDs:
        "https://some.api/register-students",
    // ...
};

var data = {
    studentIDs: [ 14, 73, 112, 6 ],
    // ...
};

function makeRequest(evt) {
    var btn = evt.target;
    var recordKind = btn.dataset.kind;
    ajax(
        APIendpoints[recordKind],
        data[recordKind]
    );
}

// <button data-kind="studentIDs">
//    학생 등록
// </button>
btn.addEventListener("click", makeRequest);
```

makeRequest() 유틸리티는 클릭 이벤트로부터 evt 객체만 받습니다. 거기에서 타깃 버튼 요소에서 **data-kind** 특성을 가져오고, 해당 값을 사용해 API 엔드포인트의 URL과 Ajax 요청에 포함해야 하는 데이터를 모두 조회합니다.

코드는 정상적으로 작동합니다. 하지만 이벤트 핸들러가 실행될 때마다 DOM 속성을 매번 읽어야 한다는 점은 비효율적이며 혼란을 야기합니다. 이벤트 핸들러가 이 값을 기억하지 못하는 이유는 무엇일까요? 클로저를 사용해 코드를 개선해보겠습니다.

```
var APIendpoints = {
    studentIDs:
        "https://some.api/register-students",
    // ...
};

var data = {
    studentIDs: [ 14, 73, 112, 6 ],
    // ...
};

function setupButtonHandler(btn) {
    var recordKind = btn.dataset.kind;

    btn.addEventListener(
        "click",
        function makeRequest(evt){
            ajax(
                APIendpoints[recordKind],
                data[recordKind]
            );
        }
    );
}

// <button data-kind="studentIDs">
//    학생 등록
// </button>

setupButtonHandler(btn);
```

setupButtonHandler()를 사용하면 초기 설정할 때 data-kind 속성을 한 번만 가져와서 변수 recordKind에 할당합니다. recordKind는 내부의 클릭 핸들러인 makeRequest()로 인해 닫히고, recordKind는 이벤트가 발생할 때마다 전달할 URL과 데이터를 찾는 데 사용됩니다.

NOTE_ 개선한 코드에서 evt는 여전히 makeRequest()로 전달되지만, 이번 코드는 evt를 활용하고 있지 않습니다. 개선 전 코드와의 일관성을 위해 그대로 남아 있는 부분일 뿐입니다.

setupButtonHandler() 안에 recordKind를 추가함으로써 프로그램 내에서 조금 더 적절한 부분집합에만 변수가 노출되도록 제한합니다. 전역으로 저장하면 코드 체계가 나빠지거나 가독성이 떨어질 수 있습니다. 클로저를 사용하면 내부 함수 makeRequest() 인스턴스가 이 변수를 기억하고 필요할 때마다 변수에 접근할 수 있습니다.

이 패턴을 코드에 적용하면 설정 시 URL과 데이터를 모두 한 번에 조회합니다.

```
function setupButtonHandler(btn) {
    var recordKind = btn.dataset.kind;
    var requestURL = APIendpoints[recordKind];
    var requestData = data[recordKind];

    btn.addEventListener(
        "click",
        function makeRequest(evt){
            ajax(requestURL, requestData);
        }
    );
}
```

이제 makeRequest()가 requestURL과 requestData를 감싸고 있으므로 코드를 명확하게 이해할 수 있고, 성능도 향상됩니다.

클로저를 기반으로 하는 함수형 프로그래밍 패러다임의 대표적인 기법 두 가지는 부분 적용partial application과 커링currying입니다. 간략히 설명하면 여러 입력이 필요한 함수의 모양을 바꿔서 미리 입력하거나 나중에 입력하는 기법입니다. 초기 입력은 클로저를 통해 기억됩니다. 입력이 모두 제공되면 기본 작업이 수행됩니다.

이렇게 클로저를 통해 내부에 정보를 캡슐화하는 함수 인스턴스를 만들면 나중에 입력을 다시 제공할 필요 없이, 정보를 저장한 함수를 다시 사용할 수 있습니다. 이렇게 하면 코드를 명확하게 작성할 수 있고 부분적으로 적용된 함수에 더 의미 있는 이름을 붙일 수 있습니다.

이전 코드에 부분 적용을 도입해 코드를 개선해봅시다.

```
function defineHandler(requestURL, requestData) {
    return function makeRequest(evt){
        ajax(requestURL, requestData);
```

```
    };
}

function setupButtonHandler(btn) {
    var recordKind = btn.dataset.kind;
    var handler = defineHandler(
        APIendpoints[recordKind],
        data[recordKind]
    );
    btn.addEventListener("click", handler);
}
```

requestURL과 requestData 입력이 미리 제공되어 makeRequest()가 부분 적용되고, 지역에서 handler라는 이름이 붙습니다. 이벤트가 발생하면 마지막 입력(evt가 무시되긴 하지만)을 handler에 전달해 입력이 완료되면 근본적인 Ajax 요청이 시작됩니다.

이번 프로그램은 앞선 예시와 매우 유사하게 작동하며 클로저 유형도 동일합니다. 하지만 makeRequest()가 생성되는 과정을 별도의 유틸리티(defineHandler())로 분리해 제공함으로써 프로그램 전체에서 해당 정의를 재사용할 수 있도록 만들었습니다. 또한 클로저 스코프를 필요한 두 변수로만 명시적으로 제한했습니다.

7.5 정리

어려운 내용을 살펴봤던 이번 장이 거의 마무리되었습니다. 숨을 깊이 내쉬면서 모든 내용을 천천히 이해해보세요. 정말이지 너무 많은 정보로 가득 찬 7장이었습니다.

클로저를 이해하기 위해 두 가지 모델을 살펴봤습니다.

- **관찰 관점**: 클로저는 함수가 다른 스코프로 전달되거나 호출될 때에도 외부 변수를 기억하는 함수 인스턴스입니다.
- **구현 관점**: 클로저는 다른 스코프에서 참조가 전달되고 호출되는 동안 함수 인스턴스와 해당 스코프 환경을 제자리에 보존합니다.

프로그램에 클로저를 사용했을 때의 이점은 다음과 같습니다.

- 함수 인스턴스가 매번 계산할 필요 없이 이전에 결정된 정보를 기억해내어 함수의 효율성을 높입니다.
- 함수 인스턴스 안에 변수를 캡슐화해 코드 가독성을 개선하고 스코프 노출을 제한하는 동시에 나중에 변수에 있는 정보를 사용할 수 있도록 보장합니다. 함수를 호출할 때마다 정보를 전달할 필요가 없으므로 작게 전문화된 함수 인스턴스는 상호작용하기가 더 쉬워집니다.

다음 장으로 넘어가기 전에 클로저가 무엇인지, 프로그램에 클로저가 유용한 이유를 여러분만의 언어로 설명해보세요. 마지막 장에서는 클로저 기반으로 모듈 패턴을 사용하는 법을 설명합니다.

CHAPTER 8

모듈 패턴

이번 장에서는 모든 프로그래밍에서 가장 중요한 코드 구성 패턴인 **모듈 패턴**을 살펴보고 책을 마무리 짓습니다. 앞으로 살펴보겠지만 모듈은 본질적으로 우리가 이미 다룬 내용, 즉 렉시컬 스코프와 클로저를 기반으로 만들어집니다.

앞서 전역 스코프부터 중첩된 블록 스코프, 렉시컬 스코프와 변수 생명주기의 복잡성에 이르기까지 렉시컬 스코프의 모든 측면을 살펴봤습니다. 그리고 렉시컬 스코프를 활용한 클로저의 잠재력도 완벽히 이해했습니다.

JS 정복을 위한 여정에서 얼마나 멀리 왔는지 잠시 스스로를 되돌아보면 목표까지 상당히 많이 나아갔다는 걸 알 수 있습니다.

코드를 제대로 구조화하려면, 특히 변수의 정보를 어디에 저장할지 결정하려면 스코프와 클로저를 이해하고 숙달해야만 합니다. 이게 바로 2부의 핵심 주제입니다.

이번 장에서는 앞선 핵심 주제를 모듈로 구현해 프로그램 구축을 구체적이고 실용적으로 개선하는 방법을 살펴봅니다.

8.1 캡슐화와 최소 노출의 원칙(POLE)

캡슐화는 객체 지향 프로그래밍의 원칙으로 자주 거론되는데, 사실 캡슐화는 그보다 더 근본적이며 광범위하게 적용됩니다. 캡슐화의 목표는 정보(데이터)와 동작(함수)을 한데 묶거나 함께 배치해 공통의 목적을 달성하는 것입니다.

구문이나 코드 메커니즘과 관계없이 캡슐화는 공통의 목적을 가진 코드 일부분을 별도의 파일에 옮기는 것만으로도 실현할 수 있습니다. 검색 결과 목록을 'search-list.js'라는 단일 파일로 묶는 것도 캡슐화입니다.

모던 프런트엔드 개발에서는 UI 설계 시 컴포넌트를 기본 단위로 하는데 이는 캡슐화의 필요성을 더욱 부각합니다. 검색 결과를 보여주는 화면을 구현한다고 가정해봅시다. 상당수의 프런트엔드 개발자는 마크업과 스타일, 프로그램 로직을 하나의 단위로 통합하고 여기에 SearchList라는 컴포넌트 이름을 붙입니다.

캡슐화의 또 다른 주요 목표는 캡슐화된 데이터와 함수의 특정 측면의 가시성을 제어하는 것입니다. 6.1절에서 다룬 스코프 과다 노출 관련 예시와 위험 예방에 사용되는 최소 노출의 원칙(POLE)을 다시 떠올려봅시다. POLE은 변수와 함수 모두에 영향을 줬습니다. JS에서는 주로 렉시컬 스코프 메커니즘을 사용해 가시성 제어라는 목표를 달성합니다.

캡슐화의 주요 아이디어는 비슷한 코드를 그룹화하고, 공개하고 싶지 않은 세부 사항은 접근을 선택적으로 제한하는 것입니다. 비공개(private)로 분류되지 않은 부분은 공개(public)로 표시하고 프로그램 전체에서 접근할 수 있게 합니다.

이런 노력을 기울이다 보면 자연스럽게 코드를 체계화할 수 있습니다. 공개와 비공개의 경계, 둘의 연결 지점이 어딘지 알고 나면 소프트웨어 구축과 유지 보수가 쉬워집니다. 또한 데이터와 함수 과다 노출을 피할 수 있어 높은 품질의 코드를 유지할 수 있습니다.

이런 장점 때문에 JS에서 모듈을 사용해 코드를 유지 보수합니다.

8.2 모듈이란

모듈은 관련된 데이터와 함수(문맥상 메서드라고도 함)의 모음입니다. 모듈에서는 숨겨진 비공개 세부 정보와 공개적으로 접근 가능한 세부 정보를 구분하는데, 후자를 **공개 API**public API라 부릅니다.

모듈도 상태를 유지stateful합니다. 모듈은 일부 정보를 장기간 유지하며 해당 정보에 접근하고 이를 업데이트하는 기능도 제공합니다.

> **NOTE_** 모듈 패턴의 주요 관심사는 느슨한 결합loose-coupling을 통한 모듈화나 기타 프로그램 아키텍처 기술을 통해 시스템 수준의 모듈화를 완전히 수용하는 데 있습니다. 자세한 내용은 이 책의 범위를 넘는 훨씬 복잡한 주제이므로 여기서 자세히 살펴보지는 않겠습니다. 다만 이 주제는 연구해볼 가치가 있습니다.

지금부터는 모듈이 아닌 다른 유용한 코드 패턴과 모듈 패턴을 비교하며 모듈의 특성을 이해해보겠습니다.

8.2.1 네임스페이스(무상태 그룹화)

데이터 없이 관련된 함수를 그룹으로 묶는 것은 모듈에서 이야기하는 캡슐화가 아닙니다. 이러한 무상태stateless 함수를 모아놓은 것을 **네임스페이스**namespace라고 부릅니다.

```
// 모듈이 아닌 네임스페이스
var Utils = {
    cancelEvt(evt) {
        evt.preventDefault();
        evt.stopPropagation();
        evt.stopImmediatePropagation();
    },
    wait(ms) {
        return new Promise(function c(res){
            setTimeout(res, ms);
        });
    },
    isValidEmail(email) {
        return /[^@]+@[^@.]+\.[^@.]+/.test(email);
```

```
        }
    };
```

여기서 Utils는 유용한 유틸리티 모음이지만, 모두 상태 독립적인state-independent 함수입니다. 일반적으로 기능을 한데 모으는 것은 모범 사례이지만 그렇다고 해서 모듈이 된 것은 아닙니다. 여기서 Utils는 함수를 체계화한 네임스페이스입니다.

8.2.2 데이터 구조(상태 유지 그룹화)

데이터와 상태를 가진 함수를 하나로 묶는다 하더라도 데이터의 가시성을 제한하지 않는다면 POLE 관점에서 캡슐화가 아닙니다. 이런 경우는 모듈이라는 이름이 적절치 않습니다.

다음 코드를 살펴봅시다.

```
// 모듈이 아닌 데이터 구조
var Student = {
    records: [
        { id: 14, name: "카일", grade: 86 },
        { id: 73, name: "보라", grade: 87 },
        { id: 112, name: "지수", grade: 75 },
        { id: 6, name: "호진", grade: 91 }
    ],
    getName(studentID) {
        var student = this.records.find(
            student => student.id == studentID
        );
        return student.name;
    }
};

Student.getName(73);
// 보라
```

records는 공개적으로 접근할 수 있고 공개 API를 통해서만 접근할 수 있지 않기 때문에 Student는 모듈이 아닙니다.

데이터와 함수를 모아놓았다는 측면에서 Student는 캡슐화와 관련이 있지만 가시성 통제 측면에서는 그렇지 않습니다. 이런 경우는 데이터 구조의 인스턴스라는 이름을 붙이는 게 좋습니다.

8.2.3 모듈(상태를 가진 접근 제어)

모듈 패턴이 가진 정신을 실체화하려면 상태와 함수를 그룹화하는 것뿐만 아니라 가시성(공개 vs. 비공개) 제어를 통한 통제도 필요합니다.

앞선 절에서 살펴본 Student를 모듈로 바꿔봅시다. 2000년대 초반, 처음 등장했을 때 '노출식 revealing 모듈'이라 불렀던 '클래식 모듈' 형식으로 바꿔보겠습니다. 결과는 다음과 같습니다.

```
var Student = (function defineStudent(){
    var records = [
        { id: 14, name: "카일", grade: 86 },
        { id: 73, name: "보라", grade: 87 },
        { id: 112, name: "지수", grade: 75 },
        { id: 6, name: "호진", grade: 91 }
    ];

    var publicAPI = {
        getName
    };

    return publicAPI;

    // ***********************

    function getName(studentID) {
        var student = records.find(
            student => student.id == studentID
        );
        return student.name;
    }
})();

Student.getName(73);    // 보라
```

Student는 이제 모듈의 인스턴스가 되었습니다. Student 모듈에는 records 데이터에 접근 가능한 getName()이 포함된 공개 API가 구현되어 있고, 외부에서는 이 API를 통해야 getName()에 접근할 수 있습니다.

클래식 모듈 관점에서 코드의 작동 방식을 알아보겠습니다.

모듈 인스턴스는 defineStudent()라는 IIFE가 실행되면서 생성됩니다. IIFE는 내부 함수 getName()을 참조하는 프로퍼티를 가진 publicAPI 객체를 반환합니다.

객체 이름을 publicAPI라고 지은 건 필자의 선호 때문입니다. 객체 이름은 원하는 대로 지어도 됩니다(JS는 이름을 상관하지 않습니다). 객체를 내부에서 명명한 변수에 할당하지 않고 직접 반환할 수도 있습니다. 어떤 방식을 선택해야 할지에 대한 자세한 내용은 부록 A.7.1절 '내 API는 어디에 있나요?'를 참조하세요.

모듈 인스턴스 외부에 있는 Student.getName()은 공개 API를 통해 노출된 내부 함수를 호출하고, 클로저를 통해 내부 변수 records에 접근합니다.

클래식 모듈 패턴에서는 함수가 프로퍼티인 객체를 반환할 필요가 없습니다. 함수를 직접 반환하면 됩니다. 이렇게 하면 클래식 모듈의 핵심 요소는 모두 충족됩니다.

렉시컬 스코프는 함수가 정의된 시점의 변수 접근 규칙을 결정합니다. 이 규칙에 따르면 함수 내에 정의된 변수와 함수 들은 외부 스코프에서 접근할 수 없는 비공개 변수, 함수가 됩니다. 모듈 패턴에서는 모듈 내부에 변수와 함수를 정의함으로써 외부에서 해당 변수, 함수에 접근할 수 없게 합니다. 공개 API 객체에 추가된 프로퍼티만 외부에서 접근할 수 있습니다.

IIFE를 사용하는 것은 프로그램에서 해당 모듈 인스턴스 하나만 필요하다는 것을 의미합니다. 이때 이 단일 인스턴스를 싱글턴singleton이라 부릅니다. 예시는 복잡하지 않은 프로그램이기 때문에 단일 인스턴스만으로도 충분해서 싱글턴을 사용했습니다.

모듈 팩토리(다중 인스턴스)

프로그램에서 다중 인스턴스를 지원하는 모듈을 정의하고 싶다면 코드를 약간 조정하면 됩니다.

```
// 싱글턴을 만드는 IIFE가 아닌 팩토리 함수
function defineStudent() {
    var records = [
        { id: 14, name: "카일", grade: 86 },
        { id: 73, name: "보라", grade: 87 },
        { id: 112, name: "지수", grade: 75 },
        { id: 6, name: "호진", grade: 91 }
    ];

    var publicAPI = {
        getName
    };

    return publicAPI;

    // ***********************

    function getName(studentID) {
        var student = records.find(
            student => student.id == studentID
        );
        return student.name;
    }
}

var fullTime = defineStudent();
fullTime.getName(73);           // 보라
```

여기서는 defineStudent()를 IIFE로 정의하지 않고 일반적인 독립형standalone 함수로 정의했습니다. 이를 **모듈 팩토리**module factory 함수라고 부릅니다.

모듈 팩토리를 정의하고 이를 호출해 fullTime이라는 이름을 가진 모듈 인스턴스를 생성합니다. 각 모듈 인스턴스는 자체 내부 스코프와 클로저를 형성하는데, 이 클로저 때문에 getName() 함수는 records를 감싸고 접근할 수 있습니다. fullTime.getName()을 사용하면 각 모듈 인스턴스에 있는 메서드를 호출할 수 있습니다.

클래식 모듈 정의

클래식 모듈이 되기 위한 필요조건을 명확히 정리하면 다음과 같습니다.

- 적어도 한 번 이상 실행되는 모듈 팩토리 함수가 외부 스코프에 존재해야 합니다.

- 모듈의 내부 스코프에는 해당 모듈의 상태를 나타내는 정보가 최소한 하나 이상 있어야 하며, 이는 외부에서 접근할 수 없어야 합니다.

- 모듈은 하나 이상의 함수를 공개 API로 반환해야 합니다. 이 함수는 내부 스코프의 숨겨진 상태를 클로저를 통해 보존, 관리합니다.

이 조건을 만족하면 클래식 모듈이라 할 수 있는데, 클래식 모듈은 프로그램의 요구 사항과 상황에 따라 변형할 수 있습니다. 자세한 내용은 부록 A.7절 '클래식 모듈 변형'에서 살펴보겠습니다.

8.3 Node.js의 CommonJS 모듈

4.2.5절에서는 Node.js에서 사용하는 CommonJS 모듈에 대해 알아봤습니다. 이번 장에서 배운 클래식 모듈은 모듈 팩토리 혹은 IIFE를 사용해 모듈을 정의하고, 이 모듈은 다른 코드나 또 다른 모듈과 함께 하나의 파일 내에서 묶일 수 있지만 CommonJS 모듈은 파일 기반이어서 모듈을 만들 때 별도의 파일을 정의해야 한다는 차이가 있습니다. 앞 예시를 CommonJS 모듈로 바꿔봅시다.

```
module.exports.getName = getName;

// **********************

var records = [
    { id: 14, name: "카일", grade: 86 },
    { id: 73, name: "보라", grade: 87 },
    { id: 112, name: "지수", grade: 75 },
    { id: 6, name: "호진", grade: 91 }
];

function getName(studentID) {
    var student = records.find(
        student => student.id == studentID
    );
    return student.name;
}
```

4장에서 설명한 것처럼 `records`와 `getName` 식별자는 모듈의 최상위 스코프에 있지만 전역 스코프는 아닙니다. 따라서 여기 있는 모든 코드는 기본적으로 바깥 코드에 대해 비공개입니다.

CommonJS 모듈에서는 `module.exports` 객체를 사용해 모듈의 공개 API를 정의합니다. 빈 객체 `module.exports`에 함수나 변수를 추가하면 모듈 외부에서도 함수, 변수를 사용할 수 있습니다. 오래된 코드에서는 `exports`를 사용해 공개 API를 추가하는 경우도 있긴 한데 코드의 명확성을 위해 항상 `module.` 접두사를 추가하세요.

필자는 주로 `exports`를 상단에, 모듈 구현을 하단에 배치하는 걸 선호합니다. `exports`는 어디든 배치할 수 있지만 일관성을 위해 파일 상단이나 하단에 모아서 배치하기를 적극 권장합니다.

일부 개발자는 기본 `exports` 객체를 다음과 같이 바꾸는 습관이 있습니다.

```
// API를 위한 새로운 객체 정의
module.exports = {
    // ...내보낼 것에 대한 정의...
};
```

이 접근 방식에는 여러 모듈이 순환적으로 종속되는 경우 예기치 않은 동작이 발생하는 등 몇 가지 특이점이 있습니다. 따라서 필자는 객체를 교체하지 않는 것을 권장합니다. 여러 개를 동시에 내보내고 싶다면 다음과 같이 객체 리터럴 스타일 정의를 사용하면 됩니다.

```
Object.assign(module.exports, {
    // ...내보낼 것에 대한 정의...
});
```

이렇게 하면 모듈의 공개 API로 삼을 것을 `{}` 객체 리터럴에 정의하고, `Object.assign()`을 사용해 얕은 복사로 `module.exports`에 여러 속성을 한 번에 추가할 수 있습니다. 편리함과 안전함 사이에서 절묘한 조화와 균형을 이룬 방법입니다.

작업 중인 모듈이나 프로그램에 또 다른 모듈 인스턴스를 추가하려면 Node.js의 `require()` 메서드를 사용하세요. 모듈이 `/path/to/student.js` 경로에 있다면 다음과 같이 해당 모듈에 접근해 사용할 수 있습니다.

```
var Student = require("/path/to/student.js");

Student.getName(73);
// 보라
```

Student는 이제 모듈 예시에서 사용했던 공개 API를 참조합니다.

CommonJS 모듈은 앞서 살펴본 IIFE 모듈 정의 방식과 유사하게 싱글턴 인스턴스처럼 작동합니다. 동일한 모듈을 몇 번이나 require()로 불러와도 모두 같은 모듈 인스턴스에 대한 참조를 얻습니다.

require() 함수를 사용하면 지정된 모듈 파일의 전체 공개 API가 불러와집니다. 모 아니면 도입니다. 모듈의 일부분만 필요한 경우에는 다음처럼 해야 합니다.

```
var getName = require("/path/to/student.js").getName;

// 또는 다음과 같이 모듈의 일부를 가져옴

var { getName } = require("/path/to/student.js");
```

클래식 모듈과 마찬가지로 CommonJS 모듈 API에서 공개적으로 내보내진 메서드는 내부 모듈 세부 사항에 대한 클로저를 유지합니다. 이를 통해 프로그램이 살아 있는 동안 모듈 싱글턴의 상태가 유지됩니다.

> **NOTE_** Node.js에서 require("student") 같이 require()에 확장자 없이 상대 경로를 넘기면 파일 확장자를 .js로 가정하고 node_modules 안에서 모듈을 찾습니다.

8.4 최신 ES 모듈

ES 모듈(ESM)은 CommonJS와 약간 유사합니다. ES 모듈은 파일 기반이고 모듈 인스턴스는 싱글턴이며 모든 것은 기본적으로 비공개입니다. ES 모듈과 CommonJS 사이 눈에 띄는 차이점은 ES 모듈은 파일 상단에 전처리 구문 use strict가 없어도 엄격 모드로 실행된다는 점입니다.

ES 모듈은 CommonJS의 `module.exports`가 아닌 `export` 키워드를 사용해 모듈의 공개 API에 특정 내용을 노출합니다. 그리고 `require()` 대신 `import` 키워드를 사용합니다. 이번에는 `students.js`를 ES 모듈 포맷을 따르도록 수정해봅시다.

```
export { getName };

// ***********************

var records = [
    { id: 14, name: "카일", grade: 86 },
    { id: 73, name: "보라", grade: 87 },
    { id: 112, name: "지수", grade: 75 },
    { id: 6, name: "호진", grade: 91 }
];

function getName(studentID) {
    var student = records.find(
        student => student.id == studentID
    );
    return student.name;
}
```

코드에서 `export { getName }` 구문만 변경되었습니다. CommonJS 포맷과 마찬가지로 `export`는 파일 어디에서나 사용할 수 있지만 최상위 스코프에 있어야 합니다. 다른 블록이나 함수 안에 있으면 안 됩니다.

ES 모듈에서는 다양한 방법으로 `export` 문을 지정할 수 있습니다. 예시를 살펴봅시다.

```
export function getName(studentID) {
    // ...
}
```

`function` 앞에 `export` 키워드가 있지만 여전히 함수 선언문이라서 `getName`은 함수 호이스팅 규칙을 적용받기 때문에 모듈 전체 스코프에서 사용할 수 있습니다.

위 예시를 다음과 같이 변형할 수도 있습니다.

```
export default function getName(studentID) {
    // ...
}
```

default 키워드를 붙여서 모듈을 노출하는 형태를 '기본 내보내기'라 하는데 일반 내보내기와는 동작이 다릅니다. 내보낼 API 객체에 멤버 변수가 하나 있는 경우 기본 내보내기를 하면 간단한 문법으로도 해당 모듈을 import할 수 있습니다(아래에서 자세히 다룸).[1]

default가 붙지 않은 내보내기는 **기명 내보내기**named export라고 합니다.

import 키워드도 export처럼 모듈 최상위 레벨에서만 사용해야 하며 블록이나 함수 안에 있으면 안 됩니다. import 키워드도 다양하게 변형해 사용할 수 있는데, 먼저 **기명 가져오기**named import를 살펴봅시다.

```
import { getName } from "/path/to/students.js";

getName(73);    // 보라
```

이 코드는 가져오려는 모듈에서 명시적으로 이름을 지정한 공개 API 멤버만 가져오고(이름이 지정되지 않은 멤버는 건너뜀) 해당 식별자를 현재 모듈의 최상위 스코프에 추가합니다. 자바 등의 언어에서 패키지를 가져올 때 비슷한 패턴을 발견할 수 있습니다.

{} 안에 쉼표를 사용하면 여러 API 멤버를 나열할 수 있습니다. as 키워드를 붙이면 다음처럼 가져오기한 멤버 이름을 변경할 수도 있습니다.

```
import { getName as getStudentName }
    from "/path/to/students.js";

getStudentName(73);     // 보라
```

getName이 students.js에서 기본 내보내기로 내보내졌다면 다음과 같이 가져올 수 있습니다.

---

1 옮긴이_ https://ko.javascript.info/import-export에 다양한 샘플 코드가 있습니다.

```
import getName from "/path/to/students.js";

getName(73);    // 보라
```

위쪽 코드와 비교해보면 대괄호가 없다는 차이점을 발견할 수 있습니다. 기본 내보내기한 멤버와 기명 내보내기한 멤버를 함께 가져오려면 다음과 같이 코드를 작성하면 됩니다.

```
import { default as getName, /* ...기명 내보내기한 멤버 나열... */ }
    from "/path/to/students.js";

getName(73);    // 보라
```

네임스페이스 가져오기^{namespace import}도 **import**를 사용한 주요 변형 중 하나입니다.

```
import * as Student from "/path/to/students.js";

Student.getName(73);    // 보라
```

*를 사용하면 API로 내보낸 모든 멤버(기본, 기명 모두)를 가져와 지정된 단일 네임스페이스 식별자 아래에 저장할 수 있습니다. 이 변형은 다양한 모듈 변천사에서 클래식 모듈 포맷과 가장 유사합니다.

> **NOTE_** 이 글을 쓰는 시점을 기준으로, 최신 브라우저는 몇 년 전부터 ES 모듈을 지원해왔습니다. 하지만 Node.js가 ES 모듈을 안정적으로 지원한 것은 상대적으로 최근입니다. ES6에서 ES 모듈이 도입되면서 Node.js와 CommonJS 모듈 간의 호환성에 여러 가지 까다로운 문제가 발생했었기 때문에 Node.js의 ES 모듈 진화는 앞으로 더 발전할 가능성이 높습니다. 관련 최신 소식은 Node.js의 ES 모듈 문서(**https://nodejs.org/api/esm.html**)를 참고하세요.

8.5 정리

클래식 모듈(브라우저나 Node.js), CommonJS(Node.js), 또는 ES 모듈(브라우저나 Node.js)을 사용하든 관계없이 모듈은 프로그램의 기능과 데이터를 구조화하고 정리하는 데 가장 효과적인 방법입니다.

렉시컬 스코프 규칙을 사용해 변수와 함수를 적절한 위치에 배치하는 방법을 배워 모듈 패턴을 효율적으로 사용하자는 것이 이 책의 결론이자 여정의 끝입니다. POLE은 우리가 항상 취해야 하는 기본 자세로, 과도한 노출을 피하고 필요한 최소한의 부분만 공개 API에 노출해 상호작용 하세요.

그리고 모듈 아래에서 클로저는 렉시컬 스코프 시스템을 활용해 모듈 상태를 유지하는 역할을 하니 렉시컬 스코프와 클로저도 알아두세요.

이제 2부의 본문은 끝났습니다. 긴 여정을 함께 해주셨군요, 축하합니다! 여러 번 언급했듯이 쉼 없이 책을 읽지 말고 잠시 멈추고 되돌아보면서 내용을 이해하고 연습해보길 바랍니다.

본문을 편안하게 받아들일 정도의 준비가 되었다면 이제 연습 문제를 통해 배운 내용을 탄탄히 다져봅시다.

한 걸음 더

부록에서는 본문에서 다뤘던 다양한 주제와 관련된 미묘한 차이를 살펴봅니다. 부록은 여러분의 이해를 돕는 보충 자료입니다.

미묘한 차이가 있는 사례와 여러 의견을 깊이 파고드는 걸 소음과 방해를 만든다고 생각하는 사람도 종종 있습니다. 이들은 개발자라면 일반적인 사례에 집중하는 게 좋다고 주장합니다. 필자의 접근 방식이 실용적이거나 생산적이지 않다는 비판을 받기도 합니다. 다양성 측면에서 그들의 의견을 존중하지만 동의는 하지 않습니다.

막연한 추측으로 호기심을 죽이고 넘어가기보다 어떻게 작동하는지 알고 일하는 방식이 훨씬 더 낫다고 생각합니다. 결국에는 제대로 다루지 않고 넘어갔던 부분에서 예상치 않은 상황이 발생할 확률이 높기 때문입니다. 순탄한 도로만 달릴 순 없습니다. 돌부리가 가득한 비포장도로를 달리는 연습을 미리 해두는 게 낫지 않을까요?

부록에는 본문보다 저의 개인적인 의견이 더 많이 들어가 있으니 부록을 읽을 때 이 점을 염두에 두길 바랍니다. 부록은 본문에서 설명한 주제에 대해 자세히 설명합니다. 설명이 길고 복잡하므로 서두르지 말고 천천히 시간을 들여 읽기 바랍니다.

A.1 암시적 스코프

스코프는 가끔 명확하지 않은 위치에 생성됩니다. 실제로 프로그램에 이러한 암시적 스코프가 존재하더라도 작동에 영향을 주지는 않습니다. 하지만 암시적 스코프가 생길 수 있다는 사실을 알고 있으면 유용합니다. 다음과 같은 듣도 보도 못한 스코프를 살펴봅시다.

- 매개변수 스코프
- 함수명 스코프

A.1.1 매개변수 스코프

2.2절 'JS 엔진 구성원 간의 대화'에서 함수 매개변수는 함수 스코프에서 지역으로 선언한 변수와 동일하다고 했습니다. 하지만 항상 그렇지는 않습니다.

다음 코드를 살펴봅시다.

```
// 외부/전역 스코프: 빨간색 버블 ❶

function getStudentName(studentID) {
    // 함수 스코프: 파란색 버블 ❷

    // ...
}
```

여기서 `studentID`는 단순한simple 매개변수이므로 파란색 버블 ❷의 함수 스코프 구성원으로서 작동합니다. 하지만 단순하지 않은non-simple 매개변수는 작동 방식이 다릅니다. 기본값이 있는 매개변수, ...을 사용하는 나머지 매개변수, 비구조화 매개변수가 대표적인 예입니다. 기본값을 갖는 매개변수는 다음과 같이 생겼습니다.

```
// 외부/전역 스코프: 빨간색 버블 ❶

function getStudentName(/*파란색 버블 ❷*/ studentID = 0) {
    // 함수 스코프: 초록색 버블 ❸

    // ...
}
```

단순하지 않은 매개변수를 사용하게 되면 매개변수 목록이 자체 스코프를 형성하고 함수의 스코프는 매개변수 목록 스코프에 중첩됩니다.

이런 차이는 왜 생기는 걸까요? 단순하지 않은 매개변수 형태는 다양한 예외 케이스를 발생시킵니다. 이런 예외 케이스를 효과적으로 처리하기 위해 단순하지 않은 매개변수는 자체 스코프를 형성합니다.

다음 코드를 살펴봅시다.

```
function getStudentName(studentID = maxID, maxID) {
    // ...
}
```

왼쪽에서 오른쪽으로 연산이 수행된다고 가정할 때 studentID 매개변수의 기본값인 maxID를 사용하려면 maxID가 이미 존재하고 초기화도 되어 있어야 합니다. 그런데 이 코드는 TDZ 오류를 발생시킵니다(5장 참조). 이유는 maxID가 매개변수 스코프에 선언되어 있지만 매개변수 순서 때문에 아직 초기화되지 않았기 때문입니다. 다음과 같이 매개변수 순서를 바꾸면 TDZ 오류가 사라집니다.

```
function getStudentName(maxID, studentID = maxID) {
    // ...
}
```

기본 매개변수 위치에 함수 표현식이 있는 경우에는 상황이 더 복잡해집니다. 이 경우는 새롭게 생성된 매개변수 스코프에 매개변수 자체에 대한 클로저가 생길 수 있어(7장 참조) 복잡성이 더 증가합니다.

```
function whatsTheDealHere(id, defaultID = () => id) {
    id = 5;
    console.log( defaultID() );
}

whatsTheDealHere(3);
// 5
```

화살표 함수인 defaultID()가 id 매개변수와 변수를 감싸고 5가 재할당되므로 코드는 이치에 맞습니다. 그런데 함수 스코프에 있는 id에 섀도잉 관련 정의를 도입해보면 상황이 복잡해집니다.

```javascript
function whatsTheDealHere(id, defaultID = () => id) {
    var id = 5;
    console.log( defaultID() );
}

whatsTheDealHere(3);
// 3
```

이런! var id = 5는 id 매개변수를 가려서 id는 지역 변수를 가리키지만 defaultID() 함수의 클로저는 매개변수 id에 대한 참조를 유지해서 예상치 않게 3이 출력된 것을 확인할 수 있습니다. 이는 매개변수 목록이 자체 스코프를 형성한다는 증명이 됩니다.

이보다 더 복잡한 사례는 다음과 같습니다.

```javascript
function whatsTheDealHere(id, defaultID = () => id) {
    var id;

    console.log(`지역 변수 'id': ${ id }`);
    console.log(
        `매개변수 'id' (클로저): ${ defaultID() }`
    );

    console.log("'id'에 5를 재할당");
    id = 5;

    console.log(`지역 변수 'id': ${ id }`);
    console.log(
        `매개변수 'id' (클로저): ${ defaultID() }`
    );
}

whatsTheDealHere(3);
// 지역 변수'id': 3    ← 엇, 이상하네요!
// 매개변수 'id' (클로저): 3
// 'id'에 5를 재할당
// 지역 변수 'id': 5
// 매개변수'id' (클로저): 3
```

첫 번째 콘솔 메시지가 매우 이상합니다. 일반적으로 var로 선언한 변수는 5장에서 주장한 것처럼 그 스코프 최상단에서 undefined로 초기화되는데 왜 id는 그렇지 않은 걸까요?

과거 코드와의 호환 문제로 JS는 이렇게 함수에 매개변수와 이름이 같은 지역 변수가 있는 경우 id를 undefined로 초기화하지 않고 매개변수 id를 매개변숫값으로 초기화합니다.

순간적으로는 두 id가 하나의 변수처럼 보이지만 사실은 별개이고 서로 다른 스코프에 있습니다. id=5를 할당하면 차이를 더 명확히 관찰할 수 있습니다. id 매개변수는 3으로 유지되고 지역변수는 5가 됩니다.

이러한 미묘한 차이에 영향을 받지 않으려면 다음 조언을 유념하세요.

- 지역 변수로 매개변수를 섀도잉하지 마세요.
- 기본 매개변수에서는 다른 매개변수를 참조하지 마세요.

단순하지 않은 매개변수가 매개변수에 하나라도 있는 경우, 매개변수 목록 자체가 스코프가 된다는 사실을 이제 알게 되었으니 이제 이런 상황을 주의할 수 있게 되었습니다.

A.1.2 함수 이름 스코프

3.3절 '함수 이름 스코프'에서는 함수 자체의 스코프에 함수 표현식의 이름이 추가된다고 설명했습니다. 예시를 살펴봅시다.

```
var askQuestion = function ofTheTeacher(){
    // ...
};
```

ofTheTeacher가 askQuestion이 선언된 외부 스코프에 추가되지 않는 것은 이미 배워서 알고 있겠지만, 여러분이 생각하는 것처럼 단순히 함수 내부 스코프에 추가되는 것도 아닙니다. 이 경우도 암시 스코프의 또 다른 예외 케이스를 만듭니다.

함수 표현식의 이름 식별자는 자체적인 암시적 스코프에 있으며, 이 스코프는 외부를 감싸는 스코프와 메인 내부 함수 스코프 사이에 중첩되어 있습니다.

ofTheTeacher가 함수 스코프에 있었다면 다음 예시에서 오류가 발생했을 겁니다.

```
var askQuestion = function ofTheTeacher(){
    // 하지만 중복 선언 오류는 발생하지 않습니다.
    let ofTheTeacher = "아직 혼란스럽나요?";
};
```

let 선언 형식은 재선언이 불가능합니다(5장 참조). 하지만 두 개의 **ofTheTeacher** 식별자가 서로 다른 스코프에 있기 때문에 이는 재선언이 섀도잉으로 처리됩니다.

실무에서 함수 이름 식별자의 스코프가 중요한 경우는 거의 없습니다. 하지만 이러한 메커니즘이 실제로 어떻게 작동하는지 알고 있는 것이 좋습니다. 예상치 못한 공격을 받지 않으려면 함수 표현식의 이름과 동일한 변수를 함수 본문 내부에서 let으로 선언하는 것은 피하세요.

A.2 익명 함수 vs. 기명 함수

3장에서 설명한 것처럼 함수는 기명 함수와 익명 함수로 표현할 수 있습니다. 일을 하다 보면 익명 함수를 더 자주 보게 되는데 과연 이게 좋은 방법일까요?

이번에 설명하려는 내용을 요약하자면 다음과 같습니다.

- 이름 추론은 불완전합니다.
- 렉시컬 이름을 사용하면 자기 참조가 가능합니다.
- 이름은 설명을 제공하기 때문에 유용합니다.
- 화살표 함수에는 렉시컬 이름이 없습니다.
- IIFE에도 이름이 필요합니다.

A.2.1 명시적 혹은 추론된 이름

프로그램의 모든 함수에는 목적이 있습니다. 목적이 없다면 공간을 낭비하는 것일 뿐이니 과감히 삭제해야 합니다. 목적이 있다면 그 목적에 부합하는 이름이 있을 겁니다.

많은 독자가 필자의 의견에 동의할 겁니다. 하지만 그렇다고 해서 항상 코드에 이름을 붙여야 하는 걸까요? 여기서 필자는 몇 가지 의문을 더 제시하면서 왜 언제나 이름을 붙여야 하는지 설명하겠습니다.

우선, 스택 트레이스에 anonymous가 표시되면 디버깅에 그다지 도움이 되지 않습니다.

```
btn.addEventListener("click", function(){
    setTimeout(function(){
        ["a", 42].map(function(v){
            console.log(v.toUpperCase());
        });
    }, 100);
});
// Uncaught TypeError: v.toUpperCase is not a function
//     at myProgram.js: 4
//     at Array.map (<anonymous>)
//     at myProgram.js: 3
```

함수에 이름을 붙였을 때의 결과와 어떻게 다른지 비교해보세요.

```
btn.addEventListener("click", function onClick(){
    setTimeout(function waitAMoment(){
        ["a", 42].map(function allUpper(v){
            console.log(v.toUpperCase());
        });
    }, 100);
});
// Uncaught TypeError: v.toUpperCase is not a function
//     at allUpper (myProgram.js: 4)
//     at Array.map (<anonymous>)
//     at waitAMoment (myProgram.js:3 )
```

waitAMoment와 allUpper라는 이름이 스택 트레이스에 추가되면 디버깅 시 유용한 정보를 얻을 수 있습니다. 모든 함수에 적절한 이름을 부여하면 더 쉽게 프로그램을 디버깅할 수 있습니다.

> **NOTE_** 여전히 <anonymous> 메시지가 계속 나타나는 이유는 **Array.map()**을 구현한 코드가 JS 엔진에 내장되어 있기 때문입니다. 프로그램의 가독성을 향상하기 위해 사용하는 축약이나 간소화된 표현이 스택 트레이스의 명확성에 부정적인 영향을 끼치진 않습니다.

그건 그렇고, 기명 함수를 제대로 알고 있는지 확인해봅시다. 예시에서 무엇이 기명 함수이고 무엇이 익명 함수인지 구분해보세요.

```
function thisIsNamed() {
    // ...
}

ajax("some.url", function thisIsAlsoNamed(){
    // ...
});

var notNamed = function(){
    // ...
};

makeRequest({
    data: 42,
    cb /* 기명 함수가 아님 */: function(){
        // ...
    }
});

var stillNotNamed = function butThisIs(){
    // ...
};
```

첫 번째, 두 번째는 기명 함수이고 그 아래는 익명 함수입니다. 그런데 누군가는 `notNamed.name`과 `config.cb.name`의 결과로 이름이 나오니까 다음 사례를 기명 함수라고 주장할 수 있습니다.

```
var notNamed = function(){
    // ...
};

var config = {
    cb: function(){
        // ...
    }
};
```

```
notNamed.name;
// notNamed

config.cb.name;
// cb
```

이렇게 만들어진 이름을 추론된[inferred] 이름이라고 합니다. JS는 이름을 추론하기 때문에 추론된 이름을 사용해도 괜찮긴 합니다. 하지만 이 방법으로는 제가 지금까지 이야기하고 있는 문제를 모두 해결할 수는 없습니다.

A.2.2 이름이 없다면?

스택 트레이스에는 당연히 anonymous보다는 추론을 통해 붙여진 이름이 나타나는 게 훨씬 낫습니다. 하지만 다음 경우도 한번 봅시다.

```
function ajax(url, cb) {
    console.log(cb.name);
}

ajax("some.url", function(){
    // ...
});
// ""
```

콜백으로 전달되는 익명 함수 표현식에는 추론된 이름이 없어서 cb.name은 빈 문자열 ""이 됩니다. 함수 표현식, 특히 익명 함수 표현식은 대부분 콜백 인자로 사용되는데 이 경우 대부분 이름 추론이 작동하지 않습니다. 따라서 이름 추론에 의존하는 건 불완전합니다.

추론이 잘 작동하지 않는 건 콜백뿐만이 아닙니다.

```
var config = {};

config.cb = function(){
    // ...
};

config.cb.name;
```

```
// ""

var [ noName ] = [ function(){} ];
noName.name
// ""
```

함수 표현식을 단순 할당이 아닌 다른 형태로 하는 경우에는 대다수의 이름 추론에 실패합니다. 여러분이 신중하고 의도적으로 코드를 작성하지 않는 한, 프로그램에 있는 거의 모든 익명 함수 표현식은 사실상 이름이 없습니다.

이름 추론은 불완전합니다. 이름 추론이 작동해서 함수 표현식에 이름이 붙더라도 완전한 기명 함수로 인정되지 않습니다.

A.2.3 나는 누구일까요?

렉시컬 이름 식별자가 없으면 함수는 내부적으로 자기 자신을 참조할 방법이 없습니다. 자기 참조는 다음과 같이 재귀나 이벤트를 처리하는 작업에서 매우 중요합니다.

```
// 작동하지 않음
runOperation(function(num){
    if (num <= 1) return 1;
    return num * oopsNoNameToCall(num - 1);
});

// 역시 작동하지 않음
btn.addEventListener("click", function(){
    console.log("한 번 클릭 시 응답해야 합니다!");
    btn.removeEventListener("click", oopsNoNameHere);
});
```

함수에 렉시컬 이름을 제공하면 함수는 자신을 참조할 수 있는 안정적인 방법을 갖습니다. 그런데 예시에서 runOperation과 addEventListener의 콜백 함수는 렉시컬 이름 식별자가 없어서 자신을 참조하지 못해 문제가 발생합니다. 주변 스코프에 함수를 참조하는 변수를 선언할 수 있지만, 이 변수는 그 주변 스코프에 의해 제어되므로(재할당이 가능함) 함수가 자체적으로 자기 자신을 참조하는 것만큼 신뢰성이 높지 않습니다.

A.2.4 이름은 설명입니다

함수에서 이름을 생략하면 코드를 읽는 사람이 함수의 목적을 빠르게 파악하기 어렵습니다. 이게 제가 생각하는 기명 함수를 써야 하는 가장 중요한 이유입니다. 이름이 없으면 함수 내부 코드와 함수 주변 코드를 포함한 더 많은 코드를 읽어 함수의 목적을 파악해야 합니다.

다음 코드를 살펴봅시다.

```
[ 1, 2, 3, 4, 5 ].filter(function(v){
    return v % 2 == 1;
});
// [ 1, 3, 5 ]

[ 1, 2, 3, 4, 5 ].filter(function keepOnlyOdds(v){
    return v % 2 == 1;
});
// [ 1, 3, 5 ]
```

keepOnlyOdds를 생략한 첫 번째 콜백이 목적을 더 효과적으로 전달할 수 있을까요? 13자를 절약했지만[1] 가독성이 떨어집니다. keepOnlyOdds라는 이름을 붙이면 코드의 의도를 매우 명확하게 전달할 수 있습니다.

JS 엔진은 이름을 신경 쓰지 않습니다. 하지만 코드를 읽는 건 사람인데, 사람들은 분명 이름을 신경 씁니다.

v % 2 == 1이라는 코드를 보고 물론 콜백 함수의 역할을 이해할 수 있습니다. 하지만 머릿속으로 코드를 실행하면서 코드의 목적과 이름을 추론해야 합니다. 코드의 목적을 파악하기 위해 잠시 생각을 해야 하므로 코드를 읽는 속도도 느려집니다. 하지만 적절한 이름을 사용하면 이 과정을 쉽고 빠르게 수행할 수 있습니다.

코드를 작성하는 사람은 자신이 작성한 코드이기 때문에 한 번만 생각하면 코드의 목적과 그에 걸맞은 이름을 붙일 수 있습니다. 이름 수정이 필요한 경우라도 많아야 두세 번만 생각하면 수정이 가능합니다. 하지만 코드를 읽는 사람은 코드 목적을 파악하기 위해 수많은 줄을 읽어야 합니다.

---

1 옮긴이_ keepOnlyOdds에 공백을 포함한 글자 수입니다.

필자는 함수의 길이나 복잡도에 상관없이 함수에는 함수의 목적을 나타내는 이름을 추가해야 한다고 생각합니다. map()이나 then() 문같이 한 줄짜리 함수도 예외는 아닙니다.

```
lookupTheRecords(someData)
.then(function extractSalesRecords(resp){
    return resp.allSales;
})
.then(storeRecords);
```

return resp.allSales가 무슨 역할을 하는 코드인지 머릿속으로 생각해 함수의 역할을 추론하는 것보다 extractSalesRecords라는 이름을 붙이기만 하면 then() 핸들러의 목적을 더 잘 알 수 있습니다.

함수에 이름을 붙이지 않는 이유를 생각해보자면 게으름(글자를 입력하기 귀찮음)이나 창의력(좋은 이름이 떠오르지 않음)이 부족하기 때문입니다. 좋은 이름이 떠오르지 않는다면 함수와 목적을 이해하지 못하고 있는 가능성이 높습니다. 함수를 제대로 설계하지 않았거나, 함수에서 하는 일이 너무 많을 수 있으니 이런 경우는 재작업이 필요합니다. 잘 설계된 단일 목적 함수는 이름을 선정하기가 쉽습니다.

이름 짓기가 막막하다면 필자는 그냥 TODO라는 이름을 사용합니다. 이렇게 하면 나중에 코드를 검토할 때 다시 돌아보게 될 확률이 높고 TODO로 남겨두는 걸 개발자는 참지 못하기 때문에 이름을 짓고자 하는 의지가 강해지기 때문입니다.

모든 함수에는 이름이 필요합니다. 예외는 없습니다. 이름을 지정하지 않으면 프로그램 가독성이 떨어지고, 디버깅하기 어렵고, 나중에 확장 및 유지 보수가 어려워집니다.

A.2.5 화살표 함수

화살표 함수는 (드물게) 이름 추론을 통해 이름이 붙더라도 항상 익명입니다. 익명 함수를 사용하지 않아야 하는 이유를 몇 장에 걸쳐 설명했으니 제가 화살표 함수에 대해 어떻게 생각하는지 짐작할 수 있을 겁니다.

일반 함수를 대체하는 용도로 화살표 함수를 사용하지 마세요. 더 간결할 수는 있지만 간결함으로 인해 코드의 내용을 빠르게 분석하는 데 도움을 주는 시각적인 주요 구분 기호가 생략되는 대가를 치러야 합니다. 그리고 토론이 필요한 부분이 익명으로 처리되어 가독성이 매우 떨어집니다.

화살표 함수에는 목적이 있지만 타이핑 횟수를 줄이는 게 목적은 아닙니다. 화살표 함수는 렉시컬 this 동작을 이해해야 제대로 쓸 수 있는데 이 책에서 논의하는 범위를 다소 벗어나는 주제입니다.

간단히 말하자면 화살표 함수의 this는 렉시컬 스코프에 의해 결정됩니다. 화살표 함수 자체는 this를 가지지 않습니다. 화살표 함수 안에 this를 사용하면 다른 변수 참조처럼 작동합니다. 즉, 화살표 함수는 this를 다른 렉시컬 변수처럼 취급합니다.

this를 렉시컬 변수처럼 사용해야 하는 경우에는 var self = this와 같은 해킹을 사용하거나, 내부 함수 표현식에 .bind(this)를 호출하는 것보다 화살표 함수가 확실히 더 낫습니다. 화살표 함수는 이런 문제를 해결하기 위해 특별히 설계되었습니다.

따라서 드물게 렉시컬 this가 필요한 경우에만 화살표 함수를 사용하세요. 화살표 함수는 이 경우에 가장 적합한 방법입니다. 하지만 익명 함수의 단점을 감수해야 한다는 점을 유념하세요. 화살표 함수를 쓸 때는 변수 이름을 조금 더 구체적으로 만들고 주석으로 코드 설명을 추가하는 등 코드 가독성을 위해 노력해야 합니다.

A.2.6 IIFE 변형

몇 번이나 말하고 있지만, 모든 함수는 이름이 있어야 합니다. IIFE도 여기에 포함됩니다.

```
(function(){
    // 이렇게 하지 마세요.
})();

(function doThisInstead(){
    // ...
})();
```

IIFE의 이름은 어떻게 지어야 할까요? IIFE가 사용된 목적을 알면 됩니다. 예시를 봅시다.

```
var getStudents = (function StoreStudentRecords(){
    var studentRecords = [];

    return function getStudents() {
        // ...
    }
})();
```

IIFE가 학생 기록을 저장하는 역할을 하기 때문에 **StoreStudentRecords**라는 이름을 붙였습니다. 모든 IIFE에는 이름이 있어야 합니다. 예외는 없습니다.

IIFE는 앞선 예시처럼 일반적으로 함수 표현식 주위에 ()를 배치해 정의합니다. 이 방식이 IIFE를 정의하는 유일한 방법은 아닙니다. 여기서 가장 바깥을 ()로 묶은 이유는 기술적인 이유 때문인데, 이렇게 해야 JS 파서가 **function** 키워드를 만났을 때 함수 선언문으로 해석하지 않기 때문입니다. 다음과 같이 IIFE를 선언하면 JS 파서가 **function** 키워드를 함수 선언문으로 해석하지 않습니다.

```
!function thisIsAnIIFE(){
    // ...
}();

+function soIsThisOne(){
    // ...
}();

~function andThisOneToo(){
    // ...
}();
```

!, +, ~ 등의 단항 연산자(피연산자가 하나만 있는 연산자)를 **function** 앞에 놓아 표현식으로 만들 수 있습니다. 그러면 마지막 () 호출이 유효하므로 IIFE가 됩니다.

저는 독립형 IIFE를 정의할 때 **void** 단항 연산자를 사용하는 걸 좋아합니다.

```
void function yepItsAnIIFE() {
    // ...
}();
```

void를 사용하면 이 IIFE가 어떤 값도 반환하지 않을 것이라고 함수 시작 부분에 명확하게 전달할 수 있다는 장점이 있습니다.

IIFE 정의 방식은 개인 선호입니다. 다만 IIFE에도 이름을 붙여주세요.

A.3 호이스팅: 함수와 변수

5장에서는 함수 호이스팅과 변수 호이스팅에 대해 알아봤습니다. 호이스팅은 종종 JS 설계의 실수로 언급되곤 합니다. 하지만 왜 함수 호이스팅과 변수 호이스팅이 유용하고, 이 둘을 여전히 배워야 하는지 간략히 살펴보겠습니다.

다음 장점을 고려하며 호이스팅에 대해 조금 더 깊이 생각해보겠습니다.

- 실행 가능한 코드 먼저, 함수 선언은 아래쪽에 배치
- 변수 선언의 의미 있는 배치

A.3.1 함수 호이스팅

다음 코드는 함수 호이스팅 덕분에 작동합니다.

```
getStudents();

// ...

function getStudents() {
    // ...
}
```

함수 선언문은 컴파일 단계에서 호이스팅되므로 getStudents는 스코프 전체에 선언된 식별자가 됩니다. 또한 getStudents 식별자는 스코프 시작 부분에서 함수 참조로 자동 초기화됩니다.

이 코드가 유용한 이유는 무엇일까요? 호이스팅을 사용하면 아래쪽에 선언(함수 등)을 배치할 수 있는데, 반대의 경우라면 선언의 끝부분을 찾느라 스크롤을 내리는 데 시간이 걸린다는

단점이 있습니다. 하지만 실행 가능한 코드를 위쪽에 배치하면 주어진 영역에서 실제 실행되는 코드를 찾기가 쉬워서 필자는 함수 호이스팅을 응용한 배치 방식을 더 선호합니다.

필자는 스코프의 모든 레벨에서 호이스팅을 응용한 배치(거꾸로 배치) 방식의 장점을 활용합니다.

```
getStudents();

// *************

function getStudents() {
    var whatever = doSomething();

    // 기타 코드

    return whatever;

    // *************

    function doSomething() {
        // ...
    }
}
```

이와 같은 형태의 파일을 처음 열었을 때, 첫 번째 줄에서 바로 작동하는 코드를 보게 됩니다. getStudents()가 뭔지 알아봐야 하는 경우에도 getStudents()의 첫 줄이 실행 코드이기 때문에 함수의 작동 방식을 윗줄만 보고 빨리 파악할 수 있습니다. doSomething()의 세부 사항이 필요한 경우에만 아래로 내려가면 됩니다.

함수 호이스팅 덕분에 읽는 순서가 위에서 아래로 흐르게 되고, 코드 가독성도 좋아집니다.

A.3.2 변수 호이스팅

이번에는 변수 호이스팅에 대해 알아봅시다. let과 const는 호이스팅되지만 TDZ에서는 해당 변수를 사용할 수 없습니다(5장 참조). 따라서 이제부터 논의하는 내용은 var 선언에만 적용됩니다. 설명을 이어가기 전에, 거의 모든 경우에 변수 호이스팅은 나쁜 생각이라는 보편적인 인식에 전적으로 동의합니다.

```
pleaseDontDoThis = "이렇게 하지 마세요";

// 훨씬 나중에 변수를 선언
var pleaseDontDoThis;
```

이런 식으로 호이스팅을 응용해 코드를 역순으로 배치하는 방식은 함수 호이스팅 측면에서는 가독성에 도움을 주지만, 변수 호이스팅 측면에서는 가독성에 좋지 않습니다.

그런데 필자가 CommonJS 모듈 정의 내에서 **var** 선언을 어디에 배치할지에 대해 고민을 하다가 코드 역정렬이 유용한 예외 경우를 발견했습니다.

필자는 Nods.js에서 주로 다음과 같이 모듈을 정의합니다.

```
// 의존 모듈
var aModuleINeed = require("매우 도움됨");
var anotherModule = require("조금 도움됨");

// 공개 API
var publicAPI = Object.assign(module.exports, {
    getStudents,
    addStudents,
    // ...
});

// *****************************
// 비공개 구현

var cache = { };
var otherData = [ ];

function getStudents() {
    // ...
}

function addStudents() {
    // ...
}
```

cache와 otherData 변수 선언이 비공개 구현이라는 걸 아래쪽에서 발견했나요? 필자가 이렇게 변수 선언을 아래에 배치한 이유는 해당 변수를 공개적으로 노출할 생각이 없기 때문입니다. 따라서 다른 모듈 내 비공개 멤버와 함께 위치하도록 모듈을 구성했습니다.

그런데 cache처럼 모듈 위쪽의 공개 API 선언 부분에서, 아래에서 선언한 변수에 값을 할당해야 하는 경우가 종종 있습니다.

```
// 공개 API
var publicAPI = Object.assign(module.exports, {
    getStudents,
    addStudents,
    refreshData: refreshData.bind(null, cache)
});
```

공개 API를 초기화(.bind() 메서드를 사용한 부분 적용)할 때 cache 변수를 사용하므로 cache에 값이 할당되어 있어야 하겠네요.

그럼 공개 API 초기화 위로 var cache = {}를 옮겨야 하는 걸까요? 그래야 할 수도 있습니다. 하지만 var cache를 위로 옮기면 cache를 공개하지 않을 거라는 의도가 명확히 전달되지 않습니다. 이런 경우 필자는 절충안으로 (아주 드물게) 다음과 같이 구현합니다.

```
cache = {};   // 여기에서 사용하지만 선언은 아래쪽에서 함

// 공개 API
var publicAPI = Object.assign(module.exports, {
    getStudents,
    addStudents,
    refreshData: refreshData.bind(null, cache)
});

// ******************************
// 비공개 구현

var cache /* = {}*/;
```

변수 호이스팅을 어떻게 사용했는지 보이시죠? 선언은 논리적으로 속해 있는 곳에 했지만, 사용은 초기화가 필요한 위쪽 영역에서 먼저 했습니다. cache 선언 시 값 할당 부분은 주석 처리해 구현 의도를 힌트로 남겨뒀습니다.

변수는 선언보다 할당이 더 위쪽에 있는 경우가 거의 없습니다. 그런데 예시처럼 아주 드문

상황도 있으니 변수 호이스팅은 신중하게 사용해야 합니다.

A.4 var에 대한 변론

변수 호이스팅에 관해서 이야기를 나누다 보면 JS 개발에서 발생하는 여러 가지 불행의 원인은 주로 var와 관련됩니다. 개발자들이 주로 탓하는 악당이죠. 5장에서 let/const를 설명하면서 var에 대해 더 자세히 살펴보겠다고 언급했습니다.

이번 절에서 놓치지 말고 공부해야 할 내용은 다음과 같습니다.

- var에 문제가 있는 것은 절대 아닙니다.
- let은 여러분의 친구입니다.
- const의 유용성은 제한적입니다.
- var와 let을 사용하는 최선의 방법은 둘의 장점을 모두 취하는 것입니다.

A.4.1 var를 버리지 마세요

var는 문제없고 잘 작동합니다. 25년 동안 사용되어 왔고, 앞으로도 유용하게 사용할 수 있는 기능일 겁니다. var가 고장났다거나, 더 이상 사용되지 않는다거나, 시대에 뒤쳐진다거나, 위험하다거나, 잘못 설계되었다는 주장은 거짓일 뿐입니다.

그렇다면 프로그램의 모든 선언에 var를 사용해야 하는 걸까요? 물론 아닙니다. 하지만 var는 여전히 프로그램 내에서 자신만의 역할이 있습니다. 팀원 중 누군가가 var를 사용하면 안 된다고 해서 이를 사용하지 않는 것은 자신의 발등을 찍는 것과 같습니다.

여러분을 화나게 한 것 같으니 이제 제 입장을 설명하겠습니다.

참고로 저는 블록 스코프를 선언할 때 let을 사용하는 걸 좋아합니다. 저는 TDZ를 너무 싫어하고 그게 실수라고 생각합니다. 하지만 let 자체는 훌륭합니다. 저도 자주 이용하죠. 사실 저는 var를 사용하는 만큼 혹은 그 이상으로 더 많이 let을 사용합니다.

A.4.2 혼란스러운 const

반면 const는 그다지 자주 사용하지 않습니다. const가 자체적인 무게를 감당하지 못한다는 게 그 이유이지만 자세히 설명하지는 않겠습니다. const를 사용하면 경우에 따라 얻을 수 있는 약간의 이점이 있지만, JS에 const가 등장하기 훨씬 전부터 다양한 언어에서 const를 사용하면서 겪어온 혼란의 역사에 비하면 이점이 그다지 중요하지 않습니다.

개발자 커뮤니티에서 const가 바꿀 수 없는 값을 만든다고 주로 오해하지만 실제로는 재할당을 방지하는 역할을 합니다.

```
const studentIDs = [ 14, 73, 112 ];

// 잠시 후

studentIDs.push(6);    // 엇! 값을 수정하는 게 가능하네요?
```

배열이나 객체같이 변경할 수 있는 값에 const를 사용하면 이 코드를 나중에 사용하게 될 사람 혹은 읽는 사람 모두가 여러분이 만든 함정에 빠집니다. 값 불변성immutability과 할당 불변성은 엄연히 다릅니다.

이런 덫을 놓아서는 안 됩니다. const를 사용할 수 있는 유일한 경우는 42나 "Hello, friends!" 같이 이미 불변인 값을 할당할 때입니다. 이 경우 const 키워드는 해당 값이 문자 그대로의 값literal value임을 나타내는 기명 표시자named placeholder 역할을 합니다. 이런 경우가 const의 제대로 된 용례입니다. 근데 필자가 코딩을 하면서 이런 적은 거의 없었습니다.

변수 재할당이 실제로 프로그램에서 버그를 일으키는 주요 원인이었다면 const 키워드의 유용성이 높았을 겁니다. 하지만 프로그램에서 버그를 발생시키는 원인은 무수히 많고 실수로 인한 재할당 때문에 발생하는 버그는 그 중요도가 매우 낮습니다.

const(또는 let)는 블록에서 사용해야 하고, 블록은 짧아야 한다는 사실을 고려한다면 코드 내에서 const를 사용해야 하는 경우는 극히 제한적입니다. 열 줄로 구성된 블록에서 첫 번째 줄에 const를 사용한다고 하면 이 const 선언은 다음 아홉 줄에 대해서만 유효합니다. const는 단순히 해당 변수가 그 아홉 줄 내에서 재할당되지 않는다는 정보만 제공하죠. 그런데 변수가 재할당되지 않는다는 사실은 나머지 아홉 줄을 봤을 때 const로 선언한 변수가 = 연산자 왼쪽에 있지 않는다는 것만 찾으면 명확히 알 수 있습니다.

const가 실제로 하는 일은 그게 전부입니다. 짧은 블록 안에서 재선언이 이뤄지지 않는다는 정보를 제공하는 것 외에는 그다지 유용하지 않습니다. const는 재할당을 방지하지만 이것이 값의 불변성을 의미하지는 않는데, 많은 개발자가 값의 불변성과 할당의 불변성을 혼동합니다. 이런 혼동으로 인해 const가 제공하는 실제 이점이 과대평가될 수 있고 const의 매력을 상당히 감소시킵니다.

let이나 var를 사용하더라도 재할당만 하지 않으면 컴파일러가 이를 보장하진 않지만, 실질적으로 '상수'처럼 작동합니다. 대부분의 경우 이 정도면 충분합니다.

A.4.3 var와 let

필자의 생각에 const는 거의 쓸모가 없기 때문에 남은 건 let과 var 중 무엇을 사용할지에 대한 싸움인 것 같습니다. 하지만 승자가 단 한 명일 필요는 없으니 꼭 경합이 필요한 건 아닙니다. 두 가지 모두 특화된 분야가 있습니다.

사실, 프로그램을 작성할 때는 var와 let을 둘 다 사용해야 합니다. 하지만 서로 바꿔 사용할 수 없습니다. var을 사용해야 할 자리에 let을 두거나, 그 반대로 사용해서는 안 됩니다.

그렇다면 언제 var를 사용해야 할까요? 어떤 상황에서 let이 var 보다 더 나은 선택일까요?

필자는 주로 함수의 최상위 스코프에서는 항상 var를 사용합니다. var 선언이 함수의 시작, 중간, 끝부분에 있는지는 상관없습니다. 전역 스코프에서도 var를 사용하긴 하지만 되도록 전역 스코프에서는 쓰지 않으려 노력합니다.

그럼 함수 스코프 내에서 변수를 선언할 때 var를 사용하는 이유는 무엇일까요? var가 함수 스코프를 다루는 데 가장 적합한 도구이기 때문입니다. var는 25년 이상 함수 스코프 내에서 변수를 선언하는 데 사용되었으며 이보다 더 나은 도구는 없습니다.

최상위 스코프에서 let을 사용할 수 있긴 하지만 가장 적합한 최고의 도구는 아닙니다. 모든 곳에 let을 사용하면 어떤 게 지역 변수이고 어떤 게 함수 전체에서 쓰는 변수인지 명확하게 구분할 수 없습니다.

반면 저는 블록 안에서는 var를 거의 사용하지 않고 let을 주로 사용합니다. 일을 할 때는 가장 적합한 도구를 사용해야 합니다. 코드에서 let을 발견하면 지역 변수라는 걸 바로 알 수 있으니 블록에서는 let을 사용합시다. 앞으로 var를 발견하게 되면 함수 전반에 걸친 선언이라는 의미로 받아들이세요. 아주 간단하죠? 그럼 이제 예시를 봅시다.

```
function getStudents(data) {
    var studentRecords = [];

    for (let record of data.records) {
        let id = `학생-${ record.id }`;
        studentRecords.push({
            id,
            record.name
        });
    }

    return studentRecords;
}
```

변수 studentRecords는 함수 전체에서 사용합니다. var로 선언했기 때문에 이런 의도를 잘 알리고 있네요. record와 id는 아주 좁은 반복문 이터레이션에서만 사용하므로 let이 적합합니다.

함수 스코프 내에서 변수를 선언할 때 var가 최고의 도구라는 것 이외에도 var는 특정 상황에서 let보다 더 유용합니다.

반복문 내에서만 사용하는 변수가 있는데, 이 변수가 반복문의 각 반복 내에서만 유효한 블록 스코프를 가지고 있는 경우가 대표적인 상황입니다. 이때 반복문의 조건 검사 부분에서는 let으로 선언한 변수를 사용할 수 없으므로 var로 선언해야 합니다.

```
function commitAction() {
    do {
        let result = commit();
        var done = result && result.code == 1;
    } while (!done);
}
```

예시에서 result는 let으로 선언했기 때문에 do...while 반복문의 각 반복에서만 유효합니다. 하지만 done은 반복문의 조건부에서도 사용해야 하므로 var로 선언했습니다. var는 함수 레벨 스코프를 가지므로 반복문 내부뿐만 아니라 조건 부분에서도 접근할 수 있기 때문입니다.

이 예시에서 done을 반복문 밖에 선언하는 게 대안이 될 수 있는데 이렇게 외부에 변수를 선언하게 되면 done을 실제로 사용하는 곳과 너무 동떨어집니다. 그리고 적절한 기본값을 할당해야 하는데 어떤 기본값이 적절할지 결정하기 어렵고, 기본값을 잘못 설정하면 프로그램에 오류가 발생할 수 있습니다. done을 선언만 하고 초기화하지 않아도 문제가 발생합니다. 변수가 어떤 값인지 의도가 명확하지 않아 코드를 읽는 사람에게 혼란을 줄 수 있습니다. 이런 이유로 반복문 내부에서 var를 사용하는 게 더 낫습니다.

의도하지 않은 블록 내에 선언이 있을 때 var가 유용하기도 합니다. 여기서 의도하지 않은 블록이란 문법상 필요한 블록이긴 하지만, 개발자의 의도는 지역 스코프를 만드는 게 아닐 때 만드는 블록입니다. 의도하지 않은 블록의 대표적인 예는 try...catch 문이 있습니다.

```
function getStudents() {
    try {
        // 실제로 블록 스코프가 아닙니다.
        var records = fromCache("학생");
    }
    catch (err) {
        // 앗, 기본값으로 재할당됩니다.
        var records = [];
    }
    // ...
}
```

오류가 났을 때 기본값으로 records를 재할당하는 방법은 여러 가지가 있지만 각 방법의 장단점을 고려했을 때 이 방법이 최선입니다.

try 블록 밖에 var나 let을 사용해 records를 선언하고 try나 catch 혹은 두 블록 모두에서 값을 할당하는 방식을 필자는 선호하지 않습니다. 필자는 변수의 초기 선언과 해당 변수를 최초로 사용하는 코드가 최대한 가깝게(이상적으로는 같은 줄에) 있는 걸 선호합니다. 예시는 간단하기 때문에 코드가 그리 길지 않아 변수 선언과 사용 사이에 간격이 그렇게 길지 않지만 실무에서는 둘 사이의 간격이 상당이 멀 수 있습니다. 간격이 멀어지면 멀어질수록 어떤 변수를 어떤 스코프에서 선언하고 할당했는지 파악하기가 어려워집니다. 이런 경우 할당에 var를 사용하면 모호함이 줄어듭니다.

예시에서는 try와 catch 블록 양쪽에서 var로 변수를 선언했습니다. 이렇게 하면 두 블록 중 어느 하나가 실행되더라도 records는 함수 최상단으로 호이스팅되기 때문에 변수 선언이 보장됩니다. 그리고 양쪽에서 var를 사용하면 코드를 읽는 사람에게 records가 항상 존재한다는 명확한 신호를 줄 수 있어 좋습니다. records가 한쪽에만 선언되었다면 다른 블록에만 시선이 가 있는 경우에 records의 출처를 쉽게 알아차리지 못할 수 있습니다.

var가 강력하다고 생각하는 이유가 바로 여기에 있습니다. var는 의도하지 않은 블록을 벗어날 수 있을 뿐만 아니라 함수 스코프에서 여러 번 사용할 수 있습니다. let을 쓰면 불가능한 일입니다. var가 함수 스코프라는 특성과 여러 번 선언이 가능하다는 특징은 단점이 아니라 오히려 유용합니다. 앞으로 var를 보면 해당 변수는 함수 전체에서 쓰인다는 걸 나타내는 주석이라고 생각하세요.

반복 주석의 강력한 힘은 다음과 같은 경우에도 유용합니다.

```javascript
function getStudents() {
    var data = [];

    // 데이터로 수행하는 작업
    // ...중간에 50줄 이상의 코드가 더 있음...

    // 순전히 우리를 상기시키기 위한 주석
    var data;

    // data를 다시 사용
    // ...
}
```

두 번째 var data는 data를 재선언하려는 목적이 아니라 함수 전체에서 사용하는 선언이라는 의도를 드러내 읽는 사람의 편의를 높이는 목적으로 추가했습니다. 이렇게 하면 코드를 읽는 사람이 초기 선언을 찾기 위해 50줄 이상의 코드를 스크롤할 필요가 없습니다.

필자는 이런 식으로 한 함수 스코프 내에서 여러 용도로 변수를 재사용하는 것에 전혀 문제가 없다고 생각합니다. 실제 변수를 사용하는 부분 사이에 상당히 많은 줄의 코드가 들어가 변수 사용끼리 분리되어 있는 경우도 마찬가지입니다. 두 경우 모두에서, 안전하게 '재선언'이 가능한 var를 사용했기 때문에 코드를 읽는 사람은 다른 부분으로 이동하지 않고도 변수의 범위와 목적을 파악할 수 있습니다.

다시 한번 말하지만, let으로는 이렇게 할 수 없습니다.

이외에도 var가 도움이 되는 경우가 있지만 더 이상 언급하지 않겠습니다. 여기서 중요한 점은 프로그램에서 let(그리고 가끔은 const)을 var과 함께 사용하면 유용할 수 있다는 점입니다. 코드를 읽는 사람에게 더 풍부한 이야기를 전달하기 위해 JS가 제공하는 도구를 창의적으로 사용하길 바랍니다.

누군가가 var는 더 이상 멋지지 않다고 해서 유용한 var를 버리지 마세요. 몇 년 전 var로 혼란을 겪었다고 해서 var를 외면하지 마세요. 유용한 도구를 배우고, 각 도구의 장점을 최대한 여러분의 코드에 활용하세요.

A.5 TDZ

5장에서 TDZ에 대해 설명했습니다. TDZ가 발생하는 과정은 본문에서 설명했지만, 이 개념이 필요한 이유에 대해서는 언급하지 않았습니다. 먼저 TDZ가 등장하게 된 동기를 간단히 살펴봅시다.

TDZ가 왜 생겼는지를 알려면 다음 단서가 필요합니다.

- const는 절대 바뀌지 않아야 합니다.
- 중요한 것은 시간입니다.
- let은 const처럼 작동하는 게 나은지 아니면 var처럼 작동하는 게 나은지 알아야 합니다.

A.5.1 모든 일이 시작된 곳, const

사실 TDZ는 const에서 비롯되었습니다.

ES6 개발 초기에 TC39는 const(그리고 let)를 블록 맨 위로 호이스팅시킬지 여부를 결정해야 했습니다. 논의 끝에 TC39는 var처럼 const와 let도 호이스팅하기로 결정합니다. 호이스팅을 안 시켰더라면 다음과 같이 중간 블록이 있는 경우 섀도잉과 관련한 혼란이 발생했을 겁니다.

```
let greeting = "안녕하세요!";

{
    // 여기에 무엇이 출력되어야 할까요?
    console.log(greeting);

    // 수많은 코드가 있다고 가정

    // 이 부분에서 greeting을 섀도잉합니다.
    let greeting = "안녕하세요, 친구들!";

    // ...
}
```

TC39는 console.log()에 어떤 게 출력되어야 맞는지 고민합니다. "안녕하세요!"를 출력하는 게 JS 개발자에게 의미가 있을지 아니면 "안녕하세요, 친구들!"이 출력되는 게 의미가 있을지 고민합니다. 두 번째 greeting 선언이 아직 실행되지 않았기 때문에 첫 번째 greeting 값인 "안녕하세요!"가 출력되는 게 맞다고 생각할 수 있습니다. 하지만 이렇게 되면 블록의 뒷부분에만 섀도잉이 적용되고 앞부분에는 적용되지 않은 것처럼 보여 코드를 읽는 사람에게 혼란을 주고 직관적이지 않아 보입니다. 따라서 let과 const가 블록의 맨 위로 호이스팅되어 변수가 블록 전체에서 일관된 동작을 보일 수 있게 해야 합니다.[2]

그럼 let과 const는 왜 var처럼 undefined으로 자동 초기화되지 않을까요? 예시를 먼저 봅시다.

```
{
    // 여기에 무엇이 출력되어야 할까요?
    console.log(studentName);

    // 수많은 코드가 있다고 가정

    const studentName = "보라";
```

---

2 옮긴이_ 예시를 실행하면 console.log(greeting); 부분에서 ReferenceError: Cannot access `greeting` before initialization이라는 오류가 발생합니다.

```
    // ...
  }
```

---

const로 선언한 studentName이 var 선언처럼 블록 상단으로 호이스팅될 뿐만 아니라 자동으로 undefined으로 초기화된다고 가정해봅시다. 블록 전반부에서 studentName의 값은 undefined입니다. const studentName = ... 에 도달하면 studentName에 "보라"가 할당됩니다. 이 지점부터는 studentName에 재할당이 불가능해집니다.

이상하네요. 블록 전반부에는 undefined, 후반부에는 "보라"라는 다른 값을 갖는 게 이상합니다. 우리가 생각하는 상수는 오직 하나의 값인데 상식에 위배됩니다.

studentName은 호이스팅되지만 undefined(혹은 다른 값)로 초기화할 수도 없고 스코프 전체에서 변수의 값이 일관되어야 한다는 문제에 봉착했습니다. 그럼 변수가 처음 존재하는 시점(스코프의 시작)과 값이 할당되는 시점 사이에 붕 뜨는 시간은 어떻게 처리해야 하는 걸까요?

TC39는 이 시간을 TDZ라 부르기로 결정합니다. 그리고 TDZ에 있는 변수에 접근하는 걸 허용하지 않고, 접근하려 할 때는 TDZ 오류를 발생시키자고 결정합니다.

일리 있는 추론이죠? 저도 동의합니다.

A.5.2 곁다리 let

const와 TDZ에 대한 설득은 납득할 만합니다. 그럼, let은요?

TC39는 const에 TDZ가 필요하니 let에도 TDZ를 만드는 게 좋다고 결정내렸습니다. 실제 let에 TDZ를 도입하면 기술적, 사회 공학적 측면에서 장점이 있긴 합니다. let에 TDZ를 도입하면 개발자들이 코드를 블록 상단에 선언하는 기존의 관행을 줄여 코드 가독성을 높이고 변수의 범위를 더 명확하게 할 수 있습니다. 또한 변수를 신중하게 사용하고 변수의 스코프와 초기화 시점에 더 주의하게 된다는 효과도 있습니다.

그런데 필자는 TC39의 결정에 일부 반대합니다. 저는 일관성을 위해서 let은 const가 아닌 var처럼 작동해야 한다고 생각합니다. 실제 let은 const보다 var에 더 가깝습니다. 그걸 알고 TC39도 let과 const를 var처럼 스코프 맨 위로 호이스팅시키기로 결정했지 않았나요? 그러니 저는 const를 처리할 때만 TDZ를 도입하고 const는 항상 스코프 최상단에 선언해서 TDZ 오류를 피하는 게 합리적인 의사 결정이라 생각합니다.

하지만 TC39가 내린 결정은 제 의견과는 다르네요. TC39는 const와 let 둘 다 블록 스코프 위로 호이스팅하기로 했고 const에 TDZ가 있으니 let에도 TDZ가 있어야 한다고 결정했습니다. 이야기가 뺑뺑 도는 것 같죠? 잘 이해가 안 간다면 천천히 글을 다시 읽어보세요.

A.6 동기 콜백도 여전히 클로저일까?

7장에서는 클로저를 설명하기 위해 두 가지 모델을 제시했습니다.

- **관찰 관점:** 함수가 다른 스코프로 전달되거나 호출될 때에도 함수 인스턴스가 외부 변수를 기억하는 현상
- **구현 관점:** 함수 인스턴스와 그 스코프 환경은 원래 위치에 보존되어 있고 함수 인스턴스에 대한 참조만 다른 스코프에 전달되고 호출되는 현상

두 모델이 크게 다르지는 않지만 접근 관점은 다릅니다. 그리고 이런 관점의 차이는 클로저에 대한 우리의 생각에 변동을 일으킵니다.

혼란스러울 수 있지만 클로저와 콜백을 다룰 때 우리가 잊지 말아야 할 핵심은 다음과 같습니다.

- 무엇을(혹은 어디서) 콜백하는가?
- 동기 콜백이라는 이름이 최선인가에 대한 고찰
- IIF 함수는 움직이지 않는데, 왜 클로저가 필요한가?
- 클로저의 핵심은 시간에 따른 연기

A.6.1 콜백이란

클로저를 살펴보기 전에 콜백callback에 대해 이야기해보겠습니다. 일반적으로 콜백은 비동기 콜백asynchronous callback과 동기 콜백synchronous callback을 모두 지칭합니다. 그런데 필자는 비동기와 동기 콜백 모두를 콜백으로 퉁치는 표현이 바람직하지 않다고 생각합니다. 그 이유를 설명하고

대안까지 말씀드리겠습니다.

먼저 미래의 어느 시점에 호출될 수 있는 함수 참조인 비동기 콜백에 대해 살펴봅시다. 비동기 콜백에서 '콜백'은 어떤 의미일까요?

비동기 콜백에서 콜백은 현재 실행 중인 코드가 완료되거나 일시 중단된 상태에서 미래의 어느 시점에 되돌아와^{call back} 다시 호출하는 함수를 의미합니다. 이때 재진입 지점은 함수 참조로 감싼 코드입니다. 예시를 봅시다.

```
setTimeout(function waitForASecond(){
    // 타이머 경과 후 프로그램의 실행이 재개되는 지점
}, 1000);

// 현재 프로그램이 종료되거나 중단되는 지점
```

프로그램이 일정 시간 후 또는 특정 이벤트 발생 후에 해당 함수로 되돌아와서 실행을 재개한다는 관점에서 '콜백'이라는 용어는 매우 합리적입니다. 네, 콜백은 용어 자체에서 알 수 있듯이 비동기입니다.

A.6.2 동기 콜백

그렇다면 동기 콜백은 어떨까요? 다음 코드를 살펴봅시다.

```
function getLabels(studentIDs) {
    return studentIDs.map(
        function formatIDLabel(id){
            return `학생 ID: ${
                String(id).padStart(6)
            }`;
        }
    );
}

getLabels([ 14, 73, 112, 6 ]);
// [
//     "학생 ID: 000014",
//     "학생 ID: 000073",
```

```
//    "학생 ID: 000112",
//    "학생 ID: 000006"
// ]
```

예시에서 formatIDLabel()을 콜백이라고 부를 수 있을까요? map()이 우리가 전달한 formatIDLabel()을 호출하는 행위가 프로그램의 다른 부분에서 이 지점으로 '되돌아오게' 해준다고 생각하나요?

예시는 일시 중단되거나 종료되지 않았기 때문에 되돌아올 프로그램 자체가 없습니다. 여기서는 함수(참조) formatIDLabel()을 map()에 전달하고 전달된 formatIDLabel()이 map()에 의해 즉시 호출됩니다. 그리고 이 과정에서 프로그램은 중단되지 않고 계속 실행되기 때문에 전통적인 관점에서 콜백(되돌아오는)이라 할 수 없습니다.

이렇게 프로그램의 다른 부분이 호출을 대신할 수 있도록 함수(참조)를 전달하는 것은 동기 콜백이라는 용어보다 DI(의존성 주입), 또는 IoC(제어의 역전)라는 용어가 더 어울립니다.

DI는 필요한 기능이나 기능의 일부를 프로그램의 다른 부분으로 전달하는 것으로 요약할 수 있습니다. 이렇게 함으로써 기능을 전달받은 부분에서 전달받은 코드나 함수를 실행해 작업을 완료할 수 있습니다. 예시에서 map()은 배열 요소를 대상으로 반복 작업을 수행해야 한다는 건 알고 있지만 무슨 작업을 해야 하는지는 모릅니다. 그런데 formatIDLabel()을 전달, 즉 의존성을 전달하면 map()은 어떤 작업을 해야 할지 알게 됩니다.

IoC도 DI와 상당히 유사한 개념입니다. IoC는 프로그램의 현재 영역에서 일어나는 일을 제어하는 대신 제어권을 프로그램의 다른 부분으로 넘기는 것을 의미합니다. 예시에서는 이름 문자열을 계산하는 로직을 함수 formatIDLabel()로 래핑하고 함수 호출에 대한 제어를 map()으로 넘겼습니다.

참고로 마틴 파울러는 프레임워크와 라이브러리의 차이를 IoC로 설명합니다. 라이브러리를 사용할 때는 라이브러리의 함수를 호출하지만, 프레임워크를 사용할 때는 프레임워크가 여러분이 작성한 함수를 호출한다고 이야기합니다.[3]

지금까지의 논의를 종합했을 때 DI나 IoC는 동기적 콜백을 대체할 수 있는 용어로 볼 수 있습니다.

----

3 https://martinfowler.com/bliki/InversionOfControl.html

동기적 콜백을 DI나 IoC로 불러도 좋긴 하지만 필자는 IIF^inter-invoked function (상호 호출 함수)
라는 용어도 괜찮다고 생각합니다. IIFE와 비슷하죠? 네, 맞습니다. IIFE의 표기법을 조금 활
용해서 IIF라는 이름을 지었습니다. IIF는 IIFE가 스스로를 즉시 호출하는 것에 반해 다른 엔
티티에 의해 호출됩니다.

그럼 비동기 콜백과 IIF는 어떤 관계일까요? 비동기 콜백은 동기가 아닌 비동기적으로 호출되
는 IIF입니다.

A.6.3 동기 클로저

이제 동기적 콜백을 IIF라고 이름 붙였으니 'IIF가 클로저의 예일까?'라는 중요한 질문으로 돌
아가 보겠습니다. IIF는 분명 외부 스코프의 변수를 참조해야만 클로저일 가능성이 있습니다.
앞서 언급한 formatIDLabel() IIF는 자체 스코프 외부의 변수를 참조하지 않으므로 확실히
클로저가 아닙니다.

그럼 외부 참조가 있는 IIF는 클로저일까요? 예시를 봅시다.

```
function printLabels(labels) {
    var list = document.getElementById("labelsList");

    labels.forEach(
        function renderLabel(label){
            var li = document.createElement("li");
            li.innerText = label;
            list.appendChild(li);
        }
    );
}
```

내부의 renderLabel() IIF는 자신을 감싸는 스코프에 있는 list를 참조하므로 예시의 IIF도
클로저의 후보가 될 수 있습니다. 하지만 클로저인지 아닌지 결정하는 데는 클로저를 정의하는
모델이나 개념 방식이 영향을 끼칩니다. 즉, 클로저를 어떻게 정의하느냐에 따라 IIF가 클로저
로 간주될 수 있는지가 결정됩니다.

- renderLabel()이 다른 곳으로 전달되고 그곳에서 호출된다면 renderLabel()은 클로저를 실행하는 것입니다. 왜냐하면 클로저는 원래 스코프 체인에 접근하게 하는 역할을 하기 때문입니다.
- 하지만 7장에서 설명한 대체 개념 모델에서 생각했던 것처럼 renderLabel()이 자신이 처음 생성된 스코프에 그대로 남아 있고 오직 renderLabel() 함수 참조만 forEach()에 전달된다면 renderLabel()이 자신의 원래 스코프 체인을 보존하기 위해 클로저가 필요한지는 다시 생각해봐야 할 문제입니다.

renderLabel()이 자신의 원래 스코프에서 동기적으로 실행되는 경우는 단순한 렉시컬 스코프의 일부일 뿐이고 클로저가 필요하지 않습니다.

renderLabel()이 왜 렉시컬 스코프일 뿐이고 클로저를 형성하지 않는지 이유를 이해하기 위해 printLabels()를 변형한 예시를 살펴봅시다.

```
function printLabels(labels) {
    var list = document.getElementById("labelsList");

    for (let label of labels) {
        // renderLabel() 호출부는 자체 스코프에서 일반적인 함수를 호출하는
        // 것뿐이지 클로저를 형성하지는 않습니다.
        renderLabel(label);
    }

    // *************

    function renderLabel(label) {
        var li = document.createElement("li");
        li.innerText = label;
        list.appendChild(li);
    }
}
```

두 버전의 printLabels()는 본질적으로는 동일합니다.

하지만 후자는 관찰 가능성이라는 관점에서 확실히 클로저의 예가 아닙니다. 클로저 개념이 유용하게 사용되고 있지도 않고요. 그냥 렉시컬 스코프일 뿐입니다. forEach()에서 함수 참조를 호출하는 첫 번째 printLabels() 역시 본질적으로 두 번째 printLabels()와 같습니다. 첫 번째도 클로저가 아니고 평범한 렉시컬 스코프 함수 호출에 불과합니다.

A.6.4 클로저 지연

7장에서 클로저에 의존하는 부분 적용과 커링을 간략히 언급했습니다. 다음은 수동으로 커링을 사용할 수 있는 흥미로운 시나리오입니다.

```
function printLabels(labels) {
    var list = document.getElementById("labelsList");
    var renderLabel = renderTo(list);

    // 이번에는 확실히 클로저를 사용합니다!
    labels.forEach( renderLabel );

    // *************

    function renderTo(list) {
        return function createLabel(label){
            var li = document.createElement("li");
            li.innerText = label;
            list.appendChild(li);
        };
    }
}
```

renderLabel에 할당한 내부 함수 createLabel()은 list를 에워싸고 있으므로 확실히 클로저를 사용하고 있다고 말할 수 있습니다.

예시에서 클로저는 renderTo()가 호출된 후와 createLabel() IIF가 실제로 forEach()에 의해 실행될 때, 어느 정도 시간이 지나더라도 list를 기억할 수 있게 해줍니다. 이 예시는 지연되는 시간이 아주 잠깐인데 지연 시간이 길어지더라도 클로저가 호출과 호출 사이를 연결하는 가교 역할을 하기 때문에 변수 기억에는 문제가 없습니다.

A.7 클래식 모듈 변형

8장에서는 클래식 모듈 패턴을 알아봤는데, 함께 살펴본 예시는 다음과 같습니다.

```javascript
var StudentList = (function defineModule(Student){
    var elems = [];

    var publicAPI = {
        renderList() {
            // ...
        }
    };

    return publicAPI;

})(Student);
```

예시에서는 Student(또 다른 모듈 인스턴스)에 의존하고 있긴 합니다. 예시와 같은 모듈 구현 패턴은 알아두면 조금만 변형해서 사용해도 되기 때문에 유용합니다. 어떻게 변형할지에 대한 고민이 생길 때는 다음과 같은 힌트를 사용해 볼 수 있습니다.

- 모듈은 자체 API에 대한 정보를 아는 것이 좋습니다.
- 화려한 모듈 로더loader를 사용하더라도 결국 클래식 모듈일 뿐입니다.
- 일부 모듈은 환경에 상관없이 동일하게 작동해야 합니다.

A.7.1 내 API는 어디에 있나요?

첫 번째 힌트에 대한 의미를 알아봅시다. 대부분의 클래식 모듈은 다음 예시와 같은 형태를 띠면서 publicAPI를 정의하고 사용하지 않습니다.

```javascript
var StudentList = (function defineModule(Student){
    var elems = [];

    return {
        renderList() {
            // ...
        }
```

```
    };

})(Student);
```

대신 모듈의 공개 API 역할을 하는 객체를 내부 `publicAPI` 변수에 저장하지 않고 직접 반환합니다. 대부분의 클래식 모듈은 이런 방식으로 정의됩니다.

하지만 저는 `publicAPI` 변수를 따로 두는 형태를 선호합니다. 이유는 두 가지입니다.

- `publicAPI`라는 이름 자체가 객체의 목적을 명확하게 해주므로 가독성을 높입니다.
- 반환할 외부 공개용 API 객체를 참조하는 내부 변수 `publicAPI`를 따로 두면 모듈이 살아 있는 동안 API에 접근하거나 수정해야 할 때 유용합니다.

예를 들어 모듈 내부에서 노출된 공개 함수 중 하나를 호출하고 싶을 수 있습니다. 또는 특정 조건에 따라 메서드를 추가, 삭제하거나 노출된 프로퍼티의 값을 업데이트하고 싶을 수 있습니다. 이유가 무엇이든 간에 자신의 API에 접근하기 위한 참조를 유지 보수하지 않는다는 건 조금 어리석은 일 같습니다. 그렇지 않나요?

A.7.2 AMD

클래식 모듈 형식의 또 다른 변형은 몇 년 전에 인기를 끌었던 AMD(비동기 모듈 정의) 스타일 모듈입니다. 이 스타일은 RequireJS를 쓰면 쉽게 구현 가능합니다.

```
define([ "./Student" ], function StudentList(Student) {
    var elems = [];

    return {
        renderList() {
            // ...
        }
    };
});
```

여기서 `StudentList()`는 전형적인 모듈 팩토리 함수입니다. RequireJS에서 제공하는 `define()`의 내부에서 `StudentList()` 함수가 실행되고, 이때 종속성으로 선언된 다른 모듈 인스턴스들이 StudentList()에 전달됩니다. StudentList()의 반환값은 모듈의 공개 API를 나타내는 객체입니다.

AMD도 클래식 모듈과 동일한 원칙(클로저 작동 방식 포함)을 기반으로 작동합니다.

A.7.3 UMD

마지막으로 살펴볼 변형인 UMD는 구체적이고 정확한 형식이라기보다 비슷한 형식들의 모음에 가깝습니다. AMD는 브라우저, AMD 스타일 로더, Node.js에서 모듈을 읽어들일 때, 별도의 변환 도구 없이 더 나은 상호 운용성을 보장하기 위해 설계되었습니다. 필자는 여전히 유틸리티 라이브러리를 만들 때 UMD 형식을 사용합니다.

일반적인 UMD 구조는 다음과 같습니다.

```
(function UMD(name, context, definition){
    // AMD 스타일일 경우
    if (
        typeof define === "function" &&
        define.amd
    ) {
        define(definition);
    }
    // Node.js일 경우
    else if (
        typeof module !== "undefined" &&
        module.exports
    ) {
        module.exports = definition(name, context);
    }
    // 독립형 브라우저 스크립트일 경우
    else {
        context[name] = definition(name, context);
    }
})("StudentList",this,function DEF(name, context){

    var elems = [];

    return {
        renderList() {
```

```
            // ...
        }
    };

});
```

예시가 조금 생소할 수 있지만 UMD는 IIFE에 불과합니다.

UMD는 IIFE을 사용해 모듈을 정의하는데, 그냥 IIFE와 다른 점은 IIFE 상단에 있는 주요 함수 표현부에 모듈이 로드되는 환경을 감지하는 역할을 하는 `if...else if` 문이 연속적으로 포함되어 있다는 점입니다.

UMD 패턴에서 사용하는 IIFE는 보통 `name`, `context`, `definition`이라는 세 개의 인자를 받습니다. 예시에서는 `"StudentsList"`, `this`, 다른 함수 표현식이 `name`, `context`, `definition`에 매칭됩니다. `name`은 전역 변수로 정의한 모듈의 이름입니다. `context`는 모듈이 `name`으로 정의될 때 사용되는 전역 컨텍스트를 의미하는데 보통은 `window` 객체입니다.

`definition`에는 모듈의 실제 내용이 정의되는데, `definition`은 함수이므로 `definition`을 호출하면 모듈 정의를 가져올 수 있습니다. `definition`은 클래식 모듈 포맷을 따릅니다.

ES 모듈이 빠르게 대중화되고 있지만 지난 20년 동안 사람들은 클래식 모듈을 일부 변형해 모듈을 만들어왔기 때문에 UMD 모듈을 읽고 이해하는 능력은 여전히 매우 중요합니다.

연습 문제

몇 가지 도전적이고 흥미로운 연습 문제를 풀며 책에서 다룬 주요 주제를 잘 이해하고 있는지 살펴봅시다. 답안이 있는 마지막 부분으로 건너뛰지 말고 코드 편집기를 사용해 직접 연습 문제를 풀어보세요. 부정행위는 금지입니다!

모든 연습 문제에 꼭 정확한 답이 있는 건 아닙니다. 여러분의 접근 방식이 이 책에서 설명하는 해결 방식과 다소(혹은 아주) 차이가 날 수도 있지만 상관없습니다.

여러분이 코드를 작성하는 방식을 옳다 그르다 판단하지 않을 겁니다. 제 바람은 여러분이 이 책을 읽고 얻은 탄탄한 지식을 기반으로 다양한 코딩 과제를 해결할 수 있다는 자신감을 갖게 되는 것입니다. 이게 바로 이 책의 목표입니다. 여러분이 작성한 코드가 마음에 든다면 필자도 만족합니다!

B.1 구슬과 양동이

2.1절에서 살펴본 [그림 2-1]을 기억하나요?

```
1  var students = [
2      { id: 14, name: "카일" },        ①
3      { id: 73, name: "보라" },
4      { id: 112, name: "지수" },
5      { id: 6, name: "호진" }
6  ];
7
8  function getStudentName(studentID) {
9      for (let student of students) {     ②
10         if (student.id == studentID) {
11             return student.name;        ③
12         }
13     }
14 }
15
16 var nextStudent = getStudentName(73);
17
18 console.log(nextStudent);
19 // 보라
```

그림 2-1 색상 스코프 버블

이번 연습 문제의 목표는 다음 제약 조건을 만족하는 중첩 함수와 블록 스코프가 포함된 프로그램을(어떤 프로그램이든 괜찮습니다) 작성하는 것입니다.

- 전역 스코프를 포함한 모든 스코프를 다른 색으로 색칠하려면 최소한 6가지 색이 필요합니다. 각 스코프에 어떤 색을 사용했는지 코드 주석으로 추가하세요.
  - 추가 정보: 코드에 포함될 수 있는 모든 암시적 스코프를 파악하세요.
- 각 스코프에는 최소한 하나 이상의 식별자가 있습니다.
- 최소한 두 개의 함수 스코프와 두 개 이상의 블록 스코프가 있어야 합니다.
- 외부 스코프에 있는 변수 하나 이상은 중첩된 스코프 변수에 의해 섀도잉되어야 합니다(3장 참조).
- 적어도 하나의 변수 참조는 스코프 체인에서 최소 두 레벨 이상 높은 변수로 해결되어야 합니다.

TIP 연습 문제에서는 foo/bar/baz 유형의 정크 코드를 사용해도 괜찮습니다. 하지만 현실에서는 최소한 합리적으로 작동하는 코드를 작성하는 게 좋습니다.

직접 코드를 작성해본 후, 부록 B.6절에 있는 모범 답안을 확인해보세요.

B.2 클로저 1

첫 번째로 값이 소수인지(1보다 큰 자연수 중 1과 자기 자신만을 약수로 가지는 수) 확인하고, 주어진 숫자에 대한 소인수 목록을 생성하는 일반적인 컴퓨터 수학 연산을 구현하면서 클로저를 연습해봅시다.

구현 후 적용 결과는 다음과 같아야 합니다.

```
isPrime(11);        // true
isPrime(12);        // false

factorize(11);      // [ 11 ]
factorize(12);      // [ 3, 2, 2 ] ← 3*2*2=12
```

다음은 Math.js 라이브러리를 참고한 코드입니다.[1]

```
function isPrime(v) {
    if (v <= 3) {
        return v > 1;
    }
    if (v % 2 == 0 || v % 3 == 0) {
        return false;
    }
    var vSqrt = Math.sqrt(v);
    for (let i = 5; i <= vSqrt; i += 6) {
        if (v % i == 0 || v % (i + 2) == 0) {
            return false;
        }
    }
    return true;
}
```

---

1 https://github.com/josdejong/mathjs/blob/develop/src/function/utils/isPrime.js

다음은 factorize()를 구현하는 기본적인 코드입니다(6장에서 살펴본 factorial()과 혼동하지 마세요).

```
function factorize(v) {
    if (!isPrime(v)) {
        let i = Math.floor(Math.sqrt(v));
        while (v % i != 0) {
            i--;
        }
        return [
            ...factorize(i),
            ...factorize(v / i)
        ];
    }
    return [v];
}
```

> **NOTE_** 성능 측면에서 최적화된 함수가 아니라서 기본적이라는 용어를 사용했습니다. 이 코드의 이진 재귀는 꼬리 재귀 호출 최적화tail call optimization가 불가능하며 배열의 중간 복사본을 많이 생성합니다. 또한 발견한 팩터factor에는 순서를 매기지 않습니다. 소인수분해 알고리듬은 다양하지만, 여기서는 짧고 대략적으로 쉽게 이해할 수 있는 알고리듬을 사용했습니다.

프로그램에서 isPrime(4327)을 여러 번 호출하면 매번 수십 번의 비교와 연산을 거치게 됩니다. factorize()를 보면 소인수 목록 계산을 위해 isPrime()을 여러 번 호출하는데, 이 중 대부분은 반복 호출일 가능성이 높습니다. 엄청난 낭비입니다!

첫 번째 연습 문제는 클로저를 사용해 isPrime() 실행 결과를 캐시로 기억하도록 하는 것입니다. 이렇게 하면 주어진 숫자가 소수인지(true나 false) 여부는 한 번만 계산하면 됩니다. 힌트는 6장의 factorial()에서 살펴본 캐시입니다.

factorize()를 보면 자기 자신을 반복적으로 호출하는 재귀를 사용해 구현되어 있습니다. 이렇게 하면 동일한 수에 대한 소인수를 계산하기 위해 쓸데없이 호출을 많이 하게 될 수도 있습니다. 따라서 연습 문제의 두 번째 부분은 factorize()에도 동일한 클로저 캐시 기법을 사용하는 것입니다.

isPrime()과 factorize()를 하나의 단일 스코프에 보관하지 말고 캐시를 위해 별도의 클로저를 사용하세요.

직접 코드를 작성해본 후, 부록 B.6절에 있는 모범 답안을 확인해보세요.

B.2.1 메모리에 대한 이야기

클로저 캐시 기법과 이 기법이 애플리케이션 성능에 미치는 영향에 대해 간단히 이야기해보려고 합니다.

클로저 캐시 기법을 사용해 반복되는 호출을 저장하면 연산 속도가 크게 향상되는 것을 알 수 있었습니다(때에 따라 극적인 결과가 나올 수 있습니다). 하지만 이렇게 클로저를 사용할 때는 항상 트레이드오프tradeoff가 발생하므로 주의해서 사용해야 합니다.

문제는 메모리입니다. 클로저를 사용해 캐시를 만들면 메모리에 있는 캐시를 무제한으로 늘릴 수 있습니다. 새로운 입력값이 대부분이고 연습 문제처럼 호출도 수백만 번인 경우 메모리를 너무 많이 소비하게 됩니다. 따라서 입력값이 반복될 가능성이 높다고 판단하는 경우에만 메모리라는 비용을 지불할 가치가 있습니다.

모든 호출의 입력값이 다르고 캐시를 전혀 활용할 수 없다면 클로저 캐시는 부적절한 기술입니다.

대안으로는 LRU^{least recently used} 캐시와 같이 캐시의 크기를 제한하는 정교한 접근 방식을 사용할 수 있습니다. 한계에 도달하면 LRU는 가장 오랫동안 사용하지 않은 값을 삭제해 메모리를 관리합니다.

하지만 LRU를 구현하는 것이 어렵다는 단점이 있습니다. LRU를 사용하려면 고도로 최적화된 구현체를 사용해야 하고, LRU가 프로그램에 미칠 모든 영향을 잘 이해하는 것이 중요합니다.

B.3 클로저 2

이번에는 값을 토글^{toggle}하는 도구인 **toggle()**을 정의해 다시 한번 클로저를 연습해봅니다.

toggle()에는 인수로 하나 이상의 값을 전달하고, 함수를 반환합니다. 반환된 함수는 반복적으로 호출되는 동안 전달받은 값을 순서대로 하나씩 회전합니다.

```
function toggle(/* ... */) {
    // ...
}

var hello = toggle("hello");
var onOff = toggle("on", "off");
var speed = toggle("slow", "medium", "fast");

hello();        // "hello"
hello();        // "hello"

onOff();        // "on"
onOff();        // "off"
onOff();        // "on"

speed();        // "slow"
speed();        // "medium"
speed();        // "fast"
speed();        // "slow"
```

toggle()에 값을 전달하지 않는 상황은 그리 중요하지 않으니 이 경우에는 **undefined**만 반환하면 됩니다.

직접 코드를 작성해본 후, 부록 B.6절에 있는 모범 답안을 확인해보세요.

B.4 클로저 3

세 번째 클로저 연습 문제에서는 기본적인 계산기를 구현해봅니다. **calculator()** 함수는 자체 상태를 유지하는 계산기 인스턴스를 함수 형태로 생성합니다(**calc()**).

```
function calculator() {
    // ...
}

var calc = calculator();
```

calc()가 호출될 때마다 여러분은 계산기에서 누른 문자 하나를 전달합니다. 계산기는 0부터 9까지의 숫자, 사칙연산(+, -, *, /), 결과 계산을 위한 등호(=) 입력만 지원하도록 제한합니다. 작업은 입력한 순서대로 진행되며 괄호를 통한 그룹화나 연산자 우선순위는 없습니다.

소수점 이하 자릿수를 입력할 수는 없지만 나눗셈의 결과로 소수점 이하의 자릿수가 나올 수 있습니다. 음수 입력을 지원하지 않지만 빼기 연산의 결과로 음수가 출력될 수 있습니다. 따라서 여러분은 연산을 통해 음수나 소수점을 산출할 수 있어야 합니다. 그리고 이 값을 사용해 계속 계산할 수 있어야 합니다.

calc() 호출의 반환값은 방금 누른 내용을 반영하거나 =를 눌렀을 때 합계를 반환하는 등 실제 계산기에 표시되는 화면과 같아야 합니다.

예시를 살펴봅시다.

```
calc("4");      // 4
calc("+");      // +
calc("7");      // 7
calc("3");      // 3
calc("-");      // -
calc("2");      // 2
calc("=");      // 75
calc("*");      // *
calc("4");      // 4
calc("=");      // 300
calc("5");      // 5
calc("-");      // -
calc("5");      // 5
calc("=");      // 0
```

그런데 이런 방식은 다소 서툴러 보이므로 다음 예시처럼 문자열에서 한 글자씩 추출한 값을 계산하는 useCalc() 헬퍼를 사용해 계산기를 개선해봅시다.

```
function useCalc(calc, keys) {
    return [...keys].reduce(
        function showDisplay(display, key){
            var ret = String( calc(key) );
            return (
                display +
                (
                  (ret != "" && key == "=") ?
                      "=" :
                      ""
                ) +
                ret
            );
        },
        ""
    );
}

useCalc(calc, "4+3=");              // 4+3=7
useCalc(calc, "+9=");              // +9=16
useCalc(calc, "*8=");              // *5=128
useCalc(calc, "7*2*3=");          // 7*2*3=42
useCalc(calc, "1/0=");            // 1/0=ERR
useCalc(calc, "+3=");             // +3=ERR
useCalc(calc, "51=");             // 51
```

useCalc()는 항상 마지막 문자가 =가 되도록하는 게 최선입니다.

계산기에 표시되는 합계 일부에는 불필요한 결과가 들어갈 수 있어 특별한 처리가 필요합니다. 다음과 같이 =를 입력한 후 현재 합계를 반환할 때는 formatTotal() 함수를 사용해서 연산 결과가 깔끔한 숫자가 되게 하세요.

```
function formatTotal(display) {
    if (Number.isFinite(display)) {
        // 최대 11자로 표시 제한
        let maxDigits = 11;
        // "e+" 표기를 위한 공간 확보
        if (Math.abs(display) > 99999999999) {
            maxDigits -= 6;
        }
        // "-"를 위한 공간 확보
```

```
        if (display < 0) {
            maxDigits--;
        }

        // 전체 숫자
        if (Number.isInteger(display)) {
            display = display
                .toPrecision(maxDigits)
                .replace(/\.0+$/, "");
        }
        // 소수점
        else {
            // "."을 위한 공간 확보
            maxDigits--;
            // "0"으로 시작하는 수를 위한 공간 확보
            if (
                Math.abs(display) >= 0 &&
                Math.abs(display) < 1
            ) {
                maxDigits--;
            }
            display = display
                .toPrecision(maxDigits)
                .replace(/0+$/, "");
        }
    }
    else {
        display = "ERR";
    }
    return display;
}
```

음수, 반복되는 소수점, 'e+' 지수 표기법, 11자 이상의 숫자 제한 등에 대한 처리는 format Total()이 알아서 해주니 신경 쓰지 마세요.

다시 한번 강조하지만, 이 문제의 의도는 계산기 구현이 아닌 클로저 메모리 관리입니다.

직접 코드를 작성해본 후, 부록 B.6절에 있는 모범 답안을 확인해보세요.

B.5 모듈

이번 연습 문제에서는 앞선 B.4절 '클로저 3'에서 작성한 계산기를 모듈로 변환해봅시다.

계산기에 기능을 추가하는 것이 아니라 인터페이스만 변경하는 겁니다. 단일 함수 calc()를 호출하는 대신 계산기의 키를 누를 때마다 공개 API에서 특정 메서드가 호출되게 하면 됩니다. 출력은 동일하게 유지하세요.

이 모듈은 싱글턴 IIFE가 아닌, 필요에 따라 여러 계산기를 생성할 수 있는 클래식 모듈 팩토리 함수 calculator()로 표현해야 합니다.

공개 API에는 다음과 같은 메서드가 포함되어야 합니다.

- number() (입력: 누른 문자나 숫자)

- plus()

- minus()

- mult()

- div()

- eq()

구현 후 예상 결과는 다음과 같아야 합니다.

```
var calc = calculator();

calc.number("4");      // 4
calc.plus();           // +
calc.number("7");      // 7
calc.number("3");      // 3
calc.minus();          // -
calc.number("2");      // 2
calc.eq();             // 75
```

formatTotal()은 앞선 연습 문제와 동일한 코드를 쓰면 되는데, useCalc() 헬퍼가 모듈 API를 사용하려면 다음과 같이 조정해야 합니다.

```
function useCalc(calc, keys) {
```

```
        var keyMappings = {
            "+": "plus",
            "-": "minus",
            "*": "mult",
            "/": "div",
            "=": "eq"
        };

        return [...keys].reduce(
            function showDisplay(display, key){
                var fn = keyMappings[key] || "number";
                var ret = String( calc[fn](key) );
                return (
                    display +
                    (
                      (ret != "" && key == "=") ?
                          "=" :
                          ""
                    ) +
                    ret
                );
            },
            ""
        );
    }

useCalc(calc, "4+3=");              // 4+3=7
useCalc(calc, "+9=");              // +9=16
useCalc(calc, "*8=");              // *5=128
useCalc(calc, "7*2*3=");          // 7*2*3=42
useCalc(calc, "1/0=");            // 1/0=ERR
useCalc(calc, "+3=");             // +3=ERR
useCalc(calc, "51=");             // 51
```

직접 코드를 작성해본 후, 부록 B.6절에 있는 모범 답안을 확인해보세요.

이번 연습 문제를 풀면서 클로저 함수 기반으로 구현한 방식과 모듈로 구현했을 때의 장단점도 함께 생각해보세요. 그리고 여러분의 생각을 직접 적어보세요. 더 나아가 모듈을 UMD, CommonJS, ES 모듈 등의 형식으로 변형해보세요.

B.6 모범 답안

답을 읽기 전에 꼭 연습 문제를 풀어보기 바랍니다. 부정행위는 금지입니다!

모범 답안은 문제에 접근하는 다양한 방법 중 하나일 뿐이지, 단 하나의 유일한 답이 아닙니다. 다만 각 연습 문제에 접근하는 합리적인 방법을 보여주니 공부할 가치는 있습니다.

모범 답안과 여러분의 코드를 비교해보세요. 비슷하거나 다른 선택을 한 이유를 분석하는 것이 중요합니다. 세세한 사항보다 문제에서 다루고자 하는 주제에 집중하세요.

B.6.1 구슬과 양동이

구슬과 양동이 연습 문제는 다음과 같이 해결합니다.

```javascript
// 빨간색 버블 ❶
const howMany = 100;

// 에라토스테네스의 체
function findPrimes(howMany) {
    // 파란색 버블 ❷
    var sieve = Array(howMany).fill(true);
    var max = Math.sqrt(howMany);

    for (let i = 2; i < max; i++) {
        // 초록색 버블 ❸
        if (sieve[i]) {
            // 주황색 버블 ❹
            let j = Math.pow(i, 2);
            for (let k = j; k < howMany; k += i) {
                // 보라색 버블 ❺
                sieve[k] = false;
            }
        }
    }

    return sieve
        .map(function getPrime(flag, prime){
            // 분홍색 버블 ❻
            if (flag) return prime;
            return flag;
```

```
        })
        .filter(function onlyPrimes(v){
            // 노란색 버블 ❼
            return !!v;
        })
        .slice(1);
}

findPrimes(howMany);
// [
//     2, 3, 5, 7, 11, 13, 17,
//     19, 23, 29, 31, 37, 41,
//     43, 47, 53, 59, 61, 67,
//     71, 73, 79, 83, 89, 97
// ]
```

B.6.2 클로저 1

isPrime()과 factorize() 연습 문제는 다음과 같이 해결합니다.

```
var isPrime = (function isPrime(v){
    var primes = {};

    return function isPrime(v) {
        if (v in primes) {
            return primes[v];
        }
        if (v <= 3) {
            return (primes[v] = v > 1);
        }
        if (v % 2 == 0 || v % 3 == 0) {
            return (primes[v] = false);
        }
        let vSqrt = Math.sqrt(v);
        for (let i = 5; i <= vSqrt; i += 6) {
            if (v % i == 0 || v % (i + 2) == 0) {
                return (primes[v] = false);
            }
        }
        return (primes[v] = true);
    };
```

```
    })();

    var factorize = (function factorize(v){
        var factors = {};

        return function findFactors(v) {
            if (v in factors) {
                return factors[v];
            }
            if (!isPrime(v)) {
                let i = Math.floor(Math.sqrt(v));
                while (v % i != 0) {
                    i--;
                }
                return (factors[v] = [
                    ...findFactors(i),
                    ...findFactors(v / i)
                ]);
            }
            return (factors[v] = [v]);
        };
    })();
```

문제 해결 단계는 다음과 같습니다.

1. IIFE를 래핑해 캐시 변수가 존재할 스코프를 정의합니다.
2. 호출 시 먼저 캐시를 확인하고, 이미 결과를 알고 있다면 그 값을 반환합니다.
3. 메모리 공간 절약을 위해 원래 반환이 일어나던 각 장소에서 캐시에 할당하고, 그 할당 연산의 결과만 반환합니다.

내부 함수의 이름도 factorize()에서 findFactors()로 바꿨습니다. 기술적으로 꼭 변경할 필요는 없지만 이렇게 하면 재귀 호출이 어떤 함수를 호출하는지 정확히 알 수 있습니다.

B.6.3 클로저 2

클로저 2의 연습 문제인 toggle()은 다음과 같이 해결합니다.

```
function toggle(...vals) {
    var unset = {};
```

```
        var cur = unset;

        return function next(){
            // 목록 끝에 이전 값을 저장합니다.
            if (cur != unset) {
                vals.push(cur);
            }
            cur = vals.shift();
            return cur;
        };
    }

    var hello = toggle("hello");
    var onOff = toggle("on", "off");
    var speed = toggle("slow", "medium", "fast");

    hello();      // "hello"
    hello();      // "hello"

    onOff();      // "on"
    onOff();      // "off"
    onOff();      // "on"

    speed();      // "slow"
    speed();      // "medium"
    speed();      // "fast"
    speed();      // "slow"
```

B.6.4 클로저 3

클로저 3의 연습 문제인 calculator()는 다음과 같이 해결합니다.

```
// useCalc()와 formatTotal()은 이미 구현되어 있다고 가정
//
// function useCalc(...) { ... }
// function formatTotal(...) { ... }

function calculator() {
    var currentTotal = 0;
    var currentVal = "";
```

```javascript
    var currentOper = "=";

return pressKey;

// *******************

function pressKey(key){
    // 숫자 키
    if (/\d/.test(key)) {
        currentVal += key;
        return key;
    }
    // 연산자 키
    else if (/[+*/-]/.test(key)) {
        // 여러 연산을 연속해서 하는 경우
        if (
            currentOper != "=" &&
            currentVal != ""
        ) {
            // = 키를 누른 경우
            pressKey("=");
        }
        else if (currentVal != "") {
            currentTotal = Number(currentVal);
        }
        currentOper = key;
        currentVal = "";
        return key;
    }
    // = 키
    else if (
        key == "=" &&
        currentOper != "="
    ) {
        currentTotal = op(
            currentTotal,
            currentOper,
            Number(currentVal)
        );
        currentOper = "=";
        currentVal = "";
        return formatTotal(currentTotal);
    }
    return "";
```

```
        };

        function op(val1, oper, val2) {
            var ops = {
                // 참고: 간결하게 표현하려고 화살표 함수를 사용한 것이며
                // 특별한 의미가 있는 것은 아님
                "+": (v1, v2) => v1 + v2,
                "-": (v1, v2) => v1 - v2,
                "*": (v1, v2) => v1 * v2,
                "/": (v1, v2) => v1 / v2
            };
            return ops[oper](val1, val2);
        }
    }

    var calc = calculator();

    useCalc(calc, "4+3=");          // 4+3=7
    useCalc(calc, "+9=");           // +9=16
    useCalc(calc, "*8=");           // *5=128
    useCalc(calc, "7*2*3=");        // 7*2*3=42
    useCalc(calc, "1/0=");          // 1/0=ERR
    useCalc(calc, "+3=");           // +3=ERR
    useCalc(calc, "51=");           // 51
```

> **NOTE_** 이 문제의 의도는 클로저 학습입니다. 계산기가 어떻게 작동하는지에 집중하지 말고 함수를 호출할 때 계산기의 상태를 어떻게 기억하는지에 집중하세요.

B.6.5 모듈

모듈의 연습 문제인 calculator()는 다음과 같이 해결합니다.

```
// useCalc()와 formatTotal()은 이미 구현되어 있다고 가정
//
// function useCalc(...) { ... }
// function formatTotal(...) { ... }

function calculator() {
```

```javascript
var currentTotal = 0;
var currentVal = "";
var currentOper = "=";

var publicAPI = {
    number,
    eq,
    plus() { return operator("+"); },
    minus() { return operator("-"); },
    mult() { return operator("*"); },
    div() { return operator("/"); }
};

return publicAPI;

// ******************

function number(key) {
    // 숫자 키
    if (/\d/.test(key)) {
        currentVal += key;
        return key;
    }
}

function eq() {
    // = 키를 누른 경우
    if (currentOper != "=") {
        currentTotal = op(
            currentTotal,
            currentOper,
            Number(currentVal)
        );
        currentOper = "=";
        currentVal = "";
        return formatTotal(currentTotal);
    }
    return "";
}

function operator(key) {
    // 여러 연산을 연속해서 하는 경우
    if (
        currentOper != "=" &&
```

```
                currentVal != ""
        ) {
            // = 키를 누름
            eq();
        }
        else if (currentVal != "") {
            currentTotal = Number(currentVal);
        }
        currentOper = key;
        currentVal = "";
        return key;
    }

    function op(val1, oper, val2) {
        var ops = {
            // 참고: 간결하게 표현하려고 화살표 함수를 사용한 것이며
            // 특별한 의미가 있는 것은 아님
            "+": (v1, v2) => v1 + v2,
            "-": (v1, v2) => v1 - v2,
            "*": (v1, v2) => v1 * v2,
            "/": (v1, v2) => v1 / v2
        };
        return ops[oper](val1, val2);
    }
}

var calc = calculator();

useCalc(calc, "4+3=");              // 4+3=7
useCalc(calc, "+9=");              // +9=16
useCalc(calc, "*8=");              // *5=128
useCalc(calc, "7*2*3=");          // 7*2*3=42
useCalc(calc, "1/0=");            // 1/0=ERR
useCalc(calc, "+3=");            // +3=ERR
useCalc(calc, "51=");            // 51
```

드디어 책이 끝났네요. 목표를 달성하신 걸 축하합니다! 책에 있는 내용을 다 이해했다면 이제 객체와 클래스를 다룬 다음 책으로 넘어갈 차례입니다.

INDEX

INDEX

INDEX

INDEX